Le Templier
de Castelnou

ISBN : 978-2-36652-249-5

Couverture : @ Marjorie Falguera

Henri Mahé de Boislandelle

Le Templier de Castelnou

Collection Histoire du sud

À Marie, Charles, Mathilde et Louise

« Servite serve Dei sui, et domino ... »
Servir son suzerain et servir Dieu...

Du service d'ost à la commanderie

« Non nobis domine non nobis sed nomini tuo da gloriam »

Pas en notre nom seigneur, pas en notre nom, mais au nom de ta gloire.

Devise de l'Ordre du Temple

Ce matin de septembre de l'an de grâce 1278, Jaume s'est levé au chant du coq pour se rendre à cheval au château de Castelnou où une importante journée l'attend.

Après avoir enfilé ses braies et lacé ses houseaux en peau de mouton, il se vêt d'une tunique de lin beige, ajustée à la ceinture par une cordelette de chanvre. Prévoyant une absence prolongée, il place dans un baluchon une cape en laine beige et un chaperon ocre. Il ajoute également pour le trajet une calebasse remplie d'eau et un quignon de pain avec du lard. Se rendant à l'écurie il harnache alors rapidement le cheval, déjà pansé et nourri par son père, le sort dans la cour et monte en selle.

Depuis le village de Camélas où il a passé la nuit en famille, il chemine à travers bois par un sentier rocailleux, avec prudence afin d'éviter que sa monture ne se blesse en chutant.

Au fond de la vallée peuplée de chênes verts et de

genêts qu'il connait bien, il fait une pause à la « Font Robellosa », fontaine entourée de joncs, pour se désaltérer et permettre à son destrier d'en faire autant. Puis, reprenant son chemin avec entrain, il se rapproche bientôt de la forteresse polygonale de Castelnou, construite en pierres grises et perchée sur un immense roc en saillie qu'il aperçoit par son arrière dans le lointain. La végétation est ici composée de bruyères, d'arbousiers, de genévriers et d'ajoncs particulièrement piquants, mais aussi de chênes verts et de chênes kermès, comme dans les zones les plus arides des Aspres. Le chemin s'élargissant, il force l'allure pour rattraper son retard et, une demi-heure plus tard, se présente à l'entrée escarpée du château, située à l'opposé du village. Un guetteur en faction l'a déjà identifié depuis la muraille en surplomb ajourée par des créneaux. Jaume crie son nom en mettant sa main en porte-voix pour rassurer la sentinelle, mais en pure perte. Depuis cet endroit précis la voix ne porte pas vers la hauteur. En revanche, quelques secondes plus tard, s'étant rapproché il entend une voix plongeante lui demander.

— Hola qui és vostè ? (bonjour qui es-tu ?).

— Je suis Jaume Bonaventure. J'arrive de Camélas et je viens pour le service d'ost ![1]

— Tot està bé ! (pas de problème). Descends de cheval et emprunte le passage souterrain après le porche jusqu'à l'aire de rassemblement, lui enjoint le garde du haut d'un créneau en surplomb de l'entrée.

Aussitôt pied à terre Jaume s'exécute et, après quelques mètres de passage difficile sur un sol montant pavé grossièrement de pierres de rivière, son cheval tenu par la bride, il franchit l'imposante porte d'entrée déverrouillée, en chêne équarri renforcée de fers forgés grossiers. Il arrive ainsi sur une petite esplanade où sont rassemblés une trentaine d'hommes en armes. Il attache son cheval à une rambarde, vient saluer l'officier qui commande la garnison puis rejoint la troupe à sa demande.

Le chevalier Jordi de Prunet, en charge du commandement, est un militaire aguerri, d'une trentaine d'années, bel homme, athlétique, les traits burinés, autoritaire et possédant, de surcroît, une voix grave et imposante. Après avoir ordonné le rassemblement dans la cour par un ordre impératif, et dès que celui-ci fut effectif, on l'entendit déclarer :

— Soldats, je vous ai réunis pour un entrainement militaire rapide et poussé. En effet, dans peu de jours nous devrons livrer bataille… et plus particulièrement attaquer le château de Corbère, situé dans la plaine en direction d'Ille et de Bouleternère et distant de trois lieues[2] .

— Attaquer le château de Corbère ? questionna, incrédule, un homme du rang.

— Oui, mon ami ! répondit Jordi de Prunet. Le seigneur Bernat de Corbère se montre réticent au paiement de l'impôt annuel destiné à la vicomté et il est donc impératif de lui faire rendre gorge. En fait, cela fait plusieurs années qu'il se montre récalcitrant, ne paie que très partiellement ou pas du tout et, d'après la rumeur, d'autres seigneurs vassaux de la vicomté ont l'intention de l'imiter. Ce qui serait fatal aux finances vicomtales. Il nous faut faire un exemple. Nous allons donc pendant une semaine former les soldats novices et perfectionner les anciens au maniement des armes d'assaut en fonction des besoins et de vos spécialités.

— De quelles armes parles-tu plus précisément ? lui demanda un sergent.

— Je veux parler de la lutte à cheval, du maniement de l'épée, de la maitrise de la lance, du tir à l'arbalète, du lancer de grappins encordés, et de l'emploi du casse-tête...Plus encore, il va nous falloir utiliser une catapulte de type trébuchet, sur laquelle une quinzaine d'entre nous devront se concentrer. Il leur faudra s'initier à son montage, à l'installation sur le terrain, au démontage et au tir des boulets de pierre de 160 livres, cela sous le commandement du sergent Marsal Coll.

— Vous n'y allez pas de main morte ! lui répondit un des soldats : un trébuchet ! ?

— Oui mon ami, il faut ce qu'il faut : le seigneur Bernat de Corbère s'est dit prêt à aller jusqu'au bout dans son refus. Le vicomte Guillaume le VIe se doit donc de le châtier et ne pourra accepter que nous échouions sous peine de voir sa réputation ternie auprès des vassaux ce qui atteindrait l'unité de la vicomté. En bref, voici la composition des différents groupes auxquels vous allez être affectés.

Il s'ensuivit un appel nominatif et une affectation de chaque soldat à un groupe spécialisé : cavaliers, bretteurs, archers et arbalétriers, assistants de catapulte ou lanceurs d'assaut, chacun étant encadré par un soldat aguerri ou un sergent qualifié expérimenté.

L'entrainement à chaque spécialité guerrière devait se dérouler dans un espace distinct, dans ou hors du château, en fonction des besoins d'espace requis. Il fut ainsi décidé que la préparation à l'usage de la catapulte aurait lieu dans les lices du château où se trouvait une plateforme étendue, et que les bretteurs se retrouveraient dans la cour intérieure supérieure dominant la tour de guet et la vallée rejoignant les Corbières, d'où l'on discernait au lointain l'ergot formé par le château de Quéribus sur la crête des Corbières en direction du nord.

En raison de son expérience antérieure et de ses prédispositions, Jaume se retrouva dans le groupe des bretteurs, en position de second, auprès du chevalier Jordi de Prunet.

Ce groupe, composé de douze membres et du maître d'armes Ramon Casas reçut un ensemble de missions d'entraînement réparties dans la journée et tout au long de la semaine. Le matin, mouvements de base requis pour l'emploi des différentes armes, y compris un exercice de lutte au corps à corps. L'après-midi, organisation de tournois d'épées entre les douze membres, avec des armes épointées pour éviter les blessures et favoriser l'apprentissage de ruses diverses. Cela afin de s'imposer face à des adversaires moins aguerris, mais aussi pour repérer les meilleurs éléments de l'escouade[3].

En fin de semaine, les armes d'entrainement épointées furent remplacées par de vraies armes et de vrais tournois eurent lieu, avec pour consigne de s'arrêter au premier sang afin d'éviter les blessures graves entre soldats.

Cette séquence de préparation fut éprouvante, mais elle permit au plus grand nombre de progresser dans le maniement des armes et d'entretenir leur forme.

Une fois la période d'entrainement arrivée à son terme, la troupe de Castelnou fut en mesure de se présenter en position de force à Corbère. Les chevaliers et sergents spécialisés dans les armes blanches ou de poing étaient opérationnels, les archers et arbalétriers préparés et dotés en munitions, flèches et carreaux, étaient fin prêts, les assistants de catapulte étaient capables de transporter, de monter, de démonter et d'approvisionner en boulets de qualité un trébuchet de belle dimension, ainsi que de l'utiliser au mieux.

Il fut décidé de partir le jeudi 15 septembre. Un déplacement qui devait durer trois jours et permettre à l'attaque d'avoir lieu le lundi 19 septembre, sachant que l'on ne pouvait pas combattre le dimanche en raison de la Trêve de Dieu[4].

Avant le départ, afin de mettre toutes les chances de son côté, il importait qu'une bénédiction les accompagnât. Les combattants pressentis se rendirent donc, au complet, à la chapelle Saint-Pierre du château, tenue par des chanoines de Saint-Ruff[5]. Là où l'officiant les accueillit à l'office de Prime[6] pour la messe du jour qui leur était consacrée. Dans son prêche, il les exhorta à se montrer courageux et à lutter comme de bons chrétiens contre des mécréants qui ne respectaient pas la loi divine et les engagements seigneuriaux, base de l'équilibre social.

Jaume, qui avait suivi l'office avec attention et ferveur, se sentit encouragé à la perspective d'un combat de grande ampleur. Si, au départ, il était hésitant et perplexe sur le sens de la démarche, maintenant il était convaincu. Le prélat, porte-parole du vicomte Guillaume le VIe, avait su trouver les bons mots.

La plupart des autres soldats partageaient son sentiment et étaient impatients d'en découdre, d'autant qu'une prime personnelle conséquente leur avait été annoncée en cas de succès rapide. Cette attaque inédite était pour beaucoup, et notamment pour Jaume, un baptême du feu qui risquait d'avoir des répercussions nombreuses car, dans les Aspres, zone aride contrôlée par la vicomté de Castelnou, les attaques contre un vassal étaient plutôt rares. De surcroît combattre un fief ami créait toujours des rancœurs chez les serfs, souvent issus de familles apparentées. Jaume, lui-même, avait un parent proche qui était au service de Bernat de Corbère[7] seigneur du château.

Que ferait-il s'ils se trouvaient face à face au cours du combat ? s'inquiétait-il.

Sur le terre-plein à proximité du château, plusieurs chariots se répartissaient la charge du trébuchet démonté et des boulets de pierre récemment équarris. Le reste de la troupe, composée de douze cavaliers, devait escorter les autres chariots sur lesquels les provisions de route et les différentes armes étaient entreposées. Les dix-huit fantassins avaient été convertis en conducteurs de chariots[8], aides et palefreniers, le temps du déplacement.

Le signal du départ fut donné à tierce, soit 9 heures

du matin, par Jordi de Prunet. Le convoi démarra alors et entreprit de descendre lentement en direction de l'église « Santa Maria del Mercadal », située à l'extérieur du village avant de poursuivre par le « Cami Real » (chemin royal), taillé pour partie dans la roche de schiste, en contrebas dans la direction de Millas. Les freins des chariots, composés d'une barre de bois s'appuyant sur les roues, dégageaient une forte odeur âcre, tant on devait les utiliser avec un tel poids à supporter. L'un des chariots se renversa même près de la vieille porte d'entrée du village, ce qui créa un certain émoi et retarda la progression. En fin de journée, le convoi avait pu gagner, cahin-caha, le « Pla de Ria » situé dans la plaine.

Une halte fut décidée, le campement s'installant sur une aire non cultivée de l'Auxineill, proche d'un ruisseau alimenté par les eaux provenant de la montagne. Conducteurs de chariots et palefreniers étaient exténués par la descente et par les nombreux incidents auxquels ils avaient dû faire face (pertes de roues, chutes d'objets) en raison du mauvais état de la route. Un repas fut servi, à base de viande grillée et d'ollada (soupe paysanne). Arrosés par un bon vin des Aspres bien corsé, les grognements des plus éprouvés s'estompèrent rapidement, et il s'en suivit bientôt quelques ronflements en signe de repos collectif.

La nuit fut heureusement calme, la seule faible lueur du feu crépitant en cette période automnale permettant à ceux qui étaient en faction de surveiller le campement.

Le jour suivant, le convoi reprit sa marche. Une route moins difficile, car le chemin emprunté pour rejoindre la frontière française par les Corbières était situé en plaine et ne nécessitait donc pas d'efforts particuliers. Les cavaliers accomplissaient des allers-retours pour contrôler le convoi qui s'étendait sur deux cents pas. Certains piaffaient d'impatience car le château de Corbère n'était qu'à une demi-journée de cheval. Ils en profitèrent pour pratiquer quelques figures équestres d'entraînement, utiles à l'occasion des combats. Jaume, qui assurait fréquemment les fonctions d'écuyer du chevalier Jordi de Prunet se vit d'ailleurs confier le cheval de ce dernier avec lequel il effectua quelques galops afin de maintenir sa forme. De retour auprès du convoi il restitua la monture à son maître après l'avoir pansée et bichonnée.

— Il est en pleine forme. Un peu d'avoine supplémentaire finira de parfaire l'entrainement, déclara-t-il au chevalier.

— Merci Jaume, tu te défends bien, pour un novice. Je verrai ce qu'on fera de toi après l'attaque du château si tu te montres à la hauteur.

Jaume enregistra le compliment et se mit ensuite à bavarder avec les frères d'armes qu'il s'était découverts depuis son arrivée.

Après une seconde nuit passée dans un champ de luzerne, à hauteur des Cabanes (Corbère les Cabanes) où se trouvait un point d'eau, le convoi se remit en marche sans incident notable. En fin d'après-midi, la lointaine silhouette du château de Corbère apparut enfin à travers le feuillage des chênes verts, des chênes rouvres et des chênes lièges dont la région était richement dotée. On décida alors de faire halte pour aller repérer les lices de la forteresse, l'état de la grande porte et de son pont-levis, les ouvertures diverses, la hauteur de la muraille et les postes de garde, cela afin d'arrêter le meilleur plan d'attaque. Deux éclaireurs furent missionnés à cet effet. Ils s'en revinrent avant le coucher du soleil pour faire leur rapport.

Après avoir entendu leur compte-rendu, Jordi de Prunet réunit son conseil, auquel il associa Jaume, qu'il considérait désormais comme son garde du corps et son lieutenant.

— Mes amis, leur dit-il, nous allons procéder par étapes successives. Pour créer un effet de surprise, nous tenterons dès demain de nous introduire par la muraille, à l'opposé de l'entrée principale, avec l'aide de grappins et le soutien des archers. Si cela marche, il suffira, après s'être introduits dans le château, que ceux qui auront réussi descendent ouvrir la porte d'entrée et le pont-levis... Préalablement à cette opération, afin de distraire leur attention, nous aurons recours à la catapulte pour ouvrir une brèche dans les remparts. L'inconvénient étant que le maniement du trébuchet est long, un boulet par heure, et que selon leur capacité de résistance cela peut durer plusieurs jours. À moins qu'ils ne se rendent entre-temps. Sachant que nous pouvons également utiliser des boulets à feu[9] pour atteindre la toiture dans le but de provoquer la panique.

Il fit une pause avant de poursuivre :

— Si les attaques précédentes échouent, nous utiliserons notre bélier afin d'enfoncer la porte, mais il nous faudra auparavant édifier un pont sommaire pour dépasser le fossé. Les risques sont élevés, car son édification laissera plusieurs d'entre nous à découvert, où nous pourrons être atteints par des flèches ou de l'huile bouillante… Dans tous les cas, afin de préserver l'effet de surprise, je vous demande de ne rien révéler à qui que ce soit en dehors de la troupe, car je sais que certains d'entre vous ont des connaissances parmi les habitants de Corbère. Que ce soit bien clair ! insista-t-il.

Il conclut enfin :

— Voilà mes amis, je vous ai tout dit, il ne nous reste que cette nuit de dimanche devant nous pour réfléchir, nous tenterons le premier assaut demain lundi à l'aube dans l'espoir d'en finir au plus tôt.

Le matin de ce lundi 19 septembre, après un bref repas et la prière de Laudes, le convoi se rapprocha du château afin de prendre position selon le plan convenu.

Aux environs de sept heures solaires, le chevalier de Prunet donna l'ordre d'installation du trébuchet. Une opération qui demandait environ quatre heures. Le bruit des masses et les cris des assistants-charpentiers retentissaient dans la vallée et ne pouvaient pas ne pas être entendus par l'ennemi, distant d'une centaine de mètres. Du reste, quelques flèches décochées depuis le château et signalées par les guetteurs de la troupe de Castelnou, gênèrent le travail de montage. En début d'après-midi on ne déplorait toutefois aucun blessé chez les assaillants.

Le signal du premier tir du trébuchet, armé d'un boulet à feu, fut fixé à quatre heures de l'après-midi au son précis de la cloche de l'église. Peu après qu'il ait été exécuté, des grappins furent lancés sur les remparts depuis l'arrière afin de surprendre les gardes. Deux d'entre eux s'accrochèrent correctement et permirent aux escaladeurs, particulièrement agiles, de grimper au mur et de se redresser rapidement afin d'assurer la montée des suivants. La ruse du tir du boulet à feu avait fonctionné. Imprégné d'huile de naphte enflammée, il avait cassé quelques tuiles au milieu de la toiture du bâtiment principal, et embrasé la charpente. La panique qui régnait dans le château après l'incendie provoqué par l'inflammation des canisses de support du toit, facilita d'autant plus l'introduction d'une dizaine de fantassins. Plusieurs accrochages se produisirent à l'intérieur avec les soldats du château, la plupart des duels tournant à l'avantage des hommes d'armes de Jordi. Fin bretteur malgré son jeune âge, Jaume eut d'ailleurs l'occasion de montrer ses talents en trucidant rapidement trois de ses adversaires sur le chemin de ronde. Puis, ayant neutralisé les gardes des remparts, ses camarades et lui rejoignirent promptement la porte d'entrée, descendant les escaliers sans trop de dommages, hurlant comme des fous furieux l'épée à la main, pendant que les duels et tirs à l'arc se poursuivaient derrière eux. Après quelques échauffourées, ils parvinrent enfin à ouvrir la porte et à abaisser le pont-levis. La troupe du vicomte de Castelnou, à cheval et à pied, avide d'en découdre, écrasa alors les derniers opposants. La moitié des membres du château fut massacrée, blessée ou neutralisée avant que le chapelain de la forteresse, en soutane, brandissant un crucifix en signe de paix, réussisse enfin à interrompre les combats.

— Par la grâce de Dieu, épargnez-nous, implora-t-il, nous voulons la paix !

— Où est ton seigneur ? demandèrent-ils tous de concert, car nous n'avons aucunement confiance en lui.

— Il est ici ! répondit une voix forte. En ma qualité de seigneur de Corbère et de vassal du vicomte Guillaume, je vous demande d'épargner mes gens et ma famille. Et je me soumets à votre volonté, dit-il en guise de reddition.

Le seigneur de Corbère fut rapidement entouré, enchainé par deux fantassins, puis conduit vers un chariot supportant une cage métallique dans laquelle on enfermait les prisonniers de haut rang.

Satisfait de la conclusion hâtive des évènements, le chevalier de Prunet demanda alors immédiatement une perquisition du château, ainsi que la mise aux arrêts de toute la garnison et du personnel rattaché à la seigneurie de Corbère.

Le lendemain, il fut décidé que le prélèvement des arriérés d'impôts serait effectué en nature pour partie (blé, bétail, huile…) et en pièces d'or ou d'argent pour solde, et que l'on retournerait à Castelnou le surlendemain avec, comme prisonniers, le seigneur et son battle[10].

Le mercredi matin, la mission étant accomplie, les préparatifs de retour furent rapides, tous ayant hâte de rentrer à Castelnou. Un trajet plutôt joyeux pour la troupe, après cette victoire sans bavure, si l'on excepte la souffrance des quelques blessés castelnoviens allongés dans les chariots. La détente régnait chez les cavaliers et les fantassins. Tout au long du parcours ils recevaient des cris de félicitation et de remerciement des paysans riverains de Corbère, qui labouraient ou récoltaient des fruits d'automne et notamment des châtaignes… Tout le monde savait que le seigneur de Corbère avait la main lourde et brutale pour prélever le cens[11] auprès des paysans exploitants de ses terres, sans rétrocéder pour autant à la vicomté, la part qui lui était due.

De retour à Castelnou, on emprisonna sans ménagements Bernat de Corbère dans la geôle obscure et exigüe du château. Située à côté de la salle de garde, proche de l'entrée, elle n'était éclairée que par une simple ouverture au-dessus de la porte et ne possédait comme mobilier qu'un tabouret et une paillasse posée à même le sol humide. Sans couverture. Après quelques jours il aurait à rendre compte au battle[12] de la vicomté de Castelnou de ses refus de payer et des retards d'impôts accumulés. Enchainé, les fers aux pieds, alimenté deux fois par jour par une soupe de légumes et du pain rassis, le plus souvent dans le noir, il perdit vite de sa superbe. Au bout de quelques jours d'attente, on envisagea son interrogatoire. Il fut donc conduit un beau matin dans la salle des hommages où se tint une cour de justice, composée du vicomte et de ses assesseurs en habits de cérémonie. Introduit par deux gardes, Bernat de Corbère, pâle, les yeux hagards, fatigué par plusieurs jours d'incarcération en cellule obscure, se retrouva alors à genoux au milieu de la salle où siégeaient ses accusateurs pour répondre à un interrogatoire à charge. Complètement abattu et résigné il reconnut tous ses torts car l'incarcération avait eu raison de ses rares velléités de résistance. Le procès fut donc bref et sans appel.

Très rapidement, il consentit à rembourser la totalité des arriérés, majorés d'une pénalité, et à faire amende honorable. Il s'agissait d'une démarche très humiliante, car pour cela il devait reconnaître publiquement sa faute et « en demander pardon à Dieu, à la société et aux hommes ».

La peine « d'amende honorable » serait exécutée dans un lieu public, après affichage de la condamnation, en présence d'un juge, d'un prêtre et des personnes lésées. Dans le cas d'espèce, le lieu public choisi fut le portail de l'église de Corbère, qui était la plus proche du lieu du délit, là où il serait reconduit. Le condamné Bernat de Corbère, en chemise et pieds nus, portant dans chaque main un cierge devrait se mettre à genoux pour prononcer la formule d'amende honorable qui était précisée dans le jugement[13].

Il était surtout évident que cette condamnation, exécutée au cœur du village, ajoutée à la démolition partielle du château suite à son assaut, aurait un retentissement considérable auprès des seigneurs de la vicomté et briserait net toute velléité d'imitation.

Quelques jours plus tard, alors que la garnison du château était au repos, le vicomte Guillaume[14], de retour de Besalù où il avait assisté à des noces seigneuriales, convoqua Jaume et le chevalier de Prunet dans la salle des hommages[15] jouxtant la chapelle, pour évoquer la bataille de Corbère et d'autres sujets portant sur l'avenir immédiat.

— Mes amis, leur dit-il, après les avoir félicités de l'opération réussie sur Corbère, je rentre de Besalù où réside une partie de ma famille. Là-bas, à l'occasion d'une réunion religieuse, je me suis entretenu avec mon cousin Arnau de Castelnou[16], maître de province de l'ordre du Temple, de retour d'Orient. La situation est grave. La Terre Sainte est sous le contrôle des Sarrazins et les quelques places encore détenues par les ordres chrétiens du Temple et de l'Hôpital sont menacées de disparition. Il nous faut donc réagir vite et recruter des troupes au nom de Dieu et de la foi chrétienne. Bien sûr nous ne sommes pas très nombreux dans la vicomté au regard des besoins, mais il nous faut impérativement participer à l'opération en envoyant des chevaliers et des sergents volontaires pour intégrer l'ordre du Temple. La commanderie du Mas Déu, qui est la plus proche de nous, a besoin de militaires déjà formés, car sa mission se limite essentiellement à la préparation spirituelle et à l'administration de ses possessions agricoles et religieuses en Catalogne. Plusieurs seigneurs parmi nos vassaux vont envoyer des candidats au Mas Déu. Il importe que nous donnions l'exemple, même s'il nous en coûtera beaucoup… Je propose donc de réunir dans notre troupe au moins un chevalier et un sergent présentant les qualités attendues tant sur le plan militaire que religieux. Qu'en pensez-vous ?

La question resta sans réponse, car tout le monde fut surpris par la proposition qui, totalement inattendue, n'intéressait personne. Après un long silence une voix s'éleva :

— Cela demande réflexion, déclara le chevalier Jordi de Prunet. En effet, parmi les membres de la garnison, au nombre de quatre-vingt, peu paraissent avoir la foi religieuse au point de s'engager dans le Temple. En outre, plusieurs sont mariés, travaillent la terre et ont charge de famille. Seuls quelques célibataires ou veufs pourraient être concernés. Il faudra le leur demander.

Notant les objections et le faible enthousiasme, le vicomte conclut par ces propos :

— Je vous laisse une semaine de consultation et de réflexion pour me trouver une solution. Nous ferons le point dimanche prochain, après l'office, dans cette même salle. Salut à tous, que Dieu vous garde !

— Salut à vous, chevalier de Prunet ! répondit l'assemblée en cœur.

La semaine se déroula ainsi en consultations diverses, conduites par le vicomte et par Jordi lesquels, chacun de leur côté, prenaient avis auprès des chanoines de Saint-Ruff, des prêtres et des nobles des seigneuries des Aspres et des environs les plus proches, la plupart vassaux de la vicomté... Il en ressortit des réactions mitigées et un sentiment d'engouement modéré. Les raisons en étaient les suivantes. Si l'on excepte la première croisade, menée de 1096 à 1099 par Godefroy de Bouillon, qui aboutit à la prise de Jérusalem et à la fondation des États latins d'Orient, qui fut jugée comme un succès, la seconde croisade, qui s'acheva par la prise de Jérusalem par Saladin[17] en 1187, fut un échec cuisant pour la chrétienté. Les croisades suivantes, destinées à reconquérir les lieux saints, furent peu convaincantes, y compris la huitième et dernière menée en 1270 par Saint Louis, mort à Tunis cette même année, et considérée comme un échec.

Le dimanche arrivant, la réunion de la garnison se tint au château, comme précédemment.

Le vicomte prit la parole et ouvrit la séance par le rappel de l'ordre du jour :

— Mes amis, la période de réflexion et de consultation est maintenant terminée. Je dois impérativement donner une réponse positive au maître du Temple, et cela incessamment. Où en êtes-vous de vos démarches de prospection ?

— Seigneur, répondit Jordi de Prunet, j'ai consulté la garnison tout entière, rencontré la plupart des ecclésiastiques ainsi que les personnes de qualité au fait de l'ordre des chevaliers du Temple, pour recueillir leur sentiment. Il en ressort trois propositions au titre de chevalier. Il s'agit des chevaliers Ramon de Saint Michel de Llottes, Vicente de Font-Couverte et Estève de Fourques.

— Et de votre côté ? s'adressant à Jaume chargé de solliciter des sergents.

— Mon seigneur, déclara Jaume, parmi les personnes consultées qui ont l'expérience des armes, qui ont déjà combattu et qui pourraient être volontaires, je n'ai trouvé que mon cousin Bernat Bonaventure de Camélas et Perot Ausseil de Castelnou, tous deux membres de la garnison.

— C'est tout ? s'exclama le vicomte à l'adresse de Jordi et de Jaume. C'est une honte qu'une pareille perspective ne soulève pas plus d'enthousiasme ! De plus, les gens que vous me citez ne me paraissent pas présenter pour certains les hautes qualités morales et religieuses requises.

Déçu, il se leva brusquement pour se retirer quelques instants, en leur demandant de l'attendre, afin de consulter le prieur et ses proches. Une heure plus tard de retour dans la salle des hommages, il reprit la parole et déclara sur un ton agacé et véhément.

— Pour tout vous dire, leur déclara-t-il de façon abrupte, après réflexion je ne vois que deux personnes capables de convenir. C'est toi chevalier Jordi de Prunet et toi sergent Jaume Bonaventure !

Les intéressés, interloqués, ne s'attendaient manifestement pas à une pareille déclaration et se tinrent cois quelques instants. Reprenant ses esprits le chevalier de Prunet, afin de ne pas offenser le vicomte, exprima la gratitude de l'honneur qui leur était accordé, mais proposa toutefois de réfléchir de concert avec Jaume à l'offre de soutien qui leur était faite en indiquant :

— Il importe, seigneur Guillaume, que nous soyons intimement persuadés de nos capacités d'engagement pour un ordre aussi exigeant et que nous soyons capables d'honorer votre volonté. Accordez-nous quelques jours de réflexion.

— Requête accordée pour un délai d'une semaine, leur répondit-il.

L'entretien se solda donc sur l'octroi de ce délai faisant suite à l'injonction du vicomte.

Au sortir de la salle, Jordi et Jaume, surpris, émus et gênés s'entretinrent de la proposition de Guillaume qu'ils trouvaient à la fois flatteuse et contraignante.

— C'est l'engagement d'une vie ! s'exclama Jordi, notamment pour un chevalier de noble origine. Sans oublier le renoncement à une vie familiale et seigneuriale en terre Catalane à laquelle je suis promis depuis ma naissance sur la terre de Prunet. De surcroît mes fiançailles avec Clotilde de Caixas sont prévues dans moins d'un an. Pour toi Jaume les conséquences sont moins grandes. Peut-être est-ce une opportunité qui s'offre à ton destin, qu'en penses-tu ?

— Ma foi ! répondit celui-ci, cette proposition me conduit à m'interroger sur mon sort. Si je reste à Camélas, mon chemin est tout tracé. Je continuerai à aider mes parents à exploiter la terre de la ferme qu'ils ont acquise à la sueur de leur front, jusqu'à ce que plus tard, après avoir pris femme, j'en hérite à mon tour[18]. Rosette, ma voisine du mas de Bellecroze n'attend que ça mais, de mon côté, je ne suis pas pressé et je manque d'enthousiasme à l'épouser. Du coup, l'idée de rentrer au Temple en qualité de sergent m'intéresse, même si je ne sais pas tout à fait à quoi il va falloir que je m'engage.

— Ta réponse est intéressante, mais tu as besoin d'en savoir plus au sujet du Temple. En effet, si tu possèdes incontestablement des qualités de combattant que tu as su prouver récemment, en revanche sur le plan spirituel et religieux tes connaissances sont encore très insuffisantes. Cela peut être rapidement amélioré, et c'est le rôle de la Commanderie du Mas Déu d'y pourvoir. Par contre, il faut que tu saches que l'engagement au Temple est à vie.

— Qu'entends-tu par-là ? interrogea Jaume, quelque peu inquiet.

— Ça veut dire que l'on ne peut plus revenir en arrière une fois les vœux prononcés, sauf à être exclu par l'ordre lui-même. En bref, pour être plus clair le mieux est que je te lise la règle du Temple que j'ai en ma possession.

Brandissant un parchemin, prêté par le vicomte, et qu'il avait tenu plié dans sa poche, il cita :

— Pour être admis au Temple il est nécessaire d'être volontaire et motivé, car la prononciation des vœux est définitive. Pas de noviciat. Il faut avoir dix-huit ans, ne pas être fiancé, ne pas être endetté, être en bonne santé de corps et d'esprit, n'avoir soudoyé personne pour rentrer dans l'ordre, n'être le serf d'aucun homme, ne pas être excommunié et n'appartenir à aucun autre ordre religieux. L'entrée dans l'ordre est gratuite. Le candidat peut être pauvre, mais avant toute chose il fait le don de lui-même. En cas de mensonge prouvé, le candidat sera renvoyé. Voilà en bref les conditions requises.

Les ayant écoutées attentivement en tentant de bien mesurer leurs répercussions, Jaume, voulant en savoir plus, demanda :

— Au-delà de ça, quelle sera ma mission au Mas Déu ?

— Je crois mon cher Jaume que si tu es pris par l'ordre plusieurs éventualités s'offriront à toi : soit on te confiera une mission de prédication après des études théologiques approfondies, soit on te confiera une mission de protection des domaines du ressort du Mas Déu autrement-dit des Aspres, soit on t'enverra en Orient défendre la Terre Sainte. Cette dernière éventualité est aujourd'hui prioritaire selon le maître de province Arnau de Castelnou.

— C'est ça qui m'intéresserait ! déclara brusquement Jaume, tout en ignorant en quoi ça consisterait.

Cette réponse spontanée valant acquiescement, Jordi sauta sur l'occasion pour l'informer plus encore sur ce qu'il savait des sergents templiers.

— Concernant l'armement, précisa-t-il, les chevaliers et sergents templiers disposent d'un écu, d'une cotte de mailles et d'un heaume. Lors de la réception dans l'ordre, le templier reçoit une épée à double tranchant avec un bout arrondi pour être maniée à deux mains et une masse d'arme templière, masse dite turque aux pointes saillantes, afin de briser les os de l'ennemi... Concernant la règle religieuse, poursuivit-il, elle s'inspire pour l'essentiel de celle de Saint Benoît, autrement dit de celle suivie par les Bénédictins, comportant cependant moins de jeûnes, en raison de la vie militaire des Templiers qui exige une résistance physique bien supérieure à celle des moines sédentaires.

Ainsi devisèrent-ils longuement afin de préciser aux mieux les divers aspects de cette nouvelle condition.

— Il ne te reste plus, mon cher Jaume, qu'à manifester ta volonté d'être candidat à Guillaume, notre bien aimé vicomte qui, j'en suis sûr, te soutiendra.

— Mon cher Jordi, répondit Jaume avec familiarité, brutalement submergé par toutes ces informations, je vous demande réflexion car, bien que je sois tenté par le projet, j'ai peur de ne pas être à la hauteur. Il faut que je voie ma famille, mes amis et que je fasse un examen de conscience auprès de mon curé.

Après cette déclaration Jaume et Jordi se séparèrent, se donnant rendez-vous huit jours plus tard au même endroit.

Jaume, reprenant son cheval, repartit alors vers la ferme familiale de Camélas, sans presser le pas, car son esprit était préoccupé par tous ces derniers évènements. Après une chevauchée de près de deux heures, il arriva, et rentra dans la ferme dont tous les objets lui étaient familiers.

Le banc « *escon* », faisant face à la cheminée ressemblait à ceux de l'église, il avait la particularité de posséder un dossier fermé permettant d'appuyer le dos mais aussi de se prémunir du courant d'air par lequel on prenait souvent froid en restant immobile. Le reste du mobilier se composait d'une grande table à tréteaux encadrée par deux grands bancs parallèles, d'une « *pastère* » (huche/pétrin), d'un coffre à grains en châtaignier et d'une grande armoire mal équarrie. Dans le fond on devinait une grande jarre, remplie d'huile, recouverte d'un couvercle en bois et un fût de chêne contenant du vin. Dans l'âtre constamment allumé, une « olle » (chaudron), suspendue à une crémaillère, contenait une soupe de légumes et de morceaux de cochon salés, toujours tiède, que l'on pouvait réchauffer et consommer à tout instant selon les besoins. Au fond de la cheminée, sur la partie gauche, se trouvait l'ouverture du four, encastré dans le mur et ressortant en relief sur l'extérieur, four dans lequel, une fois par semaine, on assurait la cuisson du pain pour tout le hameau. De part et d'autre du foyer, des pierres taillées de façon rectangulaire, posées au sol, en appui sur les montants de la cheminée, servaient de siège aux enfants en période hivernale. Il s'agissait d'un refuge très apprécié par eux, car c'était le coin le plus chaud de la pièce auquel on accédait facilement en raison de la grande dimension de l'ouverture. La veillée autour du feu après le repas du soir, était un moment apprécié de tous. C'était là que se transmettaient les nouvelles, les ragots, les histoires, les chansons, les contes et les préjugés… (*Histories de la vora del foc*)

— Salut à tous je suis de retour ! s'écria Jaume en embrassant la nombreuse assemblée présente à l'heure du repas de midi.

— Assieds-toi à table ! répondit son père, nous sommes au courant de l'attaque de Corbère. Il paraît que tu t'es bien défendu. Félicitations !

— Ah ça oui, ça n'a pas fait un pli. Une seule attaque a suffi alors que nous avions prévu plusieurs jours de siège. Le seigneur Bernat de Corbère n'en mène pas large. Il est maintenant emprisonné pour plusieurs semaines dans les geôles du château de Castelnou et son château est mis sous séquestre jusqu'à ce que tous les arriérés de redevances soient payés et qu'il ait fait amende honorable. Ce que je regrette c'est que nous ayons dû tuer ou blesser plusieurs gardes et personnels du château, qui n'y étaient pour rien dans les agissements du seigneur.

La conversation se poursuivit longuement et Jaume dut relater par le menu les divers accrochages, réactions, attaques, esquives, cris et injures dont il fut l'acteur ou le témoin. Ayant donné satisfaction à l'assemblée, notamment à ses frères et à son père, par la révélation de nombreux détails, la conversation s'arrêta. Elle fut relancée par le père de Jaume qui lui demanda :

— Que comptes-tu faire maintenant ? Es-tu libéré de tes obligations d'ost ?

— Oui, Père, sans problème j'ai accompli les quarante journées dues par la famille. Ils voudraient cependant me garder à demeure au château de Castelnou en qualité de sergent de la garde avec une solde confortable, car ils ont apprécié mes talents de combattant.

— C'est ennuyeux ! répondit le père, on a besoin de toi ici pour cultiver la terre et je commence à me faire vieux.

Suite à la réaction du père, la conversation s'interrompit. Jaume évita de lui faire part de son projet, plus exigeant encore, d'entrer au Temple.

Après ces quelques échanges au cours du repas, il entreprit alors de rendre visite au Père Fabre, curé de l'église Saint-Fructueux de Camélas, avec lequel il entretenait une relation amicale et spirituelle depuis plusieurs années. Il lui devait notamment de l'avoir formé à la lecture, à l'écriture, au calcul, au catéchisme et de l'avoir conduit jusqu'à la communion à travers une initiation au Nouveau Testament. Sa visite, au-delà du plaisir de retrouver un bon conseiller et un ami, avait pour but de l'aider à prendre une décision difficile c'est-à-dire celle de répondre ou non à l'exhortation du vicomte Guillaume de rejoindre le Temple.

Après avoir relaté au prêtre, par le menu, les opérations sur Corbère auxquelles il avait participé, il en vint à évoquer devant lui les interrogations qui le tourmentaient depuis plusieurs jours maintenant au sujet de sa future présentation au Mas Déu.

— En suis-je capable ? En suis-je digne ? Suis-je suffisamment formé ? N'est-ce pas un abandon de ma famille ? Suis-je en mesure de renoncer à me marier un jour ?

Le père Fabre le laissa parler avec bienveillance et sans mot dire afin de le laisser exposer jusqu'au bout ses préoccupations et ses hésitations. Familier de la confession qu'il pratiquait abondamment à l'époque, il savait que la meilleure manière de tout savoir était souvent de se taire et de déceler dans la confession les signes d'une volonté non exprimée.

Après de longues minutes de silence, qui embarrassèrent Jaume, le Père Fabre lui répondit enfin :

— Mon cher Jaume, je te connais depuis longtemps. Pour t'avoir confessé plusieurs fois je sais ce que tu penses. Je connais ton courage, ta volonté et tes faiblesses. Certes nul n'est parfait, mais je pense que tes qualités l'emportent sur tes défauts. Tu es un homme de parole, tu es robuste et résistant de ta personne. Tu as montré tes aptitudes au combat. Tu as toujours accompli les travaux des champs avec ardeur et assiduité. Tu n'as pas d'attache particulière auprès d'une fille du pays. Ta foi est solide, comme tu l'as montré en servant la messe du dimanche… Tu possèdes à mon avis tous les atouts pour réussir dans cette aventure. Il ne te reste plus qu'à te décider, car seule ta décision personnelle compte. Il s'agit d'un engagement fort, de toute une vie.

— Merci infiniment mon Père de vos précieux conseils et de vos encouragements, fit Jaume, en lui serrant chaleureusement la main et en l'accompagnant d'une accolade marquant ainsi son émotion au moment de se séparer de lui.

À cet instant il se sentait transporté de joie et de soulagement, car le soutien du Père Fabre était, à ses yeux, essentiel. Il lui devait, en effet, de s'être élevé par l'esprit au-dessus de sa condition paysanne, faite le plus souvent de résignation, de conformisme et d'ignorance, en prenant de la distance et de la hauteur sur le quotidien par les connaissances acquises. Manquant lui-même, en cet instant, de lucidité et de recul, en raison de l'émotion suscitée par les enjeux de la situation, il avait entendu de la part de son père spirituel ce qu'il souhaitait inconsciemment entendre.

S'en retournant à cheval en direction de la ferme il s'arrêta un instant pour abreuver son cheval à une auge en pierre et bavarder avec quelques paysans de sa connaissance. Chemin faisant, après cette pause, tiraillé par un creux à l'estomac il cueillit quelques amandes et poires sauvages qui débordaient sur le chemin par-dessus un mur en pierre. Il aperçut alors dans le lointain une silhouette féminine qui lui sembla familière. Il s'agissait de son amie, Rosette, qui cueillait des pommes et qui, le reconnaissant, lui fit signe de s'arrêter un instant pour lui en donner. Vêtue d'une robe en toile légère, d'un corsage échancré de couleur blanche mettant sa poitrine en valeur, et sans coiffe sur une chevelure longue et brune, elle détonait par son allure jeune et fraiche dans cette campagne où la plupart des femmes, vêtues de façon austère, exhibaient des tabliers et des fichus noirs, pour marquer le deuil d'un proche et la tradition campagnarde d'effacement et de résignation.

Compte tenu des circonstances et de l'imminence de son choix d'engagement, il trouva la rencontre heureuse, car elle l'adorait et son conseil serait précieux.

Après s'être amicalement embrassés sur les joues, ils se mirent à bavarder sur divers sujets de voisinage, avec drôlerie et bonne humeur. Jaume attacha son cheval à un arbre pour accompagner Rosette, châle de laine sur les épaules et panier au bras prête à ramasser quelques châtaignes. Ils se dirigèrent ainsi vers le versant ombragé de la colline où se trouvaient des châtaigniers. Jaume avait idée de lui parler de son projet. Chemin faisant la conversation s'estompa et Rosette devint brusquement silencieuse. Lui, de son côté, perdu dans ses pensées, ne s'exprimait plus.

À un moment donné Rosette, lui saisit la main se rapprocha brusquement le regarda bien en face, les joues rougies par son émotion et son audace, et lui déclara sans préambule :

— Je t'aime d'amour Jaume, mon bel homme, j'attendais une occasion de te le dire depuis longtemps !

Perdu dans ses pensées, Jaume fut surpris et flatté à

la fois. Il aimait bien Rosette, mais il ne pensait pas que cela puisse prendre une tournure aussi directe et si vive.

— Je t'aime beaucoup, moi aussi, lui répondit-il sobrement, afin de modérer l'enthousiasme débordant qu'il sentait chez sa compagne, mais qu'il ne partageait pas pour autant.

Loin de la décevoir, cette réponse, on ne peut plus modérée, fut reçue par son amie comme un acquiescement. Elle se saisit alors de lui, l'embrassa avec fougue sur la bouche et dans le cou avec empressement. Le prenant par la taille et le tenant très fort, ils poursuivirent leur cheminement jusqu'au pied des châtaigniers sans qu'il eût résisté le moins du monde à ses assauts amoureux. Dans la foulée, elle s'allongea en l'attirant à lui avec beaucoup de persuasion. Ayant succombé à ses charmes par le passé à plusieurs reprises et n'y tenant plus face à son allant, à son ardeur, à sa fraîcheur et à ses initiatives, il sentit une chaleur remonter le long de ses reins et de son ventre. Il s'associa alors à ses efforts de dépouillement en l'aidant à se dénuder. Son corps magnifique, d'une splendeur juvénile, doux et parfumé à la lavande, qui apparut sur fond de verdure et de ramure de châtaigniers, eut vite raison de ses faibles hésitations. Il se précipita à son tour dans l'étreinte charnelle et succomba à la tentation. Cette formule, souvent prononcée par le curé à l'occasion du Pater Noster (Notre Père) et associée aux péchés, lui revint fugitivement à l'esprit, mais il la chassa immédiatement.

Abasourdis et ravis de cet épisode qui interrompait une longue période d'abstinence, ils restèrent un long moment allongés sur l'herbe, à rêvasser dans un moment de bien-être exceptionnel. Reprenant un peu plus tard ses esprits il se trouva bientôt embarrassé par l'annonce qu'il avait prévue de lui faire. Le moment était mal choisi pour lui annoncer son projet d'entrer au Temple.

Après s'être rajustés et avoir récolté quelques châtaignes, Rosette et Jaume reprirent le chemin du retour, bras dessus bras dessous. Retrouvant sa monture attelée là où il l'avait encordée, il embrassa Rosette, émue aux larmes, et la quitta comme il l'avait fait par le passé, avec discrétion pour ne pas éveiller l'attention de voisins toujours malveillants en matière de liaison amoureuse hors mariage.

Au bout du chemin, après l'avoir perdue de vue, il se sentit honteux et minable. Il avait abusé de la crédulité de cette brave fille, sans rien lui promettre, avec le risque qu'elle passe maintenant pour une moins-que-rien si cela venait à se savoir. Pour autant dans son esprit, malgré sa beauté et sa gentillesse, il ne se sentait pas attiré au point d'en faire sa femme pour la vie. Hormis son physique très agréable il ne la trouvait pas très dégourdie « espavilat », jusqu'à partager sa vie. Il aurait aimé, chez une femme, une plus grande complicité et plus de vivacité d'esprit. De plus, s'il escomptait désormais se lier à Dieu il ne pouvait prendre femme et souscrire au moindre engagement. Enfin, pour ajouter à sa bonne conscience, il se dit intérieurement : c'est elle qui m'a provoqué, après tout. Je ne lui demandais rien, même si ce n'est pas une délurée « eixerit ».

Son examen de conscience, peu glorieux en la circonstance, était à l'image de celui des jeunes et beaux garçons qui, dans les campagnes, ont de tout temps trouvé de bonnes raisons pour justifier leurs frasques féminines.

De retour à la ferme familiale en fin d'après-midi il se mit à table où on l'attendait pour souper. La conversation de la veille reprit. Il s'entendit relater à nouveau l'attaque de Corbère à laquelle il ajouta quelques détails croustillants supplémentaires.

— Je suis fier de toi ! déclara le père à la cantonade, provoquant en cela quelques jalousies dans la fratrie de Jaume et notamment chez Sebastia et Vicenç, ses deux autres frères plus jeunes.

— Leur tour viendra aussi quand ils seront plus grands ! ajouta Jaume qui avait perçu leur frustration.

La conversation se poursuivit sur le voisinage. On y apprit le mariage prochain de cousins, le baptême d'une filleule, l'accident de cheval du préposé au battle, les dégâts causés par les soldats du vicomte sur plusieurs terrains à l'occasion du passage de la troupe, et la menace d'excommunication pour blasphème de Jepe Marsal, un mécréant du hameau (*beinat*) de Polig qui, n'ayant pas toute sa tête, avait traité le Père Fabre « de suppôt de Satan et d'envoyé du diable ». On parla même du projet de fiançailles de sa sœur Paulette avec Ramon Coste de la plaine du « Pla de Ralla » (paroisse de Castelnou) dont on laissait entendre qu'il serait un bon parti. À ce sujet, la mère de Jaume avait pour mission, à l'occasion de rencontres préparatoires à l'évènement et de la fête du village du marié, de placer sa fille et ses fils célibataires à côté de jeunes gens compatibles dans le cortège de mariage pour « faciliter les choses »[19]. On entendait par là la constitution de couples susceptibles de satisfaire a priori les attentes maritales et foncières des parents respectifs. Bref, un tour d'horizon complet de l'actualité fut dressé, par les uns et les autres, qui permit à Jaume d'être au courant de l'essentiel.

Face à toutes ces annonces, il se promit d'attendre le lendemain soir, à l'heure du souper, pour annoncer sa décision de départ au Temple. À cet instant, le choix lui paraissait clair dans sa tête. Il avait ressassé le pour et le contre, pesé les avantages et les risques et, bien qu'il ne sache rien de la vie monacale et militaire d'un templier, l'idée de voyager en Orient, de faire des découvertes, de se battre contre les Sarrazins, d'apprendre le Latin et de vivre dans la discipline lui semblait une perspective qu'il ne pouvait refuser face à une vie sédentaire et monotone toute tracée de paysan des Aspres qu'il connaissait bien.

Il alla se coucher dans la chambre des garçons qu'il partageait avec ses deux frères. De petite dimension, la chambre comportait peu de mobilier, un lit, une armoire, un banc, un coffre et un pot de chambre en terre cuite. Un grand lit fermé à baldaquin, en bois de châtaignier équarri, fabriqué par les grands-parents, était en appui contre un mur. Il était composé de deux niveaux. Sur la partie haute, des tentures grossières de couleur, situées entre les quatre piliers et accrochées au toit du lit, pendaient lourdement. Elles permettaient de s'isoler et de couper le froid. On pouvait y dormir à deux ou trois personnes sur des paillasses. La partie inférieure du lit comportait une couchette pour deux personnes que l'on tirait du dessous si besoin. Ne voulant pas gêner ses frères, habitués à dormir ensemble, il utilisa la couchette où il dormit d'un sommeil profond. Il fut seulement interrompu pendant la nuit par un de ses frères qui fit usage du vase de nuit situé en bout de lit.

La journée du lendemain, consacrée à divers travaux d'entretien des écuries et de la bergerie, passa relativement vite.

Le soir tombé, il se retrouva à table avec toute la famille et les journaliers venus aider aux labours. Après quelques échanges sur le temps et la journée, la conversation s'orienta sur la messe du dimanche à l'église Saint-Fructeux de Camélas.

Saisissant l'occasion il annonça :

— Je ne pourrai pas être des vôtres ce dimanche, car je dois me rendre à Castelnou.

— Comment ça, tu en reviens à peine pour le service d'ost ! rappela le Père.

— Certes, mais il s'est passé des choses dont je dois vous entretenir maintenant, après ces quelques jours pris en votre compagnie.

— Que s'est-il donc passé ? questionna le Père, soudain inquiet, je ne comprends pas…

— Il s'est passé que pendant la semaine écoulée j'ai réfléchi à la proposition du Vicomte Guillaume de Castelnou de me faire entrer au Temple du Mas Déu, en qualité de sergent.

— Répète ! dit le père, j'ai mal compris.

Jaume s'exécuta et répéta mot pour mot ses propos.

— Comment et tu ne nous as rien dit ?

— Non, mon père, parce que j'avais besoin de vous voir, d'écouter les conseils du Père Fabre, de voir mes amis et de savoir si moi-même je me sentirais capable d'accepter. Aujourd'hui, j'ai pris ma décision. Je crois avoir suffisamment la foi, la force physique et l'habileté dans le maniement des armes pour faire un bon sergent du Temple. Je crois avoir la force morale de partir en guerre contre les Sarrazins d'Orient pour reconquérir la Terre Sainte. Quant à l'exploitation de la propriété, mes deux frères Sebastia et Vicenç, que j'ai vus à l'œuvre encore aujourd'hui, sont maintenant capables de te seconder avec efficacité sans qu'il y ait lieu de s'inquiéter. Certes, vous allez me manquer, je ne sais pas vraiment ce à quoi je m'engage, mais je sens que cette opportunité ne se présentera plus jamais à moi.

Malgré l'assurance de ton de son discours, Jaume se sentait très ému et la famille tout entière, la larme à l'œil, eût le sentiment de vivre un grand moment. Il s'ensuivit un long silence et chacun regagna sa chambre, conscient de la rupture que cela allait provoquer.

Le lendemain matin, dimanche, tout le monde fut debout pour saluer le départ de Jaume.

Après moult embrassades ponctuées de pleurs, notamment de sa mère et de ses sœurs, il s'éloigna lentement de la ferme, à cheval avec son baluchon. Au moment de son dernier salut, à l'abord du premier virage, avant de s'enfoncer dans les bois, une étreinte mêlée de tristesse le saisit tout entier. Tous les membres de la famille regagnèrent le mas, frappés par un sentiment de deuil et de résignation face au destin et à l'incommensurabilité que représentaient Dieu et la guerre rassemblés chez un même individu.

L'arrivée dans la matinée au château de Castelnou se déroula sans protocole particulier. La réunion avec le vicomte Guillaume prévue à midi, juste après la messe, se tint dans la salle des hommages, en présence de Jordi de Prunet, des chanoines et des officiers de la garde.

La salle des hommages était meublée d'une cathèdre de magistère, réservée au vicomte, sculptée dans du bois fruitier tout en hauteur, et de quelques sièges de moindre dimension, situés de part et d'autre, réservés aux assesseurs, aux chanoines et au battle. Le vicomte portait son habit de cérémonie : une tunique bleue, un mantel ocre sur l'épaule gauche en signe d'aristocratie et une coiffe de feutre rouge. Il ouvrit solennellement la séance avec quelques mots de bienvenue en latin, puis rappela en catalan l'ordre du jour consacré au recrutement pour le Temple. La parole fut donnée en priorité au chevalier Jordi de Prunet, fortement pressenti lors de la dernière réunion. Ce dernier déclara :

— Monseigneur Guillaume, après avoir mûrement réfléchi, consulté tous mes proches et malgré le grand honneur que vous me faites en m'accordant votre confiance, après avoir pesé le pour et le contre, je ne puis accepter votre proposition de postuler au Temple. J'en suis profondément désolé, car cela représente pour un chrétien l'aboutissement de son engagement de soldat et de croyant. Cependant les raisons familiales l'ont emporté face à ces nobles perspectives. La famille de Prunet, au-delà de l'honneur que vous lui avez réservé dans cette affaire, compte en effet sur moi pour assurer la relève de mon père aujourd'hui malade et vieillissant. De surcroît mes fiançailles avec Clotilde de Caixas, prévues dans moins d'un an sont irrévocables.

Le vicomte resta silencieux et perplexe après cette réponse, car ce refus certes légitime contrariait sa volonté de plaire à son cousin, maître du Temple de la province de Catalogne. Quelques instants plus tard reprenant la parole il déclara sèchement et avec froideur :

— Chevalier de Prunet, cela est fort bien pour vous et votre famille et je vous souhaite bonheur et succès. Pour autant votre réponse est négative et je la reçois comme telle. Qu'en est-il du côté de Jaume Bonaventure ?

Se trouvant interpellé, Jaume, timide et impressionné par l'assistance, ne s'étant jamais exprimé en public, commença par se racler la gorge toute nouée pour éclaircir sa voix… Après un moment d'hésitation il reprit ses esprits et répondit à l'invitation du vicomte :

— Monseigneur Guillaume, en ma qualité d'homme d'armes de condition ordinaire, tout entier à votre service, j'ai été très honoré de votre proposition et de votre soutien à rejoindre le Temple. Afin d'y répondre le plus sérieusement possible, j'ai consulté avec soin mon entourage, ma famille, le père Fabre de l'église Saint Fructueux à Camélas qui a suivi mon parcours religieux et a fait l'examen de mes qualités et défauts. Ainsi, malgré certaines insuffisances, notamment au plan des connaissances religieuses, j'ai décidé d'accepter votre offre. Je postule donc à l'ordre du Temple du Mas Déu en qualité de Sergent.

— Mon cher Jaume, je n'en attendais pas moins de vous. Votre réponse me comble. Il importait que Castelnou, capitale de la vicomté, donne l'exemple en envoyant un brillant candidat dans les délais imposés. Ainsi dès demain nous nous rendrons au Mas Déu pour rencontrer Pere de Montcada, officiant en l'absence d'Arnau de Castelnou[20], commandeur en titre du Mas Déu. À la grâce de Dieu ! conclut-il.

Le lendemain, aux aurores, une petite troupe de douze cavaliers, formée du vicomte, de sa garde armée à cheval et d'un chanoine de Saint Ruff en habit de bure, se retrouva sur la plate-forme du château. La revue de la troupe étant faite par le capitaine pour s'assurer que rien ne manquait, ordre fut donné de prendre le départ. Le chemin emprunté fut celui qui, partant de l'arrière du château en direction du Canigou, relie Céret, le Vallespir et le Col d'Ares, autrement dit Besalù ancienne capitale du comté.

De façon plus immédiate, ils passèrent par la « Creu de Mallorque », à l'arrière du château, puis à l'est de Sainte Colombe, et beaucoup plus loin dans la plaine par la Canterrane, rivière proche de Terrats, reconnaissable à sa « cellera » et à son église fortifiée, où ils firent une halte aux environs de dix heures pour permettre aux chevaux de boire et aux hommes de se sustenter.

Un peu plus tard la colonne se reforma, avec l'objectif d'arriver aux environs de midi à la commanderie[21]. Après avoir traversé moult collines, sous-bois et lits de rivières, ils parvinrent enfin à destination. Au détour d'un chemin, ils aperçurent sur un promontoire une grande bâtisse de forme quadrangulaire, entourée de remparts d'une hauteur pouvant atteindre cinq mètres et renforcée par quatre tours carrées à chaque angle. La construction avait toutes les apparences d'un château, ou tout au moins d'une fortification destinée à en imposer à un assaillant éventuel. Il s'agissait à l'évidence du Mas Déu. S'approchant de l'entrée, la petite troupe, déclina son identité. Une lourde porte romane, gondée et couverte de fers forgés ouvragés, s'ouvrit alors sur une grande cour où étaient rassemblés des chevaux et des écuyers, affairés à des exercices militaires.

Au fond de la cour, ils aperçurent une église dédiée à Sainte-Marie et un four à pain en activité qui dégageait la fumée odorante caractéristique des boulangeries préparant du pain pour une importante communauté. Il est vrai que le Mas Déu, siège majeur du Temple du côté Nord des Pyrénées, avait en sa possession onze commanderies ou maisons templières de taille inférieure, deux seigneuries et de nombreuses terres en Roussillon.

Ayant été prévenu par un messager, le commandeur officiant, Pere de Moncade, les attendait. Un repas était du reste prévu pour honorer leur visite. Il les accueillit en personne et salua d'une accolade pleine de respect le vicomte Guillaume, qui était un hôte de marque, ainsi que les divers arrivants. Il les mena alors dans une grande salle où un important buffet était dressé sur une table de chasse en chêne équarri, sculptée d'une frise à ressauts, en appui contre un mur. Après quelques mots de bienvenue et des remerciements à l'adresse du vicomte et des accompagnants, il leur déclara :

— Mes amis et chers frères notre journée sera studieuse et importante, car le chapitre du Temple du Mas Déu[22]devra choisir entre quelques postulants venus pour la plupart des Aspres. Je ne vous cache pas que ce travail rigoureux devra être terminé demain soir, car mes fonctions me conduisent à devoir me rendre en Aragon où je suis attendu. Je vous invite donc à vous restaurer rapidement et à vous préparer aux auditions.

Ce jour-là était prévue l'audition de plusieurs postulants. Dès une heure de l'après-midi, le premier candidat fut entendu. Le jury, solennel en robe ecclésiastique, encadré de Templiers en armes et en tuniques d'apparat, frappées de la Croix pattée rouge de l'ordre, était composé de représentants de toute la hiérarchie. Le questionnement fut long et précis et les questions très personnelles, voire intimes. Les greffiers notaient scrupuleusement les réponses avec application. Il fut demandé à plusieurs reprises au premier candidat de s'engager sous serment et sans réversibilité au nom de Dieu. En cas d'hésitation on lui faisait répéter sa réponse. Au terme de l'interrogatoire, le président remercia les participants et leva la séance le temps d'une pause.

L'audition suivante était celle de Jaume Bonaventure. Elle commença vers trois heures de l'après-midi. Jaume qui s'était présenté debout, fut invité par le président à s'asseoir sur un tabouret placé au centre du prétoire pour entendre l'exposé des règles et des conditions requises auxquelles il convenait de satisfaire en intégralité pour être admis. L'exposé fut clair et solennel, mais quelquefois complexe, car la maîtrise du latin n'était pas son fort. Heureusement était prévue une traduction orale en Catalan en cas de difficulté. Le contenu, lu en latin par le président, fut en substance ramené aux douze principes suivants :

« être volontaire et faire don de sa personne »
« être un homme libre, n'être le serf de personne »
« être sûr de sa foi et de son engagement »
« être majeur, avoir plus de seize ans »
« être en parfaite santé, ne pas être estropié ni idiot… »
« être pauvre n'est pas un obstacle »
« ne pas être endetté »
« ne pas être fiancé »
« ne pas appartenir à un autre ordre »
« ne pas être excommunié »
« n'avoir soudoyé personne pour être reçu dans l'ordre »
« s'engager à vie, après la prononciation des vœux »

Pour finir, le postulant était prévenu, qu'en cas de mensonge prouvé, il serait immédiatement renvoyé : … *si vous en mentiez, vous en seriez parjure et en pourriez perdre la maison, ce dont Dieu vous garde.*

Aux questions inspirées par les principes et règles, Jaume, ému et hésitant au début répondit très facilement, car il en connaissait la teneur. En revanche, il se montra beaucoup moins à l'aise lorsqu'on le questionna sur le caractère définitif de l'engagement et sur la certitude de sa foi. Il n'en laissa rien paraître, mais il fut troublé : il comprit qu'il s'agissait de réponses majeures. Il fut atteint du même trouble quand il affirma ne pas être fiancé. Il répondit néanmoins avec assurance, le vicomte, autant que le chevalier Jordi de Prunet, l'ayant mis en garde sur le risque qu'il y aurait à laisser planer un doute ou laisser entrevoir une hésitation.

Au terme d'un échange inquisitorial et précis, où les mêmes questions sous des formes différentes furent posées afin de confirmer la bonne foi de Jaume, le Président leva la séance et renvoya au lendemain après-midi l'énoncé du verdict.

Parallèlement à l'audition, des consultations discrètes autant que diverses avaient eu lieu au sujet de Jaume. Ainsi le chanoine de Castelnou qui connaissait bien le curé de Camélas fut élogieux lorsqu'on l'interrogea et le maître d'armes de Jaume fier de son poulain ne fut pas en reste. Tout fut ainsi bien orchestré.

Le lendemain, le verdict fut donc sans surprise pour Jaume. En revanche, d'autres candidatures moins bien étayées furent rejetées.

Le Vicomte et son escorte en furent ravis et tout le monde se congratula. Quelques-uns restèrent pour assister à la cérémonie d'investiture, impressionnante par son rituel, qui eut lieu en soirée.

Préalablement le Pere de Moncade renouvela, en personne, le questionnement d'introduction afin de s'assurer du résultat.

— Jaume Bonaventure, homme libre de condition (sans noblesse), demandes-tu, sans contrainte ni mensonge, à rentrer dans l'ordre du Temple pour en devenir le serviteur ?

— Oui ! répondit Jaume avec gravité.

— Es-tu conscient des renoncements auxquels tu devras souscrire pour te consacrer à tes frères ?

— Je le suis et suis prêt à renoncer à la vie séculière.

— As-tu une épouse ou une femme promise ?

— Non je n'ai aucune épouse ni engagement.

— Es-tu lié à un autre ordre religieux ?

— Non.

— As-tu des dettes non honorées ?

— Non je n'ai aucune dette.

— Es-tu sain de corps ?

— Oui je le crois.

— As-tu été excommunié ou frappé d'anathème ?

— Non Monseigneur.

— Es-tu de condition servile ?

— Non, je suis un homme libre.

En présence de tous les frères du couvent du Mas Déu, au nombre d'une centaine, rassemblés dans la salle du chapitre, le Père de Moncade annonça alors, au nom des deux parrains militaires et religieux, qu'ils n'avaient trouvé aucun obstacle à l'intégration de Jaume Bonaventure dans l'ordre des chevaliers du Christ. Le chapelain entérina sa déclaration.

Ainsi la première étape était franchie avec succès pour Jaume Bonaventure. Il était devenu frère, sans trop savoir encore ce que cela allait changer concrètement, son esprit encore embué du souci de ne pas commettre d'erreur de présentation face au grand maître.

Il fut rappelé à la réalité lorsqu'après éloges et félicitations on le conduisit au dortoir des nouveaux où une place sur une modeste paillasse lui avait été réservée. Épuisé par la journée et par l'émotion il ne tarda pas à s'endormir.

Le lendemain il fut réveillé à l'aube pour participer avec d'autres nouveaux frères à des épreuves physiques destinées à apprécier ses capacités et aptitudes au combat. Le sergent Joan Marti, chargé de la mise en condition, était petit et trapu, autoritaire et fort en gueule, peu enclin à la discussion. Ayant repéré Jaume, le plus grand parmi les novices, il décida de lui faire accomplir une succession de mouvements au sol (progression couchée, accroupissements et flexions) et sur le mur d'enceinte (marche en équilibre sur une poutre et escalade) qui se terminèrent par une série de flexions des jambes et des bras au sol (pompes). Malgré quelques critiques le résultat fut jugé honorable et prometteur.

— Au suivant ! s'écria-t-il.

C'est ainsi que défilèrent une dizaine de novices parmi lesquels figuraient deux chevaliers nobles venus de Montauriol et de Caixas, tous deux relevant de seigneuries des hautes Aspres. Les résultats obtenus furent mitigés, car certains se montrèrent particulièrement peu performants. Au-delà des jugements de valeur quelques dérapages verbaux éructés en catalan par le sergent Joan

Marti, ponctuèrent certaines erreurs ou insuffisances.

— Il va falloir reprendre tout ça dès demain ! s'écria-t-il.

Après cet entrainement, il fut proposé aux néophytes d'aller se restaurer dans la salle à manger.

Sans la moindre pause, l'après-midi fut consacrée à la formation religieuse dispensée par plusieurs frères et curés. Le soir venu, après avoir assisté aux vêpres et aux complies, et après le repas, Jaume retourna au dortoir où il trouva la paillasse fort confortable après ce qu'il venait d'endurer.

Ayant eu peu d'occasions de parler dans la journée il restait sur ses pensées et ses interrogations.

Le lendemain matin, sans surprise, il fut réveillé aux laudes (aurore) et, comme le jour précédent, participa avec ses coreligionnaires à l'entrainement militaire intensif.

Accueillis par le sergent Joan Marti :

— Aujourd'hui, jeunes frères, nous allons voir ce dont vous êtes capables au combat. Vous trouverez sur le râtelier de la salle d'armes des épées et des fléaux d'armes factices en bois. Prenez un exemplaire de chaque et revenez immédiatement.

Ainsi fut-il fait. Chacun disposa à ses pieds cet armement provisoire, laissant le sergent reprendre la parole :

— Nous allons organiser un tournoi, afin de juger de vos aptitudes au duel à l'épée en bois.

— Mettez-vous par deux. Comme vous êtes dix, cela fera cinq paires.

Le premier duel commença et, au bout de quelques échanges, apparurent des différences importantes d'habileté entre les duellistes. Les quatre autres duels confirmèrent les écarts de talent et d'expérience.

— Les gagnants du premier tour vont maintenant s'affronter deux à deux.

Il ressortit de l'ensemble des duels à l'épée de bois que deux bretteurs se distinguaient par leurs qualités : il s'agissait d'Arnau de Caixas et de Jaume Bonaventure. Les épreuves suivantes, à armes réelles maniées avec retenue, confirmèrent ce jugement. Le maître d'armes, Jepe Majoral, en homme d'expérience, n'avait pas été long à le constater.

— Je vois mieux le rapport de force entre vous, déclara-t-il. Toutefois, même les meilleurs doivent s'améliorer, car face aux sauvages d'Orient vous ne tiendrez pas longtemps.

— Comment ça, demanda l'un d'eux, les sauvages d'Orient ?

— Bien sûr ! Ignorez-vous que plusieurs d'entre vous s'embarqueront incessamment pour la Terre sainte, afin d'assurer la relève de nos frères blessés ou morts à Jérusalem dans les combats contre les maudits Sarazins !

La plupart des nouveaux furent surpris par la brutalité de la réponse. Certes, ils savaient tous que leur destination serait tôt ou tard d'aller en Orient. Pour quelques-uns tout du moins, car la vocation du Mas Déu n'était-elle pas surtout d'administrer le domaine agricole qu'il avait en charge en Roussillon ? Mais de là à être plongés aussi brutalement et sans préparation dans cette perspective de mobilisation rapide pour l'Orient, aucun ne s'y attendait.

Ainsi, pendant la pause qui suivit, les langues se délièrent et chacun donna son point de vue sur cette perspective de départ incessant vers l'Orient. À cette occasion Jaume Bonaventure et Arnau de Caixas firent plus ample connaissance, leur premier contact étant marqué par une attirance réciproque. Ils avaient le même âge, la même corpulence, une énergie identique, une façon directe de s'exprimer, une aptitude physique similaire et une interrogation commune sur leur présence au sein de l'ordre du Temple. Ils parlaient le même catalan et constatèrent rapidement qu'ils avaient des amitiés et des connaissances communes du côté de Caixas, de Casefabre, de Font-couverte, de Saint-Michel de Llottes, de Camélas et de Candell.

Arnau de Caixas était de petite noblesse terrienne et fadristern[23] de surcroît. Jaume, de son côté, était sans fortune mais animé par des valeurs de discipline, d'ordre, de travail, de foi et de courage très prisées à cette époque dominée par la chevalerie.

Ainsi de nombreux points communs les rapprochaient malgré leur différence de statut social.

La pause fut brève, puis l'entrainement reprit avec intensité.

— Ceux qui partiront en Orient, ajouta le sergent, devront être prêts pour l'embarquement de novembre, car le but est de rallier Chypre pour Noël prochain c'est à dire pour la Nativité où une fête rassemblera à Limassol un grand nombre de pèlerins venus de toute l'Europe.

Ainsi une information supplémentaire venait-elle de

leur être donnée. Jaume et Arnau se sentirent titillés dans leur for intérieur par cette éventualité qui allait les rapprocher plus encore.

Les semaines de préparatifs, tant militaires que religieux, se poursuivant sans interruption ils parvinrent, au bout d'un mois, à une mise en condition très élevée. Le combat à cheval, le maniement du fléau d'armes, les attaques à l'épée, l'usage de la lance (hallebarde) en même temps que des arcs et des arbalètes n'avaient plus de secret pour eux. Par ailleurs, leurs tenues vestimentaires faites sur mesure étaient sur le point d'être terminées. Le frère tailleur qui leur avait pris les mesures semblait satisfait de la progression de son travail. Ils furent convoqués chez lui à la mi-novembre pour un essai vestimentaire, et chez le maître fourrier pour leur armement personnel.

Ils découvrirent alors leurs tenues respectives. Ainsi Arnau de Caixas se vit confier un surcot blanc et Jaume Bonaventure un surcot de bure[24], les deux manteaux étaient ornés de la croix templière. Ils les essayèrent avec empressement et curiosité, fiers de leur nouveau statut de frères Templiers. Ils s'admirèrent et se congratulèrent réciproquement. Chacun reçut, en outre, pour se protéger le corps, un écu (bouclier), une cotte de mailles, un heaume, un surcot et, en matière d'armement personnel, une épée à double tranchant, une masse d'armes et plusieurs couteaux. Ainsi, y compris le harnachement de leurs chevaux ils possédaient la panoplie complète des Templiers.

L'écu, frappé de la croix, était de forme triangulaire

pointe en bas. Réalisé en bois recouvert d'une feuille de métal et de cuir il servait à protéger le corps.

La cotte de mailles, constituée de milliers d'anneaux en fer entrelacés et parfois rivetés était composée de trois parties : les chausses de mailles, le haubert qui couvrait le corps et les bras et le camail qui protégeait le cou et les épaules. Les mains étaient protégées par des gants en mailles (gants d'arme). Le heaume (casque) prenait la forme d'un chapeau de fer (chapel de fer) ne protégeant pas le visage.

Le sous-vêtement se composait d'une chemise de lin et de braies, de chausses et d'un gambison en cuir. Pour finir, le surcot, porté sur la cotte, était cousu d'une croix rouge, insigne de l'ordre, devant comme derrière. Il permettait de reconnaître les combattants Templiers en tout lieu. Le baudrier, installé en dernier, porté autour des reins (ceinture spéciale) permettait d'accrocher l'épée et de maintenir le surcot près du corps.

En matière d'armement personnel, Arnau et Jaume reçurent une épée, une lance, une masse et un couteau. L'épée et les masses servaient à frapper l'ennemi de manière à lui briser les os. Les blessés mouraient alors d'hémorragie interne. La lance était une perche en bois terminée par une pointe en fer forgé appelée tête de fer. Chacun se vit aussi confier trois couteaux, un couteau d'arme, un autre « de pain taillé » qui servait à manger et un canif à lame étroite.

Concernant les chevaux, Arnau de Caixas s'en vit attribuer trois, ainsi qu'un écuyer en sa qualité de chevalier noble, quand Jaume Bonaventure, en sa qualité de sergent[25], n'eut droit qu'à un seul cheval. En l'occurrence le seigneur de Caixas, père d'Arnau, avait offert trois chevaux au Mas Déu, alors que de son côté le vicomte de Castelnou, parrain de Jaume, avait remis à l'ordre un cheval et une bourse d'or.

Le drapeau de l'ordre du Temple, ou bannière, était appelé le « gonfanon baucent[26] ». Il se présentait comme un rectangle vertical composé de deux bandes, l'une blanche et l'autre noire, coupées au tiers supérieur. Porté en hauteur au bout d'une lance, il était le signe de ralliement des templiers sur le champ de bataille, protégé en combat par une dizaine de chevaliers. Celui qui en était responsable était appelé le gonfanonier.

Au-delà des beaux chevaux et des habits militaires prestigieux, arborés à l'occasion des cérémonies, des parades ou des combats, les templiers, qui avaient fait vœu de discrétion, étaient, au quotidien, vêtus sobrement.

Un quotidien qui était constitué de tâches nombreuses, variées, complexes et d'importance inégale. Au sein de la commanderie, leur vie était partagée entre les temps de prières, la vie collective et l'entraînement militaire. Au-delà, ils avaient en charge la gestion des biens de la maison, le commerce, la récolte des taxes et des impôts dus à l'ordre, ainsi que le contrôle du travail des paysans sur les terres de l'ordre, en terre catalane.

Le programme était ainsi très vaste et disparate. Il est à noter que la commanderie du Mas Déu s'était spécialisée au fil du temps dans l'administration des terres de l'ordre, délaissant les missions militaires et de protection des pèlerins à d'autres commanderies.

Nos deux héros, Arnau et Jaume, maintenant adoubés dans l'ordre et dotés de leur armement personnel, n'en finissaient pas de harnacher leurs montures au milieu de la grande cour intérieure, en ajustant au mieux les sangles diverses et les éperons, essayant de se mouvoir le mieux possible avec leur nouvel accoutrement vestimentaire et guerrier.

Engoncés et maladroits au début, ils parvinrent après plusieurs tentatives, grâce à leur agilité naturelle, à se déplacer et à brandir correctement leur armement. Ils simulèrent du reste entre eux un affrontement afin de tester leur mobilité et, au bout de quelques minutes, aidés des conseils du sergent Joan Marti, se sentirent enfin rassurés. Invités à poursuivre leur entrainement entre les séances de prières qui se tenaient à la chapelle, ils devraient être au point d'ici deux jours, leur expliqua celui-ci.

Après la messe du dimanche, qui se tint à prime (six heures), ils furent invités à une cérémonie d'apparat qui devait réunir tous les chevaliers et sergents dans le but d'accueillir l'évêque d'Elne, Monseigneur Berenguer de Cantallops[27], de passage au Mas Déu, aux environs de midi, qui se rendait à Gérone en vue de préparer un synode avec ses confrères catalans. Après une bénédiction destinée à ponctuer le passage en revue, l'évêque prit la parole et, dans une homélie, rappela le rôle vertueux des Templiers et leur mission irremplaçable auprès des pèlerins qui se rendaient sur les lieux saints.

Se réclamant du Pape Nicolas III[28], rappelant l'échec

de la dernière croisade conduite par Saint-Louis et sa mort en 1270, il exhorta les Templiers et leur commandeur à faire tous les efforts pour déployer le plus possible de troupes afin de sauver ce qui pouvait l'être encore de la chrétienté en Orient.

Il rappela à cette occasion l'engagement du templier, sous forme de prière :

— Je jure de consacrer mes discours, mes armes, mes forces et ma vie à la défense des mystères de la foi, et à celle de l'unité de Dieu, etc. Je promets aussi d'être soumis et obéissant au grand-maître de l'ordre... Toutes les fois où cela sera nécessaire, je passerai les mers pour aller combattre ; je donnerai secours contre les rois et princes infidèles et, en présence de trois ennemis je ne fuirai point, mais quoique seul, je les combattrai, si ce sont des infidèles[29].

Cette visite épiscopale et ses déclarations ne faisaient qu'ajouter aux indiscrétions nombreuses sur l'imminence d'une expédition de troupes templières en Terre sainte.

Dans les jours qui suivirent, sans grande surprise, les chevaliers et sergents furent convoqués à une réunion dans la salle capitulaire. Après une brève introduction à caractère religieux, le commandeur en vint au fait et à la mission projetée. Il annonça solennellement l'expédition de huit Templiers en terre sainte et en énonça les noms. Jaume Bonaventure et Arnau de Caixas figuraient parmi le corps expéditionnaire catalan qui se composerait de deux chevaliers et de six sergents.

— Mes frères, conclut-il, le départ est imminent. L'embarquement déjà organisé se fera au port de Collioure[30] mi-novembre sur la galère « *Nostra Senyora* », je compte sur votre attachement à Dieu, sur votre sens du devoir et votre bravoure pour faire honneur à l'ordre du Temple.

Collioure et Terre Sainte

« Omnia praetereunt praeter amare deum… »

Tout passe sauf aimer Dieu…

Le départ du Mas Déu fut donné le lendemain matin 13 novembre. À l'aube le convoi, composé de trente membres de l'ordre tous à cheval, se rassembla dans la cour où il reçut la bénédiction du commandeur avant de s'ébranler. Le trajet distant de neuf lieues environ devait durer une bonne journée. En cas de retard, un campement serait envisagé pour la nuit sur les collines escarpées surplombant Collioure.

Ayant connu quelques incidents de parcours à cause de chariots défectueux et pris du retard pour cause de contrôles routiers, un bivouac fut établi à la tombée de la nuit non loin de la mer que l'on voyait toute proche en contrebas. Pour beaucoup, notamment Jaume et Arnau, ce fut une surprise. Ils n'avaient jamais vu la Méditerranée. La vaste étendue bleutée s'enfonçant dans la nuit qui s'offrait à leurs yeux les impressionna. Ils comprirent alors, le cœur serré et la peur au ventre que l'aventure était proche, qu'ils ne connaissaient rien de cet élément et encore moins du voyage en mer. Certains se rappelèrent alors ne s'être jamais baignés dans la mer et ne pas savoir nager. Il faut dire que les Aspres, réputées pour leur sécheresse, n'offraient aucune possibilité dans ce domaine.

Mais peu importe, on ferait face selon les principes du Temple. La nuit, passée autour d'un feu de camp dressé pour le repas, leur permit d'en apprendre plus sur leur destination, sur le déroulement du voyage et sur les principales escales envisagées.

Précédé d'un bénédicité, composé de pain campagnard, de lard salé, de soupe chaude et d'un pichet de vin, le repas leur donna l'occasion d'écouter les instructions et les renseignements utiles prodigués par le capitaine et les marins.

Ainsi, le représentant du chef de flottille venu à leur rencontre, leur déclara-t-il :

— Vous embarquerez dès demain matin sur la galère « Nostra Senyora » de type galéasse[31] avec vos armes et vos vêtements personnels au complet. Vous disposerez chacun d'un hamac fixé à des portiques ou d'une paillasse sur le plancher surélevé de la cale, ainsi que d'un caisson pour vos effets personnels. Les chevaux seront embarqués séparément sur un navire « huissier[32] » qui vous accompagnera. Il s'agit d'une embarcation spécialisée dans le transport des chevaux en mer, spécialement aménagée avec des sangles, des fixations et des mangeoires, pour l'entretien et la nourriture des animaux. Un troisième navire, de type « navas », recevra les autres charges, notamment les provisions de bouche et les cargaisons vous appartenant ou destinées aux résidents de Limassol (Chypre) ou de Saint-Jean-d'Acre (Royaume de Jérusalem) qui sont à court de vivres, de vêtements, de tissus, d'armes et de produits provenant de Catalogne ou de France.

Répondant à diverses questions il ajouta :

— Notre première escale se fera en France à Aigues-Mortes[33], dans quelques jours, où nous rejoindrons d'autres flottilles templières en partance pour Chypre et la Terre Sainte.

Relayé à l'occasion du repas par la conversation de quelques marins avec lesquels la proximité était plus grande, ils en apprirent davantage sur les cargaisons, les passagers et l'aventure de mer qui les attendait.

L'imaginaire des templiers, alimenté par les nombreuses descriptions des produits abondamment chargés sur les vaisseaux, était à son paroxysme. La plupart d'entre eux, venus de l'arrière-pays catalan où la vie était austère, rudimentaire, démunie de tout, avaient le sentiment d'être à la porte du paradis de l'abondance, en d'autres termes devant de véritables cavernes d'Ali Baba flottantes en partance pour l'Orient.

Jaume et Arnau, qui écoutaient, ébahis, rêvaient déjà comme des enfants confrontés à un miracle. Leur dépaysement, qui ne faisait que commencer, était déjà intense.

Rappelons qu'à l'époque, les navires catalans se dirigeant vers le Levant transportaient de nombreux articles et produits attendus par les Francs établis en Terre Sainte, habitués à l'usage des draps, tissus et toiles d'Occident, mais aussi par les orientaux eux-mêmes curieux et friands des nouveautés provenant d'Europe.

Ainsi, les cargaisons étaient pour l'essentiel composées de draps[34] provenant des drapiers de Perpignan, de futaines[35], de tissus en toile catalans ainsi que de lainages. On y trouvait également des armes blanches, tels des coutelas, des arcs en bois d'if et des arbalètes, produites notamment en Catalogne du Sud (en principe interdits à l'exportation vers les pays musulmans). Les produits alimentaires portaient essentiellement sur le froment (*blad*), l'huile d'olive, les vins et le safran[36]. S'y ajoutaient également des vêtements fabriqués à partir de fourrures de renards, de loups, de vair, d'hermine, et de belette... provenant de la chasse dans les Pyrénées ou de régions limitrophes[37].

En contrepartie, autrement dit en retour, ce qu'on appelait le trafic d'Acre, portait sur des marchandises achetées en Orient par les Occidentaux et revendues en Europe. Il s'agissait pour l'essentiel d'objets d'artisanat : des terres cuites, des tissus et vêtements (de coton, de soie, de camelots[38], de brocards[39]...) du verre de Tyr[40], des colorants (indigo, garance, bitume[41]), des parfums (balsame[42], myrrhe[43], encens[44]...), du henné pour la beauté féminine et des produits bruts tels que le lin, le coton, la soie et l'alun[45]. Sur le plan alimentaire, l'Europe des classes aisées découvrait les oranges, les dattes, les bananes, le riz, le sucre provenant de cannes [46] déjà cultivées à Chypre, sans oublier les épices d'orient[47] telles que les clous de girofle, la cardamome, le poivre...

Conversant avec les marins et matelots aguerris en charge de les conduire sur Limassol, Jaume et Arnau apprirent également que les navires allant ou revenant d'Orient, réputés chargés de produits de luxe aussi bien à l'aller qu'au retour, constituaient des cibles potentielles pour les pillards et bandits de toute nature, installés dans les iles et sur le pourtour sud de la Méditerranée. Selon les narrateurs, les bateaux de commerce ou de transport de passagers (pèlerins ou marchands fortunés), ainsi exposés à une insécurité maritime importante, se transformaient rapidement en bateaux de combat. Dès qu'on croisait un bateau inconnu, l'équipage se préparait par précaution à l'éventualité d'affronter un ennemi. Lorsque ce n'était pas le cas, on saluait le navire avec déférence, mais en restant vigilant à son pavillon et à ses intentions. Parfois si le capitaine était de moralité douteuse, en accord avec l'équipage et les passagers embarqués, il pouvait décider d'attaquer le bateau rencontré s'il le jugeait vulnérable. Dans ce cas s'il réussissait à le maîtriser, il s'emparait de la marchandise, rançonnait l'équipage vaincu et le forfait accompli le soumettait ou le faisait disparaître. S'il remportait la partie, il partageait alors le butin avec l'équipage et les complices occasionnels. Les limites entre la piraterie, le commerce régulier et la guerre de course pour le compte d'un commanditaire étaient donc minces.

Ces informations, s'ajoutant aux précédentes, assombrirent un tantinet l'enthousiasme de nos héros, suscité par les récits précédents prometteurs d'abondance et de richesse. Ils en ressortirent assez circonspects et inquiets face à cette accumulation d'informations fascinantes, mais aussi inquiétantes.

Toujours à l'écoute des marins, Jaume et Arnau apprirent également que l'équipage, dirigé par un capitaine et un second, était composé de gabiers, chargés de la voilure, de la mature et des poulies, de rameurs qui intervenaient lors des pannes de vent et des manœuvres portuaires, de matelots spécialistes de l'amarrage et du mouillage autrement dit qui s'occupaient des cabestans, de l'ancre et du gouvernail (la barre) et d'autres enfin, qui assuraient la maintenance de la coque, des nœuds et des cordages.

Le pilotage dans les ports et la navigation au large, à partir d'instruments arabes (alidade), était l'affaire du capitaine.

Concernant les personnes à bord, ils apprirent qu'en plus de l'équipage, leur bateau, qui transporterait pour l'essentiel des templiers, embarquerait aussi des mercenaires, des colporteurs et des pèlerins à destination de Jérusalem. À l'arrivée dans un port, les marchands devraient s'acquitter de droits sur les biens transportés auprès des agents portuaires des douanes (diwan), s'ils mettaient des produits en vente ou s'ils effectuaient des livraisons.

La tête pleine de renseignements et de révélations qui se bousculaient dans leurs esprits, les templiers, après s'être restaurés, devisèrent sur tout ce qu'ils venaient d'apprendre et sur les perspectives du voyage. À la fois rassurés et inquiets ils se souhaitèrent une bonne nuit en regagnant leurs couches provisoires, peu confortables.

Le lendemain matin à l'aube, prières faites et petit déjeuner vite absorbé, ils se préparèrent à la hâte pour atteindre enfin le bateau et s'y installer au plus tôt. Aux environs de dix heures, ils furent rassemblés sur le quai, non loin de l'endroit où était amarrée la galéasse « Nostra Senyora », à côté d'autres navires de grande dimension, arborant des drapeaux multicolores. Tout près des embarcations se dressait le château templier, superbe citadelle dont les fondations plongeaient dans la mer et qui servait de résidence d'été à la cour royale des rois de Majorque. Après une bonne heure d'attente en plein vent, le capitaine Jepe Domenech, qui veillait à l'armement du bateau, leur donna les consignes d'installation. Il leur indiqua qu'un groupe de templiers venant de Barcelone, rattachés à la commanderie de l'Horta de Sant Joan et à la forteresse de Miravet, déjà rassemblé dans la forteresse de Collioure[48], allait les rejoindre. Ils seraient donc en tout une quarantaine de templiers et une vingtaine de matelots à bord du navire principal, accompagnés de trente matelots et palefreniers répartis sur les autres embarcations. Séparés de leurs montures, ils auraient quand même l'occasion de les retrouver à chaque escale afin de les faire marcher pour leur dégourdir les pattes. Du reste, la traversée qui allait durer au mieux cinq semaines prévoyait, si tout allait bien, plusieurs escales de vingt-quatre heures : à Aigues-Mortes, à Bonifacio, à Syracuse (Sicile), à Lavalette (Malte), à Héraklion (Crète) et à Limassol (Chypre). Ces noms mystérieux et magiques, égrenés par le capitaine, parfois associés à des récits de naufrages ou de combats illustres, ne contribuèrent pas à les rassurer.

L'embarquement des chevaux sur le bateau huissier se fit avec difficultés, car il importait que la partie arrière du bateau soit contre le quai afin que les portes largement ouvertes permettent leur passage sur la passerelle sans qu'ils chutent dans l'eau à cause du roulis. Malgré quelques petits incidents dus à des glissades, une cinquantaine de chevaux fut ainsi chargée au bout d'une heure et demie. Sans que l'on ait pu le voir depuis l'extérieur, ils avaient été sanglés et suspendus pour partie pour tout le trajet, leurs sabots reposant sur la paille à même la cale, afin d'éviter leur chute et la panique que ne manquerait pas de provoquer le roulis et les coups de mer, fréquents à cette époque de l'année. Le fourrage et les réserves d'eau indispensables à leur trajet avaient été préalablement acheminés et placés en hauteur sur de grands râteliers.

L'embarquement des templiers commença un peu plus tard, à l'aide de chaloupes effectuant des va-et-vient depuis le quai jusqu'aux différents bateaux. Non sans une certaine confusion, car chacun devait se faire une place et déposer son barda (habits et armement) sur la galéasse ou nef de commerce[49]. Malgré quelques bousculades et empoignades dues à l'exiguïté de la passerelle d'accès au bateau, tout le monde trouva finalement son coin dans la cale, au moins pour la couche. Jaume, qui avait joué des épaules, était parvenu à se placer à côté d'Arnau dans la zone réservée aux chevaliers.

À peine installés, on entendit des cris sur le pont et

on sentit un balancement accentué de la nef, qui provoqua la chute de quelques passagers déséquilibrés. Rapidement sur pied et prenant appui sur les parois ou boiseries, les retardataires, empruntant les escaliers de l'embarcadère, rejoignirent alors le pont où se trouvaient déjà l'équipage et tous les passagers. Afin de ne pas gêner la manœuvre, on leur intima l'ordre de s'asseoir pour permettre le maniement des amarres qui reliaient les bateaux entre eux et le relèvement de l'ancre de la nef de tête.

Dans le même temps, les matelots aguerris à la manœuvre commencèrent à hisser les voiles latines en faisant glisser l'antenne (la vergue) le long des mâts obliques, l'un à l'avant et l'autre à l'arrière. Simultanément d'autres maniaient la barre du safran située sur la poupe (arrière) pour prendre une position grand largue (vent trois-quarts arrière).

En appui pour assurer le bon déroulement des opérations, quelques matelots situés sous le pont, munis de rames, accompagnaient le mouvement pour accélérer le virement de bord ainsi que l'éloignement de la côte rocheuse devenue dangereuse à cause du vent qui forcissait. Les vagues se creusant également, le départ fut donc précipité afin de sortir au plus tôt de l'anse de Collioure, qui par mauvais temps, en raison de son étroitesse, risquait de provoquer des collisions entre les bateaux de l'expédition.

Tous les navires se regroupèrent au large, puis s'alignèrent derrière la nef de tête, en direction du nord avec pour objectif Aigues-Mortes. La consigne était de rester à faible distance pour éviter la dispersion, fatale en cas de rencontre malveillante, et de suivre la côte.

La mer étant mouvementée, le bateau se balançait fortement, prenant les vagues sur le travers. De plus, le vent étant bâbord amure, la nef gîtait assez fortement. Les passagers templiers qui découvraient la mer s'initièrent ainsi aux caprices du vent et de l'eau. Les embruns déferlaient régulièrement sur bâbord à cause de la Tramontane, vent dominant de nord-ouest, et tous ceux qui étaient sur le pont furent abondamment mouillés. Ceux qui avaient choisi de rester dans la cale étaient frappés de nausée et remontaient souvent à quatre pattes en se cramponnant au bastingage afin de vomir par-dessus bord.

Bref, le début de l'expédition s'annonça difficile pour quelques-uns dont le moral était en berne. Jaume et Arnau, qui avaient choisi de rester sur le pont, bien que mouillés, s'en sortaient mieux, car regardant la conduite et les manœuvres de la nef par les matelots et recevant l'air marin sur leur visage, ils échappaient au mal de mer. De surcroît ils eurent la bonne idée de donner un coup de main pour écoper l'eau qui s'accumulait par endroits ce qui les familiarisa avec le balancement continu et les fit connaître de l'équipage. Observant par ailleurs, au fil du temps, les manœuvres de virement de bord, ils apprirent quelques rudiments de navigation et de matelotage, dont notamment le rôle des drisses, des bouts, le choix de l'envergure, la prise de ris et la mise en panne…

La navigation se poursuivit sans interruption grâce aux prises de quarts qui avaient lieu toutes les deux heures entre les hommes d'équipage. Ainsi le bateau ne s'arrêtait-il jamais, pas même la nuit, si la visibilité le permettait. Après s'être restaurés à tour de rôle à la cantine dressée sur le pont, les templiers descendirent dans la cale rejoindre leur paillasse ou leur hamac. Certains, épuisés par l'émotion de la découverte, s'endormirent rapidement, d'autres, excités par la nouveauté, par le mal de mer et l'inquiétude, gardaient les yeux ouverts en attendant le sommeil. Une première nuit s'écoula ainsi. Le lendemain aux environs de midi après avoir longé l'étang de Salses ils aperçurent sur bâbord le Cap Leucate, reconnaissable à son promontoire rocheux clair et surélevé sur la côte. Le vent faisant toujours preuve de force, ponctuée par des rafales, la progression vers le nord se fit rapidement. Ainsi, le surlendemain, longèrent-ils la longue côte lagunaire vers Agde et l'ile du Brescou. Longeant un nouvel étang ils atteignirent plus tard un petit port de pêche (Setius Mons) reconnaissable au mont arrondi situé sur son arrière qui dominait l'étang de Thau[50]. Le port paraissant abrité une escale fut annoncée, dans le but de récupérer quelques cargaisons et produits frais, mais surtout de libérer les chevaux quelques heures pour qu'ils se détendent, pendant qu'on rafraîchirait leurs litières, et pour permettre également à certains passagers de se dégourdir les jambes et de se désaltérer à la taverne du port. Après amarrage sur le quai derrière le mol tout le monde descendit rapidement pour profiter de la terre ferme où vaquaient des pêcheurs, des marchands levantins, des mendiants et quelques curieux.

Des ballots de tissus et des futailles furent embarqués

sur le navire de charge qui s'était accolé au premier, une chaloupe aidant le transbordement. L'opération terminée, le porte-voix du capitaine annonça l'embarquement immédiat sur la nef. Un départ qui, après quelques rappels aux retardataires eut lieu assez rapidement. Le vent ayant peu faibli les navires sortirent rapidement du port, prenant le cap nord-est.

Certains templiers, maintenant habitués aux mouvements du bateau, et soucieux d'occuper leurs longues journées à bord, décidèrent, avec l'aide de marins, de s'initier à la pêche à la traîne. Usant de petits fils de crin et d'hameçons grossièrement confectionnés au marteau, ils laissèrent leurs lignes glisser le long de la coque après les avoir appâtées de poisson séché, de vers ou de crevettes achetés à terre.

Dans le courant de la journée, on entendit ainsi des cris et des exclamations qui ponctuaient chacune des prises de ces pêcheurs de fortune. La plupart d'entre elles étaient des maquereaux qui frétillaient avec vigueur, le temps d'être décrochés de leur ligne. L'un d'entre eux, plus chanceux que les autres captura une bonite (petit thon). Tout le monde applaudit sur le bateau à l'idée de manger du poisson frais. Le marin chargé de la cuisine récupéra donc les prises en fin de journée afin de préparer une soupe de poisson pour le soir et du poisson bouilli pour le lendemain. Ces divertissements nouveaux, s'ajoutant à des jeux de dés et d'osselets que plusieurs pratiquaient sur le pont, aidaient les passagers à tuer le temps au point que certains templiers en oublièrent parfois d'effectuer leurs prières. Naviguant continuellement de jour comme de nuit, grâce à un ciel dégagé, ils aperçurent la cathédrale de Maguelone (Melgueil) proche de la côte, devant laquelle ils se signèrent, et, le lendemain matin, approchèrent des côtes de Camargue en devinant depuis le large, sur la côte lagunaire et sans relief, les remparts nouvellement construits d'Aigues-Mortes.

L'accès à la cité était compliqué, car il fallait emprunter un canal de navigation étroit, appelé le « grau du roi », par lequel on s'approchait de la célèbre cité fortifiée depuis laquelle, quelques années plus tôt, Saint-Louis s'était embarqué pour Jérusalem.

Il fut décidé, pour parcourir le trajet d'une lieue et demie environ, que les rameurs se substitueraient pour l'essentiel aux gabiers et qu'une partie des chevaux aideraient à tracter les embarcations à l'aide de cordages depuis la berge, qui constituait un véritable chemin de halage. En raison du poids de la cargaison, du faible tirant d'eau, et du vent peu favorable, on ne parvint qu'en fin d'après-midi à se mettre à quai, près des tours de la citadelle.

L'ensemble des templiers et des marins ayant alors mis pied à terre, ils se rassemblèrent sous les remparts. Là où le commandant de la flotte, chef Templier de Saint Gilles, Hubert de Beaufort, leur annonça qu'ils disposeraient de la soirée pour se divertir et que le lendemain dès l'aube ils quitteraient le port avec six bateaux supplémentaires (deux nefs, deux huissiers et deux bateaux de charges) pour former un convoi depuis Aigues-Mortes jusqu'en Palestine.

L'armada des neuf bateaux, après de multiples manœuvres, emprunta le lendemain matin le grau du roi en sens inverse pour rejoindre la mer. Comme pour l'aller tout le monde fut mis à contribution, chevaux, rameurs, barreurs, spécialistes des voiles et cela sur deux colonnes, l'une sur l'eau composée de bateaux et l'autre à pied. Ils avancèrent ainsi lentement jusqu'à l'embouchure du grau. À destination on fit remonter les chevaux et les hommes sur les embarcations avant un ultime rassemblement pour écouter le frère Templier commandant de la flotte :

— Mes frères, leur annonça-t-il, nous allons maintenant prendre la haute mer et nous éloigner des côtes dès que nous aurons dépassé l'embouchure du Rhône et ce jusqu'à ce que nous atteignions la Sardaigne où une escale est prévue (Cagliari). Désormais il importe de rester proches les uns des autres, car en cas de mauvais temps ou de mauvaise rencontre, il nous faudra être unis et rapides pour faire face au danger. La plupart d'entre vous ne savent pas naviguer. Néanmoins en tant que soldats il vous faudra aider vos frères marins afin d'alléger leur charge. Et vous devrez donc vous initier au plus tôt. C'est pourquoi, je vous demande de vous mettre humblement à leur écoute : ils sauront vous guider dans les opérations. J'ajoute que sur les trois nefs principales se trouvent quelques instructeurs qui, tout au long du trajet, vous expliqueront la conduite à tenir en cas de tempête ou de naufrage, mais aussi en cas d'attaque surprise par les Barbaresques. Je vous souhaite bon vent jusqu'à la Terre Sainte, frères templiers, et que Dieu nous aide !

Forts de ces recommandations, tous les templiers

regagnèrent leurs embarcations respectives. Avant de monter, chaque commandant d'escorte compléta les consignes. Ce fut bien sûr le cas de Jepe Domenech qui, en Catalan, compléta et précisa la conduite à tenir avec son propre langage.

— Gràcies a Déu ! conclut-il.

Le lendemain, la progression de la flottille fut régulière, car le vent se maintenait sans rafales notables. À la nuit tombante, longeant l'embouchure du Rhône, ils aperçurent quelques embarcations de pêcheurs qui s'apprêtaient à rejoindre la côte après avoir remonté leurs filets. Ayant mis le cap au sud-est, au bout du quatrième jour de navigation, ils approchèrent de la Sardaigne où ils projetaient de faire escale à Cagliari, située sur la côte sud et alors contrôlée par la République maritime de Pise qui, depuis 1258 avait annexé le judicat Sarde de Calaris.

La ville de Cagliari, située au centre du golfe appelé Golfo degli Angeli (baie des Anges), possédait un port abrité favorable aux mouillages. L'escale de courte durée qui se fit après négociation avec l'autorité Pisane, permit de se restaurer, de renouveler certaines provisions fraiches, mais aussi de faire du commerce. Celui-ci concernait le minerai d'argent extrait de mines proches, vendu en lingots, et des peaux de cuir dont le tannage de qualité était très réputé. En contrepartie furent cédés des articles de tissus confectionnés en Catalogne et du vin corsé du Roussillon, stocké dans des amphores et des barriques.

Les tractations terminées la flottille reprit le large sans difficulté. Au bout de quelques jours une certaine monotonie s'installa, aussi bien chez les templiers que dans l'équipage en raison d'une certaine stabilité des courants marins et du vent. On sentit un certain relâchement général et la vigilance s'estompa.

Deux jours plus tard, à la nuit tombante, alors que la « Nostra Senyora » se dirigeait vers Malte, on entendit un cri lointain provenant de la barque de charge qui dérivait en s'éloignant du convoi. Après quelques instants d'incompréhension, Jepe Domenech, proférant des jurons, hurla le branle-bas de combat dans son porte-voix, ayant brusquement compris que le bateau de charge catalan sous son contrôle venait d'être attaqué subrepticement par des pirates et qu'un équipage ennemi en avait pris le commandement. Son sang ne faisant qu'un tour, il insulta la vigie qui n'avait rien vu ni entendu et mit le navas « Nostra Senyora » en position de poursuite pour rattraper le bateau de charge qui s'éloignait dans la nuit.

Le ciel étant fort heureusement étoilé et sans nuages, ils réussirent à garder le contact visuel, puis toute voilure dehors et les rameurs aidant, à se rapprocher des assaillants.

Et c'est là qu'après avoir lancé plusieurs grappins avec succès, les Templiers, épées et couteaux au poing, sautèrent sur la barque de charge et, hurlant des encouragements au nom de Dieu, massacrèrent presque tous les voleurs sans la moindre pitié. La dualité du moine-soldat se révéla alors sans équivoque. Ici le soldat l'emporta sur le chrétien même si, en contrition, ils se confesseraient plus tard de leur cruauté. Une fois les pillards neutralisés, ils fouillèrent le bateau et découvrirent plusieurs de leurs collègues marins, gisant sans vie sur le pont où blessés dans la cale, qu'ils soignèrent comme ils purent. Au petit matin, ils en trouvèrent d'autres cachés derrière des colis au milieu de la cargaison et constatèrent surtout trois disparitions qu'ils attribuèrent à leur éjection par-dessus bord après égorgement par les barbaresques.

Ayant conservé un prisonnier mahométan enturbanné qui s'était rendu en parlant leur langue, ils le questionnèrent avec brutalité pour en savoir plus et apprirent que son bateau, de faible tonnage et très mobile, provenait de Kelibia en Tunisie, où les pêcheurs locaux l'utilisaient. Détourné de sa mission initiale par des brigands il permettait, depuis l'ilot de Pantellerie situé à mi-distance entre la Tunisie et la Sicile, de repérer et d'arraisonner pour les piller les bateaux de charge ou les embarcations portant du fret passant à proximité. Toute la flottille ayant encerclé le bateau attaqué, il fut procédé au transfert des blessés sur « Nostra Senyora » afin de les soigner au mieux et d'apaiser leur âme. Dans le même temps, des nouveaux équipiers furent désignés parmi les marins et Templiers catalans pour reprendre les commandes du bateau attaqué.

N'oubliant pas la perte des âmes victimes de la barbarie, un commandant Templier organisa une messe de requiem qui fut célébrée simultanément sur les trois nefs principales par des officiants. Dès le lendemain, après la cérémonie, il fut procédé à l'immersion des corps des défunts, afin d'éviter les risques de typhus. Cet évènement extrêmement choquant fit surtout prendre conscience aux nouveaux Templiers de l'insécurité qui régnait en Méditerranée et contribua à les rapprocher.

Ils eurent ainsi un avant-goût de ce qui les attendait, à tout moment, au long du parcours et plus encore à destination. Cet incident s'était produit quinze jours après leur départ de Collioure. Et la seconde étape qui devait les mener à Chypre n'était pas plus sûre. Sur un signal du bateau amiral, ils se remirent en position de départ et optèrent à nouveau pour la mise en ligne parallèle des bateaux de trois par trois afin de conserver un regard proche sur toutes les embarcations sans pour autant les coller les unes aux autres. Cela supposait bien sûr une vigilance permanente pour éviter les accrochages.

Dans la semaine qui suivit, certains blessés se remirent progressivement de leurs blessures et recommencèrent à se mouvoir. D'autres, ayant subi des amputations accompagnées de cautérisations forcées à l'huile bouillante ou au fer rouge, entraînant une deuxième atteinte encore plus douloureuse que la première, gémissaient en espérant la fin de leurs souffrances. La distribution de vin et d'eau de vie les aidait à surmonter leur malheur. Jaume et Arnau s'étaient liés d'amitié avec Jepe Domenech qui les avait pris en estime en raison de leur fougue, de leur générosité et de leur spontanéité. Il leur arrivait de jouer ensemble aux dés et de deviser sur le pays qui leur paraissait bien loin maintenant. Jepe Domenech, marin expérimenté, connaissait bien la mer et notamment cette zone qui les rapprochait de la Terre sainte. Il avait fait escale par le passé à Malte et en Crète. N'en ayant pas gardé de bons souvenirs il avait défendu l'option de rejoindre directement Limassol, si le temps était favorable.

Entamant la quatrième semaine de navigation, ils observèrent en fin de journée un coucher de soleil rougeâtre et gris qui ne leur laissa pas présager de beau temps. Comme ils l'avaient deviné : le lendemain matin des nuages foncés se formèrent à l'horizon, et se dirigèrent vers eux. Une bourrasque violente et tournoyante se leva, faisant claquer les vergues sur les matures et faséyer les voiles, devenues inutiles, car non portantes au vent.

On amena la voilure pour se protéger et laisser passer le coup de grain, tout en demandant aux rameurs de se mettre en position de travail afin de s'écarter des bateaux et d'éviter qu'ils ne s'entrechoquent. Cet orage brutal durant plus longtemps que prévu et la pluie étant de la partie, l'équipage, mouillé et secoué dans tous les sens, ne réagissait plus aussi bien. On procéda donc au remplacement du timonier et de certains rameurs fatigués. On déplora même, à un moment donné la chute d'un matelot à l'eau, que l'on ne put récupérer, la mer étant trop démontée. On le vit disparaître en hurlant au milieu d'une immense vague déferlante. Totalement impuissants les nombreux religieux se résignèrent à prier collectivement pour son âme.

Le mauvais temps dura toute la nuit. L'éclairage à partir de lanternes étant rudimentaire, il se produisit de nombreuses collisions entre bateaux.

Ainsi, on entendit des chocs et des craquements sans

pouvoir faire grand-chose. Dans la nuit on entendit même, en fond sonore, le hennissement des chevaux du bateau huissier qui, effrayés, se secouaient dans tous les sens. Tout le monde patientait espérant une accalmie qui ne vint qu'au bout de deux journées interminables.

À l'aube du troisième jour, on put enfin circuler à nouveau sur les bateaux et procéder à quelques réparations après un bilan rapide des dégâts. La plupart des voiles furent recousues et rapiécées. Les vergues brisées furent changées, réparées ou resserrées. Le désordre provoqué par le coup de mer avait entrainé de nombreux embrouillaminis de cordages, et beaucoup d'ustensiles de navigation s'étaient renversés ou cassés. Dans le bateau huissier on apaisa les chevaux dont certains s'étaient blessés et parfois même étranglés dans leurs sangles. On évacua l'eau qui était rentrée par les huis et on écopa l'eau stagnante au fond des cales. Un travail répétitif et inconfortable, en raison de l'exiguïté des cales, qui occupa la matinée de plusieurs marins sur chaque bateau. On pansa les chevaux qui s'étaient blessés pendant la tempête, on jeta à la mer ceux qui étaient morts. Les vêtements furent séchés. Les mêmes opérations eurent lieu dans les bateaux de charge. On évacua l'eau du fond et on aéra tout ce qui pouvait être sauvé par séchage. Bref, la journée entière fut consacrée à la remise en état de l'ensemble des embarcations de la flottille. Après une messe destinée à honorer l'âme du marin disparu et à clore la tempête, ordre fut donné par le commandant général de reprendre la navigation sans escale. Le vent modéré ne permettait pas une progression rapide, mais il était suffisant pour avancer dans la bonne direction qui était celle du Levant c'est-à-dire l'est.

Trois jours plus tard, ils longèrent, une bonne partie de la journée, l'ile de Crète située sur bâbord. Bien qu'aucune escale n'y soit prévue, ils furent rassurés « au cas où ». Après l'avoir dépassée, ils s'éloignèrent à nouveau des côtes.

Les moyens de repérage utilisés étaient la lecture directe des positions du soleil et des étoiles, les supports écrits sur parchemin des cartes arabes[51] (dues à Al Idrissi) ou portugaises (portulan) ainsi que les instruments de navigation en cuivre jaune, l'astrolabe[52] et l'alidade. Concernant l'orientation, nos marins avaient recours à une aiguille aimantée qui, posée sur un roseau flottant sur l'huile d'un récipient, indiquait l'axe nord-sud que l'on vérifiait la nuit avec l'étoile Polaire. En bref, l'aiguille aimantée[53] était l'ancêtre de la boussole. Certes rudimentaires, ces instruments permettaient cependant un éloignement des côtes et l'évitement des erreurs grossières de positionnement. Beaucoup plus rigoureux désormais sur le matelotage et sur la navigation, nos marins, suite aux divers incidents, cheminèrent vers Limassol sans que l'on relève un accroc particulier.

L'ile de Chypre[54], leur lieu de destination provisoire, appartenait aux chrétiens[55] qui possédaient, à Limassol, une base arrière importante pour les templiers installés sur le continent à Saint-Jean-d'Acre. L'arrivée à Limassol se fit trois jours plus tard. Elle clôturait quatre semaines de mer. Le port, certes exigu, occupé par deux bateaux templiers[56], permit le mouillage provisoire des neuf bateaux de la flottille qui furent accueillis avec chaleur et enthousiasme par les résidents. On leur rendit les honneurs en raison de leurs mérites maritimes et on les félicita sans réserve pour leur succès sur les pillards barbaresques. Après congratulations on les mena à leur lieu de résidence, le superbe château médiéval[57] de Kolossi, de plan quadrangulaire ressemblant à une immense tour crénelée fortifiée entourée de remparts, propriété des chevaliers du Temple. Occupé par une importante garnison de moines soldats, le fort était particulièrement animé. Répartis dans une aile réservée à l'hébergement, les arrivants s'installèrent dans des grands dortoirs, similaires à ceux qu'ils avaient connus au Mas Déu : murs de pierres, ouvertures étroites, paillasses à même le sol, communs sur l'extérieur.

Leur mission en Terre sainte n'étant pas encore définie, ils s'installèrent pour une durée indéterminée, s'employant à diverses tâches au gré des instructions matinales. Ainsi certains jours ils étaient de corvée de nettoyage, d'autres jours ils suivaient des entrainements militaires ou prenaient la garde sur les remparts. Un jour ils furent chargés de porter assistance aux pauvres de l'ile atteints de maladie. Ils eurent même des missions de patrouille dans diverses zones de l'ile afin d'assurer la sécurité. Avec la durée, se familiarisant avec la langue locale[58], ils furent parfois chargés du recouvrement de l'impôt avec l'aide de moines soldats recrutés sur l'ile.

Bref, le temps passant, ils acquirent une vie sédentaire qui leur permit de se familiariser avec les insulaires chypriotes. À différentes reprises, Jaume et Arnau, qui étaient souvent réunis, furent invités à déjeuner chez l'habitant, paysan ou pêcheur curieux de connaître ces personnages en tenue de soldat frappée sur la poitrine et dans le dos par la croix rouge pattée. Ils se familiarisèrent avec certains d'entre eux qui, au fil du temps, les informaient de l'opinion des natifs de l'ile, inquiets et soucieux de leur avenir.

Au cours de cette période Jaume et Arnau renforcèrent leurs liens amicaux en partageant de plus en plus des activités communes. Il faut dire qu'il leur arrivait fréquemment d'œuvrer en duo.

S'interrogeant sur le choix de l'ile comme base chrétienne, ils apprirent que Chypre à cette époque était une terre riche qui produisait et exportait du sucre[59] de grande qualité, d'excellents vins et bien d'autres denrées agricoles (agrumes, légumes et fruits). En outre, grâce à la pêche et à l'élevage, elle assurait l'autosuffisance de ses habitants. Au plan artisanal, le tissage et la dentelle étaient des activités prospères, au même titre que la production de céramique vernissée, à l'usage du marché intérieur et de l'exportation. De nombreux artisans y travaillaient aussi le cuir, le fer et le bois, et pouvaient aider les templiers dans la construction et la maintenance des navires et des armements personnels divers. Ainsi Chypre constituait-elle une place stratégique, à proximité de la Terre sainte (royaume de Jérusalem jusqu'en 1291), essentielle aux chevaliers du Temple.

S'installant dans une vie réglée selon les préceptes du Temple, Jaume et Arnau alternaient leurs activités sur l'ile dont ils connaissaient de plus en plus les us et coutumes.

Tous les trois mois, ils étaient envoyés sur le continent, à Saint-Jean-d'Acre[60] pour remplir leur mission principale, en qualité de gens d'armes, à savoir la protection des pèlerins chrétiens[61] qui visitaient la Terre sainte. Pour cela ils composaient des convois de pèlerins à Jaffa qu'ils escortaient à cheval jusqu'à Jérusalem distante de quarante lieues, en faisant des allers et retours tous les quinze jours. D'autres fois, ils étaient affectés à la garde de certains lieux saints, tels la colline du Calvaire (Via dolorosa) et surtout l'église du Saint-Sépulcre[62] à Jérusalem où ils assuraient des factions.

Une église qui avait été édifiée tardivement sur le tombeau du christ. En effet, à l'époque de Jésus, cet endroit se trouvait hors les murs de la ville et servait de lieu pour les exécutions : il portait le nom de Golgotha.

Quoi qu'il en soit, le bâtiment actuel était le résultat d'une reconstruction effectuée par les croisés un siècle plus tôt (XIIème) sur des édifices plus anciens. À l'entrée de l'église on découvrait une dalle de pierre en calcaire rose, dite pierre de l'onction, où le corps du christ avait été descendu de la croix et oint avant d'être mis au tombeau. Et, au centre de la rotonde se trouvait le Saint Sépulcre qui conservait le tombeau du Christ. Très impressionnés lors de leur première visite, en raison du caractère sacré du lieu, nos amis y retournaient maintenant de façon régulière pour guider les visiteurs.

La Via Dolorosa (voie douloureuse) ou du calvaire constituait la seconde attraction, majeure pour tous les pèlerins. Également qualifiée de chemin de croix, et marquée par 14 stations, elle part de la chapelle de la flagellation où Jésus a été interrogé par Ponce Pilate, fouetté puis condamné à mort (1). Elle se poursuit ensuite par la chapelle de la condamnation où Jésus a été chargé de la croix (2), par la première chute de Jésus (3), par la rencontre avec sa mère Marie (4), par l'aide de Simon de Cyrène à porter la croix (5). Plus loin, Sainte Véronique essuie le visage de Jésus [*Le voile de soie utilisé est conservé à la basilique St Pierre de Rome depuis l'an 707*] (6), Jésus tombe pour la deuxième fois (7), Jésus console les femmes de Jérusalem (8), Jésus tombe pour la troisième fois (9), Jésus est dépouillé de ses vêtements (10), Jésus est crucifié (11), Mort de Jésus (12), le corps de Jésus est remis à sa mère (13), Jésus est mis au tombeau dans le saint sépulcre (14). [*Dans la tradition catholique, le chemin de croix (via crucis) est un acte dévotionnel commémorant la Passion du Christ. Au travers des 14 moments qui la composent, le fidèle souhaite recevoir la grâce de communier intensément aux souffrances du Christ, Sauveur des hommes*].

Jaume et Arnau connaissaient par cœur tous ces lieux, après y avoir conduit des centaines de pèlerins qu'ils accompagnaient également vers d'autres destinations telles que la vallée de Josaphat à proximité du mont des Oliviers (où selon le prophète Joël, aura lieu le Jugement dernier), le village de Bethléem (lieu de naissance de Jésus) et la vallée du Jourdain (lieu de baptême de Jésus).

Leurs connaissances, leur amabilité, leurs explications étaient appréciées de tous.

Les incidents étaient peu fréquents, car la silhouette majestueuse des templiers en armes dissuadait les brigands et les impies. En revanche, les pèlerins qui échappaient à la surveillance, en organisant eux-mêmes des bivouacs de nuit, se trouvaient souvent dépouillés de leurs escarcelles et de surcroît molestés. Arnau et Jaume, qui formaient un duo de cavaliers redoutables, faisaient partie des plus appréciés pour leur dextérité et leur capacité à réagir face à des meutes de pillards Sarrazins.

Du reste, les consignes étaient strictes en matière de châtiment :

— Pas de prisonniers !

Ainsi la dissuasion jouait-elle à plein sur les brigands isolés. En revanche, cela encourageait la constitution de hordes organisées, plus puissantes, contre lesquelles il convenait d'être en nombre et groupés.

Familiarisés avec les combats à cheval, l'épée à la main, nos deux templiers étaient devenus d'excellents combattants, aguerris aux tactiques maures faites de discrétion, de surprise et de rapidité. Ayant séjourné parfois plusieurs mois consécutifs en Terre sainte, ils s'étaient adaptés aux habitudes alimentaires locales et avaient acquis des pratiques nouvelles de monte à cheval auprès des cavaliers maures, mieux adaptées au climat et aux zones désertiques. Utilisant au début les destriers forts et résistants, ramenés d'Europe par bateau, qui supportaient le poids d'un cavalier en armure mais qui étaient peu mobiles, ils avaient pris progressivement l'initiative de se délester des équipements templiers lourds, chauds et encombrants, pour adopter des tenues plus légères et des montures plus agiles, tout en conservant leur manteau avec la croix. Ainsi, s'inspirant des cavaliers bédouins ils portaient des vêtements flottants les protégeant du soleil, mais n'entravant pas leurs mouvements. Ils montaient des chevaux arabes, certes plus petits, mais qui, par leur vivacité, leur permettaient d'effectuer des manœuvres rapides et de parcourir aisément de grandes distances. Jaume et Arnau, fins cavaliers appréciaient la rapidité, la maniabilité et l'endurance de ces pur-sang arabes pour l'accomplissement de leurs missions de protection.

Le temps s'écoulait donc pour nos héros qui passèrent ainsi plusieurs années, marquées par des allers et retours de surveillance depuis Acre où ils avaient leur garnison vers Jérusalem et alternativement d'autres allers-retours à Chypre.

À la garnison de Limassol, qui œuvrait comme une commanderie, ils reprenaient leurs missions habituelles de contact avec les habitants de l'ile. S'étant créés des amis ils retournaient régulièrement les voir et ainsi petit à petit des liens plus intimes s'établirent.

Jaume, beau garçon de 25 ans en cette année 1285, entretenait une liaison avec Sophie, la fille d'un pêcheur d'une petite bourgade en bord de mer, âgée de dix-huit ans, qui trouvait chez lui prestance, charme et exotisme. Bien qu'il ait résisté à ses encouragements pendant de longues semaines, en raison des vœux prononcés au mas

Déu sept ans plus tôt, il avait fini par succomber aux charmes de cette magnifique insulaire, belle brune aux yeux en amande. Subissant la pression de son engagement de templier, et afin de ne pas être révoqué par l'ordre, il n'eut plus que le choix de la retrouver discrètement avec son consentement. Elle-même, de son côté, devait cacher à son père cette liaison qui contrevenait aux usages chypriotes, peu favorables aux étrangers mais surtout aux religieux comme il va de soi dans un monde chrétien.

Vivant un dilemme entre son engagement spirituel et son attachement croissant pour sa belle chypriote, il passait son temps à se reprocher successivement sa faiblesse amoureuse et son manque de courage à rompre avec l'ordre. Bref il assuma ce double jeu qu'il fit supporter à Sophie pendant plusieurs années.

Son ami Arnau, beaucoup plus rigoureux dans sa conduite à l'égard de la règle templière et du sexe faible, avait été tenu à l'écart, à la fois pour ne pas le choquer, mais aussi pour ne pas perdre son estime.

Ainsi, le secret fut-il gardé, au prix de mensonges multiples. Mais bien entendu, au fil du temps, Arnau finit par se douter de quelque chose, vu les absences répétées de son ami sans réels motifs. N'y tenant plus de mentir, Jaume lui révéla alors l'existence de Sophie, révélation qui lui parut d'autant plus nécessaire quand elle lui annonça être enceinte. Il fallut à ce moment-là qu'il trouve un moyen d'assumer sa future charge familiale que sa solde de templier ne permettait aucunement d'assurer. Rappelons que l'entrée dans l'ordre était accompagnée d'un engagement implicite à rester démuni. Ainsi Jaume fut-il tenté de renoncer à son engagement religieux, totalement incompatible avec sa future obligation paternelle.

Mis au courant, Arnau se trouvait lui aussi face à un dilemme : dénoncer Jaume au maître du Temple de Limassol ou se taire par amitié. Après une longue conversation, son amitié l'emporta et il décida de ne rien dire.

Ils continuèrent ainsi l'alternance de leurs missions entre l'ile et le continent. À l'occasion de séjours à Saint-Jean-d'Acre, Jaume, se rendant régulièrement au souk/bazar situé hors de la citadelle, pour se restaurer de cuisine maure, se lia d'amitié avec un marchand arabe faisant le commerce de la soie et d'épices venues de l'Inde, et qui lui offrait à l'occasion de petits articles de soie très colorés. Il les accepta avec l'idée de les ramener à Sophie. De retour à Chypre il les offrit à sa belle qui en fut enthousiasmée. Toutefois ces petits cadeaux ne permettaient pas à Jaume d'aider Sophie à vivre dignement. De ce jour, l'idée de faire commerce entre le continent et l'ile germa chez Jaume, car sa solde de templier était très modeste. Alternant les missions tous les trois mois, il parvint grâce au crédit de son marchand arabe, à acheter des lots de plus en plus conséquents et à les acheminer sur Limassol. Sophie et ses amies se chargeaient ensuite de les revendre à bon prix sur l'ile et notamment sur le marché hebdomadaire de Limassol situé aux pieds des remparts. Ainsi naquit, parallèlement à sa mission de templier, une activité de commerce. Le temps passant, l'idée de vendre sur le continent du sucre produit dans l'ile compléta le commerce qu'il avait confié à Sophie dans l'autre sens. Cette dernière se révéla douée en affaires et, quelques mois plus tard, elle fit d'un commerce clandestin un commerce officiel, reconnu et accepté entre l'ile et le continent.

Cette attitude coopérative permit à Jaume de se détacher de cette activité en la réservant à Sophie, et ainsi d'avoir moins mauvaise conscience vis-à-vis d'elle, qui disposait désormais d'un revenu convenable. Ainsi il reprit son service complètement, en d'autres termes sa mission templière.

En bref, au fil des ans, et bien qu'ils aient eu un petit garçon prénommé Nikos, il lui rendit moins souvent visite et s'en détacha. En réalité, elle entretenait une liaison avec un berger de Chypre, voisin de la demeure de ses parents, pendant qu'il était en mission en Terre Sainte. Revenant un jour à l'improviste de Saint-Jean-d'Acre, il l'avait surprise dans les bras de cet intrus. Il en fut fortement meurtri et déçu et, de ce jour, il décida de rompre. Il se contenta alors de lui verser régulièrement une pension (pécule) pour l'éducation de Nikos, à chaque retour de Palestine.

Douze années s'étaient écoulées depuis son admission au Mas Déu, nous étions en l'an de grâce 1290. Au cours de cette année, Arnau et Jaume se retrouvèrent à Saint-Jean-d'Acre où des préparatifs d'attaque contre la forteresse chrétienne se confirmaient du côté des Sarrazins.

Le Temple avait mobilisé de nombreuses troupes,

sans parvenir toutefois à atteindre un nombre suffisant pour faire face. Afin d'anticiper les évènements, et parce qu'ils étaient familiers des dialectes locaux appris dans le bazar, ils participèrent tous les deux à plusieurs opérations d'infiltration chez l'ennemi pour mieux connaître leurs intentions et ramener ainsi aux responsables militaires de leur camp des informations précieuses sur les préparatifs. Puis, ils attendirent, avec résignation, le jour de l'attaque annoncée.

Les démarches de négociation avec le sultan Qalaoun destinées à trouver un compromis de paix, suite au massacre inutile et imbécile de marchands Damascènes perpétré par des pillards Italiens ivres et excités, n'aboutirent pas. Les autorités religieuses chrétiennes étaient parvenues à rétablir l'ordre, mais elles ne convainquirent pas les musulmans de leur repentance. La situation se détériora donc, malgré les efforts. Fin août, Qalaoun, le sultan d'Égypte, envoya une ambassade à Acre demander des explications et la livraison des assassins italiens. Devant le refus des Francs à s'exécuter, il brisa la trêve. Les exactions commises par ces pseudo-chrétiens, fraichement débarqués à Saint-Jean-d'Acre, assorties de vols et de tueries gratuites de marchands, après un banquet fort arrosé, constituaient une faute impardonnable à ses yeux et il ne voulut rien entendre.

Et surtout, cet incident ne fit qu'exacerber le ressentiment des musulmans à l'égard des chrétiens qu'ils considéraient comme des envahisseurs depuis deux cents ans. Ils se considéraient, en effet, occupés par des étrangers sur leur propre territoire.

De ce jour, la distinction entre les bons et les mauvais chrétiens ne fut plus de mise chez les musulmans. Le sultan Qalaoun en appela à la guerre sainte, au « djihad », avec le soutien de milliers de mamelouks venus d'Égypte, animés de sentiments antichrétiens, déterminés et fortement armés. Le 4 novembre 1290, l'armée mamelouke s'ébranla vers Saint-Jean-d'Acre. Le lendemain Qalaoun tomba malade. Se sentant partir, il fit jurer à ses émirs et à son fils Khalil de terminer la campagne, et mourut moins d'une semaine plus tard.

La guerre étant déclarée, pendant plusieurs jours, mangonneaux et catapultes furent érigés et installés par les mamelouks autour des fortifications de Saint-Jean-d'Acre dans le but d'atteindre les murailles et de les délabrer. On vit ainsi les remparts ceinturés par deux cents mangonneaux et par deux immenses catapultes alors qu'en arrière-plan, on pouvait noter le rassemblement de milliers de Sarrazins, à pied ou à cheval, mais tous en armes.

Jaume et Arnau n'en croyaient pas leurs yeux devant un tel déploiement de force, eux qui n'avaient vu en action qu'une seule catapulte de type trébuchet, servie par une vingtaine de soldats à l'occasion de l'assaut de Corbère quelques années plus tôt.

Face à cette menace et à la disproportion numérique, la partie paraissait jouée d'avance. Avant de lancer l'assaut, un émissaire du sultan vint proposer aux autorités de la ville chrétienne de se livrer en promettant d'épargner les habitants. Il leur laissa un délai de 24 heures pour se décider. Le conseil des chefs se réunit alors.

Le maître du Temple proposa d'accepter la reddition et de livrer Acre pour épargner des vies. Mais il fut taxé de lâcheté par tous ceux qui avaient décidé de résister. L'ambassade du sultan, venue le lendemain connaître la réponse, se vit signifier un refus catégorique. Face à cette obstination aveugle les hostilités pouvaient être engagées par les musulmans d'un moment à l'autre.

Dans ce contexte d'attente, qui durait depuis plusieurs jours, les Templiers alternaient les missions de ronde et de faction pour observer les préparatifs ennemis. Jaume et Arnau participaient activement aux opérations, s'attendant comme tous les autres à une partie difficile, voire perdue d'avance.

Un soir d'avril, veille de l'assaut, ils furent convoqués par le commandant templier pour une mission d'urgence. Celle de former une escouade chargée de se rendre à la forteresse d'Atlit, appelée « Château Pèlerin » annexe d'Acre, pour apporter son soutien aux quelques Templiers et chrétiens qui s'y étaient réfugiés en petit nombre. Dès le lendemain matin, ils embarquèrent donc sur une nef de petite dimension qui les conduisit à Atlit, distant de neuf lieues. Le vent étant favorable, ils y arrivèrent en fin d'après-midi et accostèrent sans difficulté, avec vivres et armements divers, le long du quai attenant à la forteresse.

Ils s'installèrent rapidement et prirent des dispositions pour faire face à toute attaque venue de terre. Ils furent ainsi, malgré eux, mis à l'écart des combats qui s'étaient engagés à Saint-Jean-d'Acre. Toujours sur le qui-vive, ils séjournèrent plusieurs semaines alternant inquiétude et optimisme, car ils ne voyaient rien venir et n'étaient au courant de rien.

Le 20 mai ils aperçurent au large une nef qui escortait une galère dénommée « Le Faucon », commandée par Roger de Flor[63]. Celle-ci avait pour ordre de récupérer les chrétiens de Château Pèlerin avant qu'ils ne soient attaqués par les mamelouks. La nef accosta et son capitaine vint offrir ses services à ceux qui souhaitaient partir, suite à la chute de Saint-Jean-d'Acre. Il leur déclara avec l'aide d'un porte-voix :

— Acre est tombée ! Elle se trouve aux mains des infidèles, nous ne sommes plus en terre chrétienne. J'ai pour mission d'évacuer ceux qui le souhaitent et de les acheminer en lieu sûr avant qu'ils ne soient massacrés. Les arrangements concernant le transport devront ensuite être discutés avec Roger de Flor, lui-même, selon la destination choisie.

Rassurés par cette déclaration, dont la plupart avaient mal entendu la dernière partie, plusieurs volontaires furent rapidement réunis pour s'embarquer à bord de la nef.

Après s'être rapidement concertés, Jaume et Arnau, qui ne voyaient aucun avenir positif à la situation acceptèrent, avec d'autres chrétiens et réfugiés de Château Pèlerin, la proposition de partir. Seuls quelques templiers âgés, vivant depuis de nombreuses années dans le château, firent le choix de rester. Ils apprirent quelques jours plus tard que le sultan Khalil, avait pris définitivement Acre le 17 juin 1291 et que leur survie en Galilée était compromise.

Aventures en Orient

Orient réel et Orient mythique : la rencontre

Après l'embarquement rapide des hommes et le chargement des marchandises, la nef appareilla et s'éloigna du rivage. Un bref salut fut donné en direction du petit nombre de restants, parmi lesquels trois templiers, et à cette terre dont beaucoup pensaient qu'ils ne la reverraient plus.

Une risée favorable permit aux voiles principales de se gonfler rapidement et au bateau, léger et maniable, équipé d'un gréement latin avec deux mâts, de se rapprocher rapidement de la galéa « Le Faucon ». Une demi-heure plus tard, la nef se retrouva donc à la hauteur de la galéa, en même temps que d'autres embarcations qui l'avait rejointe. Ainsi s'était constituée autour du navire amiral une flottille d'une douzaine de bateaux possédant différentes attributions. On distinguait des galéas transports de troupes, des navires-huissiers porteurs de chevaux et des navires de charge, de conception plus rustique, remplis de marchandises. La galéa de Roger de Flor dominait aisément tous ces navires par sa dimension et sa mature.

Observant les échanges entre les commandants des nefs, Jaume et Arnau comprirent vite qu'il s'agissait d'une flottille de combat et commencèrent, après plusieurs heures de navigation, à s'interroger sur les intentions véritables de Roger de Flor. En effet, au lieu de prendre la direction de Chypre située au nord-ouest, ce à quoi ils s'attendaient, la flottille avait pris le cap au couchant (plein ouest) en direction de la Crète et de Malte.

Profitant d'une accalmie de vent, Jaume se rapprocha alors du Faucon où il monta malgré les refus et les dénégations des marins, demandant à rencontrer le commandant Roger de Flor, au motif qu'il était catalan et porteur d'une mission importante à l'adresse du maître templier de Limassol. Après avoir hésité celui-ci accepta de le recevoir. Portant une tenue de marin et non de templier dont il était issu, entouré de plusieurs gardes, il l'accueillit dans sa cabine de commandement et l'interpella immédiatement sur un ton interrogatif :

— Qu'as-tu de si particulier à me dire homme du Temple et comment te nommes-tu ?

— Je m'appelle Jaume Bonaventure, sergent du Temple, recruté au Mas Déu depuis 13 années et affecté au fort de Limassol. Je suis âgé de 31 ans. J'ai pour mission de ramener au grand maître de Chypre des reliques[64] de Jésus dont j'ai la charge.

Écoutant sa réponse et l'observant attentivement, Roger de Flor comprit à l'accent qu'il était catalan, qu'il avait une constitution physique solide et que le ton de sa conversation était celui de quelqu'un apte au commandement. Il l'interrompit rapidement et lui déclara :

— Mon cher Jaume, j'ai servi de longues années l'ordre du Temple et j'ai combattu dans toute la Méditerranée pour son seul bénéfice. Aujourd'hui, les choses ont changé : Jérusalem n'est plus une terre chrétienne, le Temple a perdu de son influence. Avec la chute de Saint-Jean-d'Acre, il n'est plus soutenu par les rois chrétiens d'Europe qui n'envoient plus de troupes et d'argent comme au temps de la première croisade et du soutien des Vikings[65]. Il vient de perdre son dernier bastion en Terre sainte. Je n'ai donc pas l'intention de poursuivre un combat perdu d'avance. Désormais je me mets au service des rois d'Aragon pour les aider à préserver leurs conquêtes et à s'étendre en Méditerranée. Si tu veux être des miens, je t'offre une place de combattant… et certainement un rôle de lieutenant si tu fais tes preuves. À toi de réfléchir vite et de te décider avec tes coreligionnaires, car à la prochaine escale je vais débarquer tous ceux qui ne me suivront pas.

— Vous avez abandonné l'ordre du Temple ? questionna Jaume, éberlué. « Cette galéa ornée du Baucent leur appartient pourtant ?

— Elle leur appartenait ! rétorqua brutalement son interlocuteur. Désormais ce navire est ma propriété au même titre que les autres embarcations. Le Baucent n'a plus sa place, ce sont les armes catalanes qui prévaudront et plus précisément celles des Almogavres.

Ahuri par ce qu'il venait d'apprendre, Jaume s'inclina devant Roger de Flor et rejoignit son embarcation pour s'entretenir avec Arnau de Caixas qui s'écria en apprenant la nouvelle :

— Comment ça ! nous ne sommes plus sur un bateau du Temple ? Nous sommes pris en otages par une armée de pirates et de mercenaires, sans foi ni loi. Nous ne pouvons pas accepter une pareille situation. Il faut absolument retourner à Chypre rejoindre les nôtres… !

La discussion entre Jaume et Arnau, mais aussi avec les autres templiers embarqués, dura plusieurs jours, aucune escale proche n'étant envisagée. Au bout d'une semaine, ils comprirent qu'une halte était prévue en Crète, nommée alors « royaume de Candie » sous domination vénitienne[66]. Ils accostèrent avec une partie de la flottille dans le port d'Héraklion, sur la côte nord, où se situait le siège du royaume vénitien.

À cet endroit, et bien qu'ils soient sur une terre chrétienne, ils ne pouvaient craindre des représailles templières. L'escale dura trois jours. Les occupants des divers bateaux non désireux de poursuivre l'expédition avec Roger de Flor furent invités à rester à terre et à regagner par leurs propres moyens leur destination, en Europe ou ailleurs, avant d'être dépossédés de tous leurs biens précieux (or, argent, bijoux, reliques, soieries…) en contrepartie du prix du voyage.

Les autres, tentés par l'aventure avec Roger de Flor, conservèrent leur bien.

Confrontés à un choix crucial, celui d'abandonner ou de retourner à Chypre avec les Templiers, Jaume et Arnau poursuivirent leur longue discussion qui s'acheva par une rupture entre eux.

Arnau de Caixas, très attaché aux préceptes Templiers et à son engagement, refusa de poursuivre, préférant la mort au renoncement. Il trouverait le moyen de retourner à Chypre avec d'autres templiers de la flottille.

Jaume, plus opportuniste, moins imprégné de la foi Templière, lassé par son aventure en Orient qui durait depuis treize ans, faite de sacrifices, de renoncements et de désillusions, espérait aujourd'hui autre chose que l'ascèse templière et le renoncement à la vie séculière pour son avenir. Ses expériences commerciales et amoureuses sur Chypre lui avaient fait goûter la liberté à laquelle il ne voulait plus renoncer.

Plus encore, au fil des années, repensant à certains préceptes templiers justifiant la guerre au nom de Dieu, il en était venu à douter, et beaucoup moins sûr de la pertinence de certaines affirmations telles que celle de saint Bernard de Clairvaux envoyée par lettre à Hugues de Payns : *« Le chevalier du Christ donne la mort en toute sécurité et la reçoit dans une sécurité plus grande encore. […] Lors donc qu'il tue un malfaiteur, il n'est point homicide mais malicide. […] La mort qu'il donne est le profit de Jésus-Christ, et celle qu'il reçoit, le sien propre. Mais pour cela, il faut que la guerre soit « juste » [ ] la victoire ne saurait être bonne quand la cause de la guerre ne l'est point et que l'intention de ceux qui la font n'est pas droite. ».*

Cette idée de « guerre juste », fondement de l'ordre, lui semblait largement bafouée et ignorée par les nouveaux maîtres du Temple, chez qui il voyait de plus en plus de fanatiques religieux au service d'une cause contestable. En bref sa foi initiale, sans avoir disparu, s'était érodée et était devenue beaucoup plus critique.

De surcroît, il était atteint de la nostalgie du pays Catalan. Il s'était surpris à de nombreuses reprises à repenser à sa famille, à Castelnou et à Camélas où il était entouré de l'affection de ses proches. Par ailleurs, sans se l'avouer il était fasciné par Roger de Flor dont le charisme et l'aura ne le laissaient pas indifférent. Il trouvait en lui un héros courageux et fort, un aventurier, certes peu scrupuleux et cruel avec ses ennemis, mais aimé de ses hommes qui pour la plupart se seraient fait tuer pour lui. Il les faisait tous rêver, lui le simple sergent du temple de basse extraction devenu chef de guerre à la tête d'une flottille de vingt unités. Ainsi, après 1291, Roger de Flor, ayant tiré profit de son expérience militaire et navale au service du Temple, avait-il acquis son indépendance et gagné en puissance, grâce à des vols et des pillages répétés en Méditerranée, avec le concours de bateaux appartenant au Temple dont il avait refusé la restitution.

Progressivement parvenu après 1291 à se constituer une armée privée, Roger de Flor se mit au service du roi Frédéric (*Fadric*) II de Sicile (1272-1337), fils de Pierre (*Pere*) III le Grand d'Aragon (1240-1285) qui le nomma capitaine des compagnies d'Almogavres (*almogàvers*).

Jaume, qui avait suivi Roger de Flor et avait satisfait à ses attentes, s'était vu confier des fonctions de commandement militaire, notamment à la tête des cavaliers qui formaient une partie des troupes mêlées aux Almogavres. Devenu homme de confiance de Roger de Flor, il se vit confier la charge de commandant en second. Cette fonction importante lui permit de rencontrer de nombreuses personnalités féodales et notamment Ramon Muntaner[67], le célèbre chroniqueur catalan, ainsi que le philosophe et théologien Ramon Llull[68] à Tunis.

La troupe des Almogavres, dont Roger de Flor avait pris le commandement, joua un rôle majeur en Méditerranée. Elle permit notamment de renforcer la présence aragonaise en Sicile[69] contre la Maison d'Anjou, qui incarnait la présence française, en remportant notamment la bataille de Messine en 1301.

Roger de Flor, à la tête des troupes en Sicile, consolida la présence aragonaise. À ses côtés, Jaume avait progressivement adopté une nouvelle mentalité et certaines pratiques. En d'autres termes, s'étant éloigné de la règle templière, il prit goût progressivement au combat, aux affaires, à l'argent facile, au pouvoir et à un certain luxe.

En tant que guerrier, il s'était familiarisé avec les méthodes d'attaque-surprise dont les Almogavres avaient le secret (razzia et attaque subreptice). Hésitant au début sur les méthodes expéditives qui consistaient le plus souvent à égorger l'ennemi par surprise pour le dépouiller, bien éloignées du code de la chevalerie dans lequel il avait été éduqué, il se rendit compte que les assaillants (comtes, ducs, rois, empereurs…) réputés vertueux et supposés défendre de nobles causes ne valaient guère mieux que les Almogavres, une fois leurs forfaits accomplis. Vertueux dans leurs déclarations de départ, ils avaient tôt fait de justifier après coup les pires exactions ayant permis de remporter la victoire, quand bien même leurs procédés n'avaient rien à envier à ceux qu'ils dénonçaient en matière de cynisme, de cupidité, de cruauté et d'opportunisme. Seule la victoire comptait pour eux. Devenu avec le temps homme de guerre, confronté à la mort, à la peur, aux blessures, aux massacres, aux viols, aux exactions de la soldatesque, il avait vu progressivement sa sensibilité s'émousser et son caractère s'endurcir au point parfois de ne plus se reconnaître. Préférant ne pas trop y penser il se réfugiait de plus en plus dans l'action, dans une course, une fuite en avant… qui laissait de moins en moins de place au repentir, à la prière et à la réflexion.

Sur le plan financier, ayant vu Roger de Flor prélever sa part de butin sur toutes les expéditions, il fut incité à en faire autant, même si cela était, à son échelle, dans des moindres proportions. Hésitant et scrupuleux, au début, sur les prises de guerre, il se laissa convaincre et parvint ainsi à accumuler un véritable trésor, composé d'or, de bijoux, de reliques et de vaisselles précieuses, facilement négociable tant auprès des marchands de Venise que des banquiers Génois.

Ayant séjourné longuement en Sicile en tant qu'officier, il y avait acquis quelques terres agricoles[70], proches de Messine, dont il avait confié l'exploitation à des fermiers siciliens de souche, qui lui étaient dévoués corps et âme, car il les avait sortis de la misère et sauvés d'une mort certaine lors de la conquête de l'ile pour le roi Frédéric. Se sachant en confiance auprès d'eux, un jour où la ferme était désertée, il y avait enfoui à leur insu, avec le plus grand soin, le trésor accumulé jusqu'ici. Il avait choisi pour cela l'une des fermes lui appartenant qui possédait un souterrain dont il était le seul à connaître l'accès. Son but était d'éviter les risques de vol en son absence, en raison des nombreuses expéditions maritimes et terrestres auxquelles il était tenu de participer aux côtés de son chef de guerre, mais aussi à cause de son volume devenu conséquent.

Ayant prouvé ses capacités militaires à protéger la Sicile grâce à ses troupes, Roger de Flor se vit encouragé, par le roi catalan de Sicile (Frédéric), à accepter d'autres missions hors de Sicile et notamment dans l'Empire byzantin, plus précisément en Grèce, en Turquie et en Arménie. L'idée étant pour celui-ci de se débarrasser des Almogavres dont les troupes, du fait de la stabilisation politique en Europe, suite à la paix de Caltabellota (1302) entre le roi Jaime II d'Aragon, Frédérique II de Sicile et les Anjou, avaient été confinées à une inactivité forcée.

Cette situation posait surtout un problème au gouverneur sicilien. Le dilemme était pour lui de leur concéder des terres ou de leur permettre de continuer leurs activités militaires en conquérant de nouveaux territoires loin de la Sicile. L'oisiveté, en effet, pouvait causer de graves problèmes pour des troupes qui étaient habituées à vivre continuellement en guerre et à se nourrir des butins qu'ils en obtenaient. Or, contrairement aux autres troupes de l'armée aragonaise, les Almogavres n'étaient pas prêts à se sédentariser après avoir vécu exclusivement par la force des armes dans les zones frontalières de la Péninsule ibérique.

À leur caractère et à leurs traditions s'ajoutait leur nombre, qui s'élevait à plus de 10.000, ce qui accroissait l'instabilité de l'ile et de surcroît constituait une importante charge économique. Par ailleurs leur très grande cohésion faisait qu'ils ne maintenaient pas seulement des liens militaires entre eux, mais aussi une profonde amitié et des liens familiaux ce qui, avec leurs qualités guerrières, en faisait une des armées européennes les plus efficaces du moment. Le capitaine des Almogavres, Roger de Flor, craignait que ses hommes, quand ils cesseraient de recevoir l'argent royal, n'organisent des razzias et commencent le pillage des villes et villages de Sicile. La nécessité les obligerait à chercher de quoi survivre, et ils savaient très bien comment l'obtenir par les armes. Une autre raison qui incitait Roger de Flor à quitter la Sicile était la crainte d'être tôt ou tard livré au Temple pour l'avoir trahi et avoir pillé plusieurs navires. Quant à Jaume, vivant dans le sillage de son maître, il était lui aussi en position inconfortable.

L'expédition orientale de Roger de Flor

Une occasion se présenta d'utiliser cette armée en attente. L'empereur byzantin[71] Andronic II Paléologue (empereur romain d'orient), n'ayant guère confiance dans les capacités militaires de son armée impériale et des mercenaires à son service, cherchait des renforts à l'extérieur. Quoi de mieux que les soldats qui avaient conquis la Sicile pour la Couronne d'Aragon ? Il envoya donc des émissaires auprès de Roger de Flor pour le solliciter. Sa présence était jugée indispensable à la défense de l'empire face à l'avancée imparable des Turcs.

Fort de sa réputation, de son prestige et de ses succès récents, Roger de Flor était en position de force dans la négociation entamée avec les émissaires d'Andronic. Ayant réuni préalablement son conseil, auquel Jaume participait en qualité de second, il annonça les exigences qu'il comptait imposer à l'empereur dont il connaissait les insuffisances militaires et la versatilité. Sans surprise les membres du conseil furent tous d'accord, même si certains, dont Jaume, en trouvèrent extravagants quelques aspects.

Les conditions imposées par Roger de Flor pour accomplir cette mission furent conséquentes.

Ainsi, il demanda l'octroi du titre de Mégaduc (Grand-duc), la main d'une princesse impériale, quatre onces d'or par mois pour les cavaliers et une once pour les fantassins, avec la paie de quatre mois d'avance pour tous. Et il obtint gain de cause. Les ambassadeurs Almogavres revinrent de Constantinople avec les insignes impériaux et Roger de Flor devint alors, à 36 ans, le quatrième homme le plus puissant de l'Empire romain d'Orient[72]. Cette promotion/consécration en fit une vedette internationale en Méditerranée et alimenta la chronique des cours souveraines pendant de nombreuses semaines. Jaume, témoin privilégié, fut également grisé et flatté par la reconnaissance officielle du rôle de Roger de Flor. Il partagea son enthousiasme pendant quelques jours puis, revenant aux réalités, calma son emballement, conscient que dans ce bas monde les succès n'étaient qu'éphémères.

Jaime II d'Aragon et Frédérique II de Sicile approuvèrent l'aventure orientale, qui était un moyen simple de mettre fin à l'inactivité des Almogavres et d'obtenir des bénéfices économiques et politiques de leur réemploi auprès d'Andronic. En signe de soutien, le roi sicilien prêta dix de ses galères pour le transport et donna une petite somme d'argent à chacun des soldats de l'expédition.

Ainsi, à l'automne 1302, la Grande Compagnie des Almogavres, composée de 4 000 fantassins, de 1 500 cavaliers et de 1 000 marins, auxquels il fallait ajouter les femmes et enfants de nombre d'entre eux, partirent à bord de 36 navires en direction de la capitale de l'empire.

À leur arrivée à Constantinople, ils furent reçus par l'empereur Andronic et par son fils Michel IX. La Compagnie, reçue avec de grands honneurs, défila dans les rues et devant le palais impérial. Les Byzantins s'étonnèrent d'ailleurs quand ils virent passer ces soldats barbares, aux habits plus dignes de bergers que de soldats d'élite. Il ne fallut pas longtemps avant que les troupes Almogavres, inactives, installées avec leurs tentes sur de grands terre-pleins proches du centre, ne commettent des excès contre la population civile.

Pour s'en débarrasser au plus tôt, Andronic précipita les actes officiels, et ordonna de célébrer rapidement les noces entre Roger de Flor et Maria de Bulgarie.

Cette même nuit, deux Génois se moquèrent de l'aspect d'un Almogavre solitaire dans les rues de la ville. Celui-ci dégaina son épée et le combat se généralisa. Les Génois se présentèrent en formation devant la caserne Almogavre avec le drapeau de leur ville. Sans l'intervention de ses officiers, l'infanterie Almogavre sortit rapidement de sa caserne, et attaqua tous les secteurs alentours ; la cavalerie catalano-aragonaise se déploya ensuite, permettant au reste des troupes de se former. À partir de ce moment, les Almogavres prirent le contrôle de la situation et commencèrent à exterminer tous les Génois qu'ils rencontrèrent sur leur chemin. Ceux-ci résistèrent jusqu'à ce que leur capitaine, Rosso de Finale, soit abattu.

L'émissaire impérial, envoyé pour calmer les esprits, fut assassiné, et seul Roger de Flor, sur la demande de l'empereur, empêcha que la Compagnie ne traverse de l'autre côté de la Corne d'Or pour piller le quartier génois de Pera. Les combats se soldèrent par la mort de 3 000 Génois. L'importance de cet incident montre à quel point il était difficile de maîtriser une pareille armée et permet d'imaginer les talents requis chez les officiers, et notamment chez Jaume, commandant en second, pour se faire entendre par une troupe déchainée.

Profitant de son séjour à Constantinople, Jaume entreprit la visite de Sainte Sophie qui était le monument le plus important de l'architecture byzantine et le haut-lieu le plus emblématique de la chrétienté en terre orientale. Pénétrant dans l'enceinte, il fut surpris par la somptueuse décoration intérieure de marbre recouvrant tous les sols et les murs, par les mosaïques à fond d'or tapissant toutes les voutes et coupoles, par les colonnes monumentales extraites de diverses roches précieuses, qui soutenaient le dôme. La couverture en coupole, qui culminait à 55m, et les demi-coupoles semblaient suspendues dans les airs. Les nombreux étages de fenêtres superposés distribuant abondamment la lumière dans tout l'édifice, et surtout l'immensité du volume intérieur le fascinèrent au point qu'il en ressortit ému et qu'il fit ensuite acte d'humilité en se prosternant devant la mosaïque représentant le Christ Pantocrator, assis sur un trône incrusté de pierres précieuses et donnant sa bénédiction « La paix soit avec vous. Je suis la Lumière du monde. ».

Reconstruite au VIe siècle, sous l'empereur byzantin Justinien, Sainte-Sophie est le premier chef-d'œuvre de l'architecture byzantine, qui marquera profondément tout le Moyen Âge. Son influence s'est exercée profondément et de manière durable, sur l'architecture orthodoxe orientale, mais aussi sur celles de l'Église catholique et du monde musulman, et elle est restée un modèle insurpassé et admiré durant des siècles. Sainte-Sophie était le siège du patriarche orthodoxe de Constantinople et le lieu d'accueil principal des cérémonies impériales byzantines, comme le couronnement des empereurs.

Les premiers affrontements

La situation des territoires byzantins était délicate. Les Turcs s'étaient emparés de zones situées au sud de la mer de Marmara et le danger arrivait ainsi jusque devant les murs de Constantinople. Il importait donc de contrer leur progression au plus tôt.

À cet égard le *cap Artaqui* était stratégique pour Byzance, et sa perte pouvait entrainer de graves conséquences pour le commerce impérial. La ville qui donnait son nom au cap était protégée par un mur d'enceinte d'un demi mille, que les turcs avaient, plusieurs fois, approché. Les habitants de la zone étaient constamment harcelés par l'armée qui campait dans les alentours. Quant à la garnison byzantine, incapable de contrer ces attaques, elle était obligée de se réfugier à l'intérieur. La capitulation de la ville n'était donc qu'une question de temps.

Missionné pour agir, Roger de Flor débarqua au mois de novembre 1302. Il fut informé que les Turcs avaient attaqué les murailles ce jour même, et en déduisit que les hommes de l'émir Khaharasi étaient encore dans les environs. À l'aube d'un des jours suivants, l'attaque qu'il lança en retour prit totalement par surprise les Turcs qui étaient encore en train de dormir. N'ayant pas d'ennemis aux alentours et sous-estimant les troupes impériales, ils n'avaient pas de sentinelles pour surveiller leurs défenses. Roger força la faible palissade qui protégeait les tentes, suivi de près par ses fantassins, alors que les cavaliers encerclaient tout le périmètre pour que personne ne s'échappe. Les Turcs furent alors massacrés, sans qu'aucun ne songe à s'enfuir du fait de la présence de leurs femmes et enfants.

Ils perdirent ainsi 13 000 hommes (10 000 fantassins et 3 000 cavaliers), car tous les hommes de plus de 10 ans furent tués ; les autres et les femmes furent capturés. Ceci ayant pour but d'inspirer la crainte et la terreur à leurs ennemis. Le butin fut considérable. Les prisonniers furent envoyés à Constantinople avec une partie du butin. En à peine 8 jours, les Almogavres avaient vaincu l'armée turque, défi que l'armée byzantine, incroyablement plus nombreuse, n'avait pas réussi. Sachant que la victoire du cap d'Artaqui n'était que le début des victoires de la Compagnie.

Au printemps de 1303, Roger de Flor, accompagné de Jaume, partit pour Constantinople afin de planifier avec l'empereur la suite de la campagne, et d'obtenir l'argent dû à la troupe. Andronic refusa au début de payer la somme colossale demandée, mais les informations qui arrivaient depuis la frontière, signalant la réunion d'une puissante armée turque, le firent changer d'avis. Il se résigna donc à accepter, bien que le trésor impérial soit au plus bas. Cette situation généra d'ailleurs, à la cour, une certaine opposition aux Almogavres que l'on considérait comme trop exigeants bien qu'ils soient indispensables.

La guerre se poursuivant, le principal objectif de la nouvelle campagne était de secourir la ville de Filadelfia, située en Anatolie, assiégée par une armée turque.

La bataille d'Aulax

L'armée turque et la Compagnie des Almogavres s'affrontèrent à Aulax au printemps de 1303. Les troupes de l'émir turc étaient composées de 8 000 cavaliers et de 12 000 fantassins. Roger de Flor, de son côté, disposait de 6 000 Almogavres, de 1 000 Alains et d'un petit corps de Grecs byzantins. Il divisa ses unités de cavalerie en trois groupes : Alains, Grecs byzantins et Almogavres. De son côté Corberan d'Alet[73], son sénéchal, divisa ses troupes d'infanterie en trois escadrons. Les combats se déroulèrent à l'avantage des Almogavres, mais Corberan d'Alet fut tué à la fin du combat par des turcs embusqués. La victoire étant acquise, les troupes de Roger de Flor entrèrent dans le campement turc où ils prirent possession d'un butin considérable, au point qu'ils mirent huit jours pour tout ramasser. Ils repartirent ensuite en direction de Filadelfia.

La bataille du Mont Taurus

Poursuivant l'offensive, l'armée de Roger de Flor arriva près du Mont Taurus situé dans la cordillère qui sépare la Cilicie de l'Arménie Mineure. Les Turcs disposèrent leur cavalerie sur le flanc gauche et l'infanterie sur le droit. Roger de Flor opposa sa cavalerie à celle de l'ennemi et fit de même avec son infanterie.

Au cri de, « Desperta ferro ! » (Debout, fers !), les Almogavres se lancèrent à l'attaque *(le 15 août 1304).*

Pour la première fois dans leur aventure orientale, la Compagnie faisait face à un ennemi qui les sextuplait en nombre et cela au milieu d'un territoire totalement inconnu. Les turcs perdirent 18 000 hommes, 6 000 cavaliers et 12 000 fantassins. Le résultat de cet exploit considérable fut qu'aucune autre armée turque n'attaqua le territoire byzantin durant de nombreuses années.

Le contexte relationnel

La menace turque disparue, l'empereur Andronic refusa de payer la Compagnie. Roger de Flor demanda alors la cession de la province d'Anatolie en compensation, province qui avait été récupérée grâce aux Almogavres. Cette réclamation, bien que compréhensible, fut jugée politiquement inacceptable. Les relations continuèrent donc à se dégrader entre la Compagnie et les Byzantins. L'aristocratie byzantine n'était pas disposée à rester sous le contrôle de mercenaires étrangers. L'Église était également contre, du fait qu'ils étaient latins et non orthodoxes, les généraux byzantins aussi, jaloux car les Almogavres avaient réussi là où la grande armée impériale avait échoué. Les Génois ne les appréciaient pas non plus du fait de leur affrontement passé, et les Alains à cause de la mort du fils du chef Girgon. La Compagnie avait donc des ennemis à l'intérieur comme à l'extérieur de l'empire.

La turpitude impériale

Quelques mois plus tard, le 5 avril 1305, avant de partir pour la province d'Asie Mineure, le coempereur Michel IX offrit un banquet d'adieu à Roger et à ses hommes à Adrianopolis, auquel Jaume, en mission à Gallipoli, ville située à l'entrée de la mer de Marmara, ne put se rendre. Il s'agissait d'un traquenard au cours duquel Roger de Flor fut tué et son corps démembré. En fait, aucun soldat ne survécut au repas, alors que dans la ville les troupes impériales tuaient tous les Almogavres qu'ils croisaient. L'empereur Michel IX nia toute implication dans la trahison et accusa les Alains du massacre.

Le baroud d'honneur des catalans

Les Byzantins pensaient que les Almogavres allaient fuir en direction de la Sicile, mais ce fut le contraire, ceux-ci brûlant d'aller au combat et de venger l'affront subit, préférant mourir en tuant que de vivre dans le déshonneur. Sous le commandement de Berenguer d'Entenza, les survivants déclarèrent alors la guerre à l'empereur de Constantinople, et se vengèrent au cri de guerre catalan de « Desperta ferro ! » (Debout, fers !). Plus encore, quand la nouvelle de la mort de Roger de Flor et de l'extermination des membres de la Compagnie dans tout l'empire parvint à Gallipoli où se trouvait Jaume, les Almogavres tuèrent tous les habitants de la ville, femmes et enfants inclus.

La vengeance ne contribua pas pour autant à les renforcer. En effet, depuis le début de l'aventure, la Compagnie avait perdu ses trois principaux capitaines : Roger de Flor, Fernando de Ahones et tout dernièrement Berenger d'Entenza. Il ne restait que Muntaner et Rocafort qui disposaient de 206 cavaliers et de 1.206 fantassins, ainsi que de 4 galères et de 12 navires armés. Alors qu'ils étaient ainsi fortement affaiblis, leurs ennemis, notamment les troupes génoises se souvenant du massacre de

Constantinople, en profitèrent pour se venger en coulant à quai leurs derniers navires.

À Gallipoli, Jaume résista jusqu'au dernier moment à la tête de ses troupes. Après avoir courageusement combattu plusieurs jours pour venger Roger de Flor, il comprit que la bataille était désespérée et que la partie était définitivement perdue. N'ayant plus de chef charismatique et se sachant condamné, avec l'aide d'une vingtaine de compagnons survivants, il décida de fuir en traversant la péninsule de Gallipoli à cheval afin de se dissimuler dans les iles grecques voisines. Avant de s'élancer vers la côte, les ayant rassemblés, il leur déclara :

— Mes chers compagnons, comme vous le savez notre chef bien aimé Roger de Flor a été lâchement assassiné par l'empereur Andronic. En mission avec vous à Gallipoli je n'ai pas pu le dissuader de se rendre à cette invitation que je pressentais dangereuse, car j'ai toujours senti de la duplicité chez cet empereur sans parole, qui ne doit sa survie qu'à l'action des Almogavres et de Roger. Que Dieu ait son âme ! Aujourd'hui, il est malheureusement trop tard, nous sommes contraints d'abandonner, car nos troupes ont été anéanties et nous n'avons aucun avenir sur cette terre hostile. Je vous demande de former une escouade sous mon commandement et de gagner la côte pour nous sauver. Une fois arrivés, nous aviserons pour la suite.

Conservant son sang-froid malgré la fuite, Jaume avait réussi à conserver une partie du trésor de la bataille d'Aulax, regroupé dans quatre sacs de cuir accrochés aux bâts de ses chevaux.

Ayant rejoint la côte de la mer Égée sans trop de difficulté, il ne leur restait plus qu'à prendre la mer. Dans une crique isolée, ils repérèrent une embarcation de pêche sans surveillance, dotée d'une voile et de rames, capable surtout de les accueillir tous avec leurs équipements de soldats. Ils s'en saisirent sans état d'âme après avoir abandonné leurs chevaux. Leur but était de rejoindre Athènes, en passant d'abord par l'ile de Lesbos, proche des côtes turques et de poursuivre par les Cyclades. Sachant que leur destination ultime restait la Sicile, terre devenue catalane depuis les Vêpres siciliennes de 1282.

La traversée fut longue, périlleuse et mouvementée. La barque de pêche, utilisée sans équipement de navigation, ne permettait que le cabotage, les exposant fréquemment aux risques d'échouages sur des récifs selon la force et la direction du vent. Ils ne pouvaient donc que naviguer de jour et à l'estime. Pendant leur progression ils ne rencontrèrent que des pêcheurs turcs ou grecs, peu coopératifs et surtout prêts à les dénoncer comme brigands à cause de leurs tenues qui détonnaient avec celles des marins de la région. En bref, ils étaient vêtus d'une chemise courte recouverte de peaux qui leur donnait un aspect peu rassurant.

Faisant escale à Lesbos pour s'alimenter et s'approvisionner ils négocièrent l'achat d'un bateau plus conséquent auprès d'un petit armateur et, sur les conseils de Jaume, en profitèrent également pour récupérer des fripes de pêcheurs afin de passer inaperçus. Le prix demandé pour le navire étant hors de leur portée, ils renoncèrent à la transaction, promettant d'y réfléchir. La nuit venue, face à la nécessité et à l'urgence ils décidèrent autour du bivouac de s'en emparer, car l'embarcation n'avait, pour toute protection, qu'un seul homme de quart à bord.

Ainsi, au petit matin, s'étant répartis les rôles, ils abordèrent subrepticement le bateau par le côté mer avec leur barque de pêche, neutralisèrent l'homme de quart totalement surpris et le jetèrent à la mer après l'avoir assommé. Quelques minutes plus tard, ils appareillèrent discrètement à la force des rames dès qu'ils eurent chargé leurs effets militaires et les sacs de cuir de Jaume. Ces derniers étaient supposés contenir des reliques chrétiennes ramenées de Terre Sainte (ossements), destinées à un prieuré catalan proche des Aspres. Une heure plus tard, s'estimant hors d'atteinte, ils hissèrent les voiles latines de la nef et filèrent au plus vite pour mouiller dans un autre port de Lesbos plus au sud avant de s'élancer dans l'archipel des Cyclades ponctué ici et là, selon les criques et les ports, de constructions blanches et de chapelles orthodoxes recouvertes d'un dôme surmonté d'une croix.

Une crique isolée, entourée de bâtisses sommaires et de quelques barques de pêche, leur parut accueillante. Ils s'en approchèrent avec confiance, espérant obtenir de l'aide pour traverser les Cyclades, réputées périlleuses en raison de la multitude de récifs et des turbulences du vent. Faisant escale, ils se rendirent chez un pêcheur dont l'épouse, cuisinière, réalisait des soupes de poisson, excellentes au dire des riverains. Ils y séjournèrent quelques jours le temps de se reposer et d'organiser la poursuite de leur périple. Ayant exposé leur projet d'escale en Grèce ils rencontrèrent par chance un ancien marin, Dimitri, unijambiste et donc retraité précoce, qui passait ses journées à boire, alternant l'Uzo et la Retsina, et à raconter ses aventures vécues en Mer Égée, du temps où il était valide. Cultivé, parlant plusieurs langues, connaissant bien les iles et la navigation il séduisit l'équipage par ses nombreux récits de combats maritimes qui sonnaient vrai lorsqu'il n'était pas ivre.

Jaume saisit cette opportunité pour lui demander, moyennant une confortable rémunération, de les conduire vers les possessions catalanes de Grèce. Cette proposition, inattendue pour cet individu marginal de quarante ans vivant depuis trois années de l'air du temps et de charité, le stimula. D'un seul coup, oubliant son handicap, il entrevit dans ce projet une opportunité, une bouée de sauvetage, un moyen de revivre en quittant Lesbos, de regagner Athènes et de surcroît de regagner l'estime des autres et peut-être la sienne.

N'ayant pas d'autre choix, on décida de lui faire confiance. Le lendemain matin, les vents étant favorables, on décida d'appareiller après avoir emporté le plus de provisions possibles. Dimitri arriva à l'heure prévue. Il surprit toutefois ses hôtes en embarquant plusieurs sacs et notamment un de taille conséquente, rempli d'armes et d'instruments de navigation. Il en justifia la présence par son départ définitif et par les incertitudes du parcours à accomplir dans l'archipel.

— Vous comme moi devons rester en alerte permanente, car il est difficile de faire confiance à qui que ce soit dans les Cyclades. Entre les changements politiques, les guerres religieuses et les bandits de tous poils on ne sait à quel saint se vouer !

— On s'en est rendu compte ! répondirent-ils tous en cœur.

Connaissant les incertitudes de la Méditerranée et sortant de plusieurs guerres, ils n'étaient guère impressionnés par cet avertissement.

L'écoutant parler ils comprirent surtout que certaines iles pouvaient être dangereuses sur le plan politique. Nombre d'entre elles étaient régies par des seigneurs féodaux indépendants, peu prévisibles et souvent en conflit. D'autre part, des pirates très mobiles rôdaient un peu partout, se dissimulant avec facilité dans les nombreuses criques servant de repères naturels.

En bref, dans les Cyclades, diverses influences politiques et culturelles se mêlaient. Depuis 1278, Charles Ier de Sicile avait pour vassal le Duc de Naxos[74] qui régissait les Cyclades. Ainsi les « Latins », dits « Francs » bien qu'ils fussent pour la plupart Italiens, imposèrent-ils le système féodal occidental sur les iles, jusque-là gouvernées selon le système byzantin.

La loi byzantine restait cependant en vigueur pour les mariages et les propriétés de la population locale grecque. Il en était de même pour la religion : si la hiérarchie catholique dominait, la hiérarchie orthodoxe subsistait. La tendance pour les colons « Francs » était à l'intégration dans la population locale, et les deux cultures s'entremêlaient. Il arrivait parfois que, si le curé catholique n'était pas disponible, la messe soit dite par le pope orthodoxe.

Après que la Sicile eut été conquise en 1282 par Pierre III d'Aragon (vêpres siciliennes) et stabilisée par les Almogavres, conduits par Roger de Flor, les Catalans avaient fait leur apparition dans les iles grecques. Ainsi le contexte des Cyclades était-il complexe et varié selon les iles et leurs dominations seigneuriales. Aux difficultés géographiques et climatiques (vents variables) s'ajoutaient des incertitudes politiques, mais aussi la piraterie que le fractionnement insulaire favorisait.

La première journée se déroula sans difficulté. En raison de sa jambe de bois, Dimitri s'était placé à la proue du navire où, grâce à ses instruments de navigation, il donnait de temps à autre au barreur, situé à l'arrière du bateau, le cap à suivre. Depuis plusieurs heures le bateau s'était éloigné de Lesbos et notamment de la baie de Kalloni située au centre de l'ile, qui fournissait certes un abri contre le mauvais temps, mais qui formait aussi un piège en raison de l'étroitesse de son accès. Dimitri, pratiquant le dialecte local des pêcheurs, avait rassuré les contrôleurs sur ses intentions au passage du détroit.

S'éloignant de Lesbos, ils faisaient maintenant route en direction de Chios située plus au sud, sous le contrôle de Byzance en ce début du XIVe siècle. Jaume et l'équipage étaient circonspects sur le choix de l'ile par Dimitri, en qui ils avaient peu confiance, mais aussi du fait de la présence probable sur cette terre de troupes d'Andronic capables de les attaquer. Parvenus à proximité de Chios, proche de la Turquie dont elle est séparée par un détroit de huit kilomètres seulement, ils furent importunés par une bande de pirates armés qui les attaqua à bord d'une embarcation rapide, leur coupant le passage, espérant ainsi les intimider et les dévaliser. C'était sans compter sur l'énergie de Dimitri, de Jaume, des Catalans et des Almogavres. Dès que le premier d'entre eux fit mine d'enjamber le bastingage, il fut repoussé à la mer par un coup de rame qui lui fracassa le crâne. Le suivant n'eut guère plus de succès, d'un coup d'épée on lui sectionna les deux bras, à la suite de quoi il tomba à l'eau et disparut. Une troisième tentative parut réussir au début, car trois pirates avaient gagné le pont arrière par surprise. Toutefois, ils furent vite débordés par les Almogavres qui, avec leur coutelas, les égorgèrent sans la moindre hésitation.

Après ces revers sanglants, les survivants décidèrent de battre en retraite et de s'éloigner au plus tôt, sous les flèches des archers du bateau qui ne leur laissèrent aucun répit. Cet incident rassura l'équipage sur ses capacités de riposte face à l'ennemi. Après quelques libations de Retsina (vin grec vieilli dans des amphores tapissées de résine de pin) pour fêter la victoire, le timonier reprit la barre et la navigation se poursuivit sans encombre.

Ils firent donc escale au port de Chios, le plus grand port de l'ile, qui connaissait à l'époque une importante activité commerciale, là où ils complétèrent leurs approvisionnements. L'année précédente (en 1304), Chios était tombée sous la loi des aventuriers génois qui voyaient en elle une place essentielle pour leur empire commercial en raison de sa puissance et de son influence dans les Colonies commerciales de la Mer Noire. Précisons que son monopole naturel du mastic, très utilisé à l'époque, faisait de Chios l'île la plus prospère de la mer Égée.

Après une brève escale pendant laquelle ils ne quittèrent pas Dimitri des yeux, ils reprirent la mer vers Andros (sous contrôle de la République de Venise) située à trois jours de navigation au sud-ouest qu'ils atteignirent facilement. Après deux jours de mer supplémentaires, plus à l'ouest ils passèrent le détroit de Kéa et longèrent le cap Sounion où se trouvait le temple de Poséidon. En poursuivant ils rejoignirent la mer permettant l'accès au Pirée. Leur but était d'atteindre le duché d'Athènes au bout de six jours si tout allait bien.

Le duché d'Athènes gouverné par les sires de la Roche et de Brienne[75], d'origine française, était toujours, en 1305, contrôlé par les « Latins » nobles francs.

Excellent navigateur, guide efficace et ambassadeur convaincant auprès des autochtones, Dimitri facilita considérablement le déroulement des opérations. C'est ainsi qu'ils trouvèrent un mouillage en plein port du Pirée.

Plusieurs équipiers, ayant atteint leur destination, quittèrent alors le navire, non sans de multiples promesses de se revoir un jour et au pire dans l'au-delà.

Dimitri, de son côté, après avoir obtenu le défraiement convenu en monnaie sonnante et trébuchante, se sépara de l'équipage pour regagner Athènes où une partie de sa famille résidait encore. Avant de partir il tint à offrir à Jaume les instruments de navigation qui lui appartenaient, afin que la poursuite de l'odyssée vers Messine se fasse dans de bonnes conditions, mais aussi en souvenir de leur coopération. Il voulait ainsi, par ce geste, corriger l'image négative et méfiante qui lui avait collé à la peau pendant leur aventure commune.

Après d'émouvants adieux, suite aux liens qui s'étaient créés durant la traversée et pendant l'abordage mouvementé, l'équipage restant, composé de Catalans et d'Almogavres, se compta. Ils étaient une quinzaine en tout, tous résolus à rejoindre la Sicile où ils avaient combattu quelques années plus tôt pour consolider le royaume catalan de Frédéric fils de Pierre III d'Aragon. La plupart y avaient laissés des amis, de la famille, des propriétés et parfois des biens qu'ils escomptaient récupérer.

Ainsi après le débarquement du Pirée et quelques réapprovisionnements en eau et en nourriture ils ne se firent guère prier pour repartir vers Messine. Naviguant cap au sud ils atteignirent trois jours plus tard l'île de Cythère qu'ils contournèrent par le sud avant de rejoindre la mer Ionienne. La mer Ionienne étant dégagée, ils choisirent alors la direction ouest qui leur permettrait d'atteindre Malte ou la Sicile selon les vents. Aguerri par ses nombreuses croisières en qualité de second de Roger de Flor et puis de Dimitri, Jaume maîtrisait parfaitement la navigation et les instruments. Ses équipiers qui l'avaient vu à l'œuvre se reposaient sur son expérience, sa sagesse et son courage. En bref, ils étaient prêts à le suivre, à lui faire confiance, le sachant animé de loyauté, de bon sens, d'intelligence et de courage.

La traversée jusqu'en Sicile dura quatre journées et quatre nuits. Le premier port où ils accostèrent fut Syracuse. Ils y furent accueillis chaleureusement par des catalans qui le contrôlaient et qui reconnurent Jaume, l'ancien homme de confiance de Roger de Flor et capitaine des Almogavres. À Syracuse débarquèrent alors plusieurs équipiers qui y avaient laissé amis et famille depuis leur expédition orientale avec le méga-duc. Après des embrassades fraternelles, chacun s'éloigna. Jaume se retrouva de ce fait avec une dizaine d'équipiers pour conduire le bateau jusqu'à Messine où l'attendaient, en principe, ses amis paysans et fermiers qui ne l'avaient pas revu depuis quatre années. Le trajet de Syracuse à Messine dura deux journées ponctuées par un arrêt à Catane situé à mi-parcours. Sur leur route, ils longèrent la côte où ils croisèrent plusieurs embarcations qui transportaient du fret à destination de Venise, de Gênes et de Barcelone. Après un bref salut de reconnaissance, chaque navire s'éloigna et continua son chemin.

L'arrivée à Messine, tant espérée, provoqua chez Jaume un serrement au cœur. C'est ici que quatre ans plus tôt il avait mené des combats contre les derniers opposants au roi Frédéric. C'est aussi dans cette région que, peu de temps après, il s'était installé pour développer ses affaires, notamment dans un village proche de la mer où il avait acquis une ferme dédiée à l'élevage de moutons et à celui de vers à soie. Dans cette dernière, outre une activité agricole de façade, il avait dissimulé une grande partie de sa fortune, composée d'or, d'argent de bijoux et d'objets précieux provenant des prélèvements guerriers.

Après avoir accompli diverses formalités auprès des autorités portuaires qui parlaient catalan, il convint avec ses équipiers de la surveillance alternée du bateau afin qu'il ne subisse pas de dégradation ou de pillage pendant l'escale. Moyennant paiement il loua donc une équipe de Siciliens chargée de la sécurité. Ainsi put-il quitter le navire l'esprit tranquille et convenir avec ses collègues désireux de regagner la Catalogne de se retrouver huit jours plus tard. Entre temps, ils acceptèrent à leur bord une quinzaine de Catalans de l'ile désireux de retourner au pays moyennant le paiement de frais et d'une participation active aux manœuvres maritimes.

S'étant procuré un cheval, Jaume se rendit dans les environs de Messine où ses amis fermiers exploitaient sa propriété. Son intention était de voir où en étaient les choses et surtout de récupérer ses effets personnels et son trésor. Après un trajet à cheval de quelques heures, il arriva sur les lieux et, observant les constructions, eut un moment de panique. Une des bâtisses de la ferme ne possédait plus de toiture et on voyait encore les vestiges de poutres calcinées. Sachant que le sous-sol de cette bâtisse possédait un souterrain qui servait de cache à son trésor il imagina le pire et eut des frissons dans le dos.

Se rapprochant de la ferme reconnaissable à ses

cyprès, il aperçut Giovanni, son fermier, le visage buriné par les ans et le soleil, qui était occupé à soigner une brebis blessée et qui mit un moment à le reconnaître. L'ayant enfin identifié, il se répandit en exclamations, amabilités et rires :

— Assabinidica, salve » (salut à vous, Maître) ! Comment ça va après toutes ces années sans nouvelles. Nous étions inquiets sur votre sort et craignions de ne plus vous revoir avec toutes ces guerres en Méditerranée.

— Tout va très bien, mon cher Giovanni, mais ici que s'est-il passé avec la bâtisse ? ne put-il s'empêcher de demander avant d'aller plus loin.

Prenant un air penaud et repentant, Giovanni se lança dans un récit :

— Si vous saviez, mon seigneur ! Nous avons été attaqués par des brigands et visités par des templiers qui vous recherchaient, il y a quelques semaines encore. Il paraît que vous étiez chevalier du Temple et que vous avez abusé de leur confiance en vous mettant au service de Roger de Flor. Persuadés que vous avez participé aux pillages avec le « condottiere », ils pensaient que vous aviez probablement caché une partie du trésor dans cette ferme.

Cette dernière phrase rassura Jaume, car cela laissait supposer qu'ils n'avaient rien trouvé.

— Roger de Flor est mort assassiné en 1305. Ses biens ont été pour partie récupérés par ses assassins et pour partie récupérés par les Almogavres lui répliqua Jaume, il ne reste donc plus rien. Quant à moi, j'ai pratiquement tout perdu dans les batailles qui ont suivi son assassinat.

Son interlocuteur fit mine de le croire, mais resta circonspect, car pour les inquisiteurs du Temple, il n'y avait aucun doute.

Revenant sur l'incendie de la ferme en se rendant à la bergerie, Jaume continua de questionner Giovanni :

— Que vous ont-ils pris et qu'ont-ils trouvé dans la ferme ?

— Rien de particulier. Pourtant ce n'est pas faute de nous avoir accusés de vol et de mensonge, et de nous avoir maltraités ma femme et moi à coups de pied et de poing pour nous faire avouer ce que nous ne savions pas. Fous furieux à leur départ, ils ont mis le feu à la ferme et à la bergerie. Cela s'est passé tellement vite que, après que nous ayons réussi à stopper le feu de la ferme, nous nous sommes aperçus qu'il était trop tard pour arrêter l'incendie de la bergerie, faute de réserve d'eau suffisante. C'est ainsi que le toit n'a pas résisté et que tout a brûlé.

— Mais pourquoi cette bâtisse ? répéta Jaume, inquiet et perplexe.

— Je ne sais pas. Après avoir visité de fond en comble le bâtiment principal de la ferme, ils sont venus ici. Ils étaient une dizaine. Ils ont sorti tout le matériel agricole et les réserves de fourrage, ont fouillé, creusé et tout mis sens dessus dessous après avoir fait fuir les brebis et les chèvres qui occupaient une moitié de l'espace. Puis, au bout de quatre heures de recherche et de fouilles avec des pioches et des pelles, ils sont repartis en hurlant, après nous avoir battus et en promettant de revenir plus nombreux et mieux équipés une prochaine fois. Depuis un mois on ne les a plus revus. Nous sommes inquiets de les voir surgir à l'improviste.

— C'est tout ? questionna Jaume. Et dans l'autre bâtiment que vous occupiez avec votre femme et les enfants ?

— Ils ont fouillé toute la maison, cuisine, chambre et grenier. Ils n'ont rien trouvé de ce qui les intéressait. Ils avaient l'air d'être renseignés.

— Et dans l'annexe ventilée, réservée aux vers à soie au bout du bâtiment ?

— Ils y sont rentrés comme des brutes, ont bousculé différents portiques d'élevage munis d'étagères, ont cassé plusieurs clayettes contenant des cocons et, là encore, ont tout mis sens dessus dessous. En bref, ils ont détruit une grande partie de la magnanerie, et donc de la récolte, qui s'annonçait prometteuse cette année. Nous avions eu de la chance, en effet, qu'aucune maladie ne les atteigne et que la récolte des mûriers soit excellente jusqu'en automne. À la suite de cet incident, j'ai dû réduire plusieurs livraisons de cocons. Lorsque les négociants de soie grège de Palerme sont venus s'approvisionner, je leur ai dit que l'année était moins favorable.

Revenant au sujet de préoccupation principal Jaume enchaina :

— Vous ont-ils dit ce qu'ils cherchaient… D'ailleurs quand sont-ils venus ?

— Ils sont venus il y a environ un mois, ils cherchaient de l'or, des objets précieux et des reliques. C'est tout au moins ce que nous avons compris. Depuis nous sommes sans nouvelles et inquiets de les voir réapparaître à tout moment.

Piqué par la curiosité et toujours inquiet, Jaume, accompagné de Giovanni, pénétra dans la remise. Feignant de ne rien chercher de précis, il descendit au sous-sol en sa compagnie pour voir si des fouilles avaient été effectuées au bon endroit. Des trous réalisés à la pioche dans une muraille attirèrent son attention mais, fort heureusement, ils se situaient à côté de la cache, choisie quatre ans plus tôt par Jaume, reconnaissable à une pierre de couleur ocre, qui était toujours en place. Il poussa intérieurement un « ouf ! » de soulagement et se considéra chanceux. Il n'en dit rien à Giovanni qui ne devait en aucun cas savoir, et remonta avec lui l'esprit serein pour aller saluer le reste de la famille.

Des embrassades s'ensuivirent, des larmes et des pleurs furent échangés avec l'épouse, les frères et sœurs et les enfants.

Carla, la fille aînée de Giovanni, le regarda avec tendresse, elle qui avait eu une aventure avec lui quatre années plus tôt. Il resta le plus indifférent possible pour ne pas éveiller de soupçons et conserver aux retrouvailles leur caractère bon-enfant. Le repas et les échanges furent très joyeux. On sortit pour l'occasion du vin rouge corsé de Sicile (Marsala) destiné à accompagner un gigot d'agneau aux haricots particulièrement savoureux. Le dessert fut composé d'un flan et de divers gâteaux.

Son esprit, pendant ce temps, gambergeait à grande vitesse : il se demandait qui avait pu savoir qu'il y avait un trésor, ici. Fouillant dans sa mémoire il se souvint alors que de retour de l'une de ses expéditions d'Orient avec Roger de Flor, il était accompagné, lors du débarquement, de plusieurs chevaux lourdement chargés et que plusieurs matelots et ouvriers du port l'avaient vu et avaient reconnu en lui l'ancien templier « qui avait trahi son camp ».

Les templiers de leur côté, désireux de se venger et persuadés qu'il détenait une partie du trésor du Temple que Roger de Flor avait subtilisé avaient probablement poursuivi leur enquête, interrogé divers responsables siciliens et appris que Jaume Bonaventure possédait une ferme à quelques lieues de Messine. De là à en déduire qu'une cache était possible…il n'y avait qu'un pas.

Cet incident récent et la promesse du retour des templiers et des brigands ne firent que renforcer l'urgence du départ chez Jaume, sachant qu'il allait lui falloir récupérer les objets précieux et les mener discrètement au bateau, sans éveiller l'attention de Giovanni.

Dans la chambre qu'il avait autrefois occupée, et qui avait été mise à sac par les visiteurs, il ne retrouva que quelques objets de peu d'intérêt qui lui permirent tout au plus de confectionner un baluchon. Concernant le trésor il décida d'utiliser des amphores à vin partiellement remplies afin d'y dissimuler les pierres précieuses et l'or. Concernant les brocards et autres objets, il envisagea de les dissimuler dans des ballots de chanvre et de tissus siciliens en soie[76] dont le commerce vers Barcelone par le port de Trapani, tenu par des Catalans, s'était fortement développé au cours des dernières années.

Afin de pouvoir récupérer discrètement son trésor, il suggéra que l'on accélère la récolte de céréales qui avait démarré de façon à éviter les risques de mauvais temps qui semblaient se préciser, et demanda à Giovanni de lui procurer deux ballots de chanvre et quelques tissus siciliens. Celui-ci s'étant absenté pour procéder à ces achats à Messine, il disposa en son absence d'une demi-journée pour retourner au sous-sol récupérer le trésor sans éveiller l'attention. Il disposait alors d'un cheval, d'un chariot vide, de sacs de toile et de six amphores pleines de vin qu'il acheta à Giovanni.

Le trésor fut facilement mis à jour. Après avoir soulevé la dalle il fut soulagé de voir que les bijoux étaient tous là et que rien n'avait souffert de moisissure, notamment les tissus brodés qui étaient bien protégés.

Il entreprit alors de mettre les pierres précieuses, l'or et l'argent dans les amphores après en avoir vidé une partie du vin. L'opération fut assez rapide. Pour les objets plus encombrants et les tissus, il fallait attendre le retour de Giovanni.

Quand ce dernier rentra dans la soirée, chargé des ballots de chanvre et de soieries achetés à Messine, il avait terminé. Tout était chargé dans le chariot, les amphores étaient calées sur des caissons de bois à trou et les brocards étaient dissimulés dans des sacs de toile. Il ne manquait plus qu'à y superposer les sacs de chanvre et les tissus de soie de Palerme ramenés par Giovanni. Souhaitant assurer lui seul l'arrimage du chargement sur le chariot, il libéra Giovanni qui regagna la cuisine pour le repas du soir.

Une heure plus tard, le chariot étant équilibré et prêt au départ, Jaume rejoignit la maisonnée pour le souper.

Il rentra dans la salle à manger et cria à la cantonade :

— Tout est prêt pour demain matin. Giovanni, nous partirons à l'aube !

Ils passèrent à table et devisèrent abondamment avant d'aller se coucher. Les chambres étant peu nombreuses, Jaume proposa de dormir dans l'écurie, près des chevaux afin de ne pas les déranger, mais aussi avec le souci de surveiller le chariot et sa cargaison pendant la nuit.

Dans la conversation il déclara repartir pour la Catalogne, s'empressant d'ajouter qu'il ne tarderait pas à revenir avant la fin de l'année pour faire de nouveaux achats de marchandises en Sicile et notamment à Trapani, ville située sur la côte ouest, dont l'activité portuaire avec Barcelone s'était fortement développée.

Ne dormant que d'un œil en raison de l'importance de la cargaison, il ne fit que s'assoupir.

Au moment où le sommeil le gagnait enfin, il perçut un bruissement léger venant de la porte d'entrée. Se saisissant d'un coutelas il se mit à l'affût prêt à intervenir. Un chuchotement se fit alors entendre, prononcé par une voix féminine qu'il reconnut comme étant celle de Carla.

Ne sachant que faire, et afin de ne pas réveiller la maisonnée, il la laissa entrer, à la fois rassuré de voir qu'il ne s'agissait pas d'un agresseur et en même temps inquiet que cette péripétie n'alerte les parents et ne vienne altérer son plan de départ.

À voix basse il lui en fit le reproche :

— Qu'est-ce qui te prend ? Tes parents vont bientôt se lever et ne manqueront pas de se poser des questions.

— Mon chéri, cela fait plusieurs années que j'attends ton retour. L'idée que tu puisses repartir comme un voleur en m'ignorant m'est insupportable.

— Je te comprends, chère Carla, mais après tout ce que j'ai dû endurer dans les combats ces dernières années j'ai un peu perdu le sens du savoir-vivre.

— Il ne s'agit pas de savoir-vivre il s'agit d'amour, lui répondit-elle, vexée par la remarque.

— Pardonne-moi, mais tout ce que j'ai vu depuis mon retour à la ferme m'a profondément choqué. La visite des Templiers, l'incendie, les mauvais traitements à tes parents… m'ont bouleversé. Heureusement du reste que tu étais absente pendant leur visite, car ils auraient pu abuser de toi.

— Je n'étais pas loin, j'étais partie rendre visite à une tante du village voisin qui m'a gardée quelques jours. Je suis revenue après leur départ, alertée par la fumée qui sortait de la remise…

Profitant de l'embarras de Jaume elle s'approcha de lui et se jeta dans ses bras. Réticent au début, il se laissa progressivement entrainer par leur échange de caresses et de baisers. Son parfum et sa beauté, ajoutés à sa jeunesse, agirent comme un détonateur sur l'homme d'expérience qu'était devenu notre héros. Un monceau de paille à proximité facilita la suite de leurs ébats, marqués par la fougue, les retrouvailles, l'abstinence prolongée et la chaleur de la nuit. Bref, ils s'en donnèrent à cœur joie... À peine remis de leurs émotions ils entendirent le chant du coq les rappeler aux réalités familiales. Grommelant à cause de la brièveté du moment passé, elle se rajusta néanmoins avant de retourner à la ferme pour sauver les apparences. Avant de quitter Jaume elle se lança dans une formule passionnée qu'elle lui dédia en pleurant :

— L'amore della mia vita, io ti aspetterò il ritorno. Non lasciarmi ! » (Amour de ma vie, j'attendrai ton retour. Ne m'abandonne pas !).

Confus et en larmes, Jaume l'embrassa une dernière fois en lui murmurant :

— Presto, il mio tesoro ! » (À bientôt ma chérie !).

Après cet adieu émouvant, elle le quitta sans bruit. Pénétrant par une porte dérobée sur l'arrière de la ferme au moment où son père sortait dans la cour principale, elle eut le sentiment de n'avoir pas été vue. Elle regagna subrepticement son lit et fit mine de dormir lorsque sa mère vint la réveiller quelques instants plus tard.

N'ayant pas fermé l'œil de la nuit, Jaume fut sur pied instantanément dès le lever du jour. Il descendit alors prendre un déjeuner à base de lait de chèvre et de pain, que l'épouse de Giovanni avait préparé à son intention. Un déjeuner qu'ils avalèrent à la hâte, car une route assez longue les attendait.

Après un salut amical à la fermière et aux journaliers qui venaient de la rejoindre, il aperçut la silhouette de Carla dans l'encoignure de la porte. Cette dernière n'avait pas pu résister au besoin de le voir une dernière fois et de lui faire un signe discret de la main.

Jaume rejoignit Giovanni qui venait d'atteler les chevaux et de vérifier l'arrimage de la cargaison. Jugeant les sangles suffisamment serrées et l'attelage solide, ils montèrent sur le chariot et s'installèrent côte à côte.

Les chemins empruntés étaient rocailleux et parsemés d'ornières ancestrales qui bousculaient l'équipage. Jaume gêné par les cahots préféra prendre son cheval pour escorter le chariot et anticiper les mauvaises rencontres. Un trajet qui se déroula sans encombre, mais très lentement jusqu'aux abords de Messine. Notre héros piaffait d'impatience en s'efforçant de ne rien laisser paraître. En s'approchant du port, de façon inattendue leur convoi fut gêné par des cargaisons qui encombraient les quais et que les services portuaires tentaient de faire évacuer. Ils furent ainsi bloqués pendant près d'une heure sans pouvoir intervenir, se trouvant à la merci de brigands qui rôdaient autour du chariot et qui risquaient de découvrir la vraie nature du chargement. Heureusement que Jaume, resté à cheval, faisait partir les curieux toujours prompts à la rapine. La milice portuaire ayant enfin réussi à dégager le passage, ils purent ainsi repartir.

Quelques instants plus tard, ils parvinrent à l'endroit du quai où était amarré le bateau. Saluant ses équipiers et libérant les vigiles, Jaume entreprit alors, avec trois matelots de confiance, de décharger la cargaison et de l'installer dans la cale en prenant le plus grand soin des amphores qu'il plaça près de la quille faite de lingots de plomb et de sable. C'était la zone la plus stable du bateau. Les amphores furent plantées dans le sable, ce qui était le procédé le plus sûr à l'époque. Giovanni, pendant ce temps, surveillait les chevaux et le chariot, attendant la fin des opérations. Une fois les amphores installées, le débarquement des tissus et du chanvre fut moins complexe. Les ballots étant bien ficelés, il fallait seulement les amarrer dans la cale, à une hauteur suffisante pour qu'en cas de gros temps et d'infiltration d'eau de mer, ils ne soient pas mouillés et endommagés.

Le chargement terminé, Jaume redescendit sur le quai pour remercier et saluer Giovanni. Ils s'embrassèrent longuement et promirent de se revoir avant la nouvelle année. Il le chargea d'embrasser toute la famille qu'il n'avait pu saluer le matin et lui remit un cadeau pour sa fille Carla qu'il n'avait pu voir avant le départ... Jaume se sentait soulagé. Il allait pouvoir s'occuper des autres chargements et embarquements plus conventionnels. Ainsi à la dizaine d'équipiers s'ajoutèrent cinq passagers supplémentaires intéressés par une destination en Catalogne.

Renseignements pris, trois d'entre eux participeraient à la navigation et aux tâches diverses du navire, les deux autres apporteraient leur concours en cas d'agression du navire. Ainsi avec un équipage plus conséquent ils pourraient envisager de se rendre à Trapani sur la côte ouest de l'ile pour coordonner leur traversée avec d'autres embarcations afin de gagner en sécurité.

En début d'après-midi le vent étant favorable ils levèrent l'ancre et larguèrent les amarres. Ils se dirigèrent vers le détroit de Messine sans difficulté et longèrent la côte nord en direction de Palerme qu'ils atteignirent le surlendemain. Lors de leur brève escale, ils firent la connaissance d'un catalan capitaine de navire, Anton Pujol qui se rendait également à Barcelone. Ayant sympathisé ils convinrent de naviguer de concert afin de pouvoir riposter de façon groupée à une attaque éventuelle. Le capitaine Pujol possédait une flottille de trois navires essentiellement chargés de fret. Seul le navire de commandement possédait peu de charge et un équipage complet. Jaume lui ayant présenté son équipage comme composé de militaires aguerris, il en fut rassuré. La flotte, désormais formée de quatre navires, prit le large le lendemain avec pour objectif immédiat de faire escale à Trapani. En fin de matinée, ils approchèrent de ce port où plusieurs navires catalans se trouvaient au mouillage. L'un d'entre eux, qui venait de terminer ses préparatifs s'apprêtait à partir. Il s'agissait d'un navire de grande dimension, à la fois navire de charge et de personnel. Plusieurs personnalités politiques et religieuses catalanes étaient à son bord et on reconnut à leur équipement un certain nombre d'hommes en armes chargés de les protéger. La proposition de faire route commune fut accueillie avec enthousiasme par tout le monde. Fort heureusement aucun des passagers religieux ne reconnut l'ancien templier Jaume ce qui aurait pu soulever des problèmes. Il fut donc décidé de composer une flottille et de partir dans l'après-midi, car le vent était favorable. Parallèlement à cet accord de navigation concertée Jaume se rendit sur les quais pour savoir si d'autres candidats au voyage étaient en attente.

Il apprit incidemment que quelques hommes de troupe qui avaient combattu avec Roger de Flor cherchaient à rentrer au pays. Jaume les rencontra, échangea avec eux et, constatant qu'ils étaient sans le sou, leur proposa de les ramener moyennant un rôle actif de navigation et de renfort de sécurité sur son bateau. La coordination de la flottille fut confiée par les différents capitaines à Jaume qui avait eu l'initiative de la proposition et dont le navire était le plus maniable et le plus rapide. Comme convenu les autres bateaux groupés par deux se mirent en ligne dans son sillage chacun à une distance d'une centaine de mètres.

La traversée commença sous de bons auspices, trois jours plus tard ils atteignaient Cagliari en Sardaigne où ils firent une brève escale. Aucun incident ne fut signalé, excepté les maux de mer habituels. Le lendemain la flottille prit la direction plein nord en direction de la Corse et du détroit de Bonifacio. Ils naviguèrent tout le long de la côte est et atteignirent le détroit deux jours plus tard. Au passage du détroit de Bonifacio ils furent entourés de barques de pêche très mobiles qui tentèrent d'arraisonner le navire de charge le moins rapide et le moins protégé, situé en queue de flottille. Jaume peu enclin à céder au chantage se saisit d'un porte-voix et interpella tous les hommes d'armes des différents navires et notamment du sien. Il leur demanda d'aborder les embarcations et de les couler sans ménagement.

Les Almogavres qui n'avaient pas pris du service depuis plusieurs semaines et qui étaient en manque de combat, sautèrent dans les bateaux de pêche avec frénésie, prêts à en découdre, sans la moindre hésitation. La plupart des pirates corses furent surpris par le déchaînement de violence qui leur fut réservé. Ils n'imaginaient pas que des navires de commerce puissent transporter autant de soldats, aussi sauvages que déterminés. Le plus grand nombre d'entre eux fut égorgé au couteau alors que les cales des barques étaient perforées à coup de hache. En quelques minutes, confrontées à ce déchainement de violence, les deux dernières embarcations, prenant l'eau, battirent en retraite pour se réfugier tant bien que mal dans une crique abritée.

Après cet incident les capitaines se réunirent sur le navire de Jaume qu'ils félicitèrent et remercièrent chaleureusement. Réservés au départ sur le recrutement des mercenaires qu'ils jugeaient superflu, ils ne juraient maintenant que par eux et leur courage. Ils convinrent de faire une fête sur le navire transportant les personnalités en guise de remerciement.

Le soir même tous les soldats se retrouvèrent sur le pont afin de célébrer cette victoire.

Tout le monde se vêtit le plus élégamment possible afin d'honorer les hôtes de marque.

Le capitaine du navire principal remercia Jaume et ses Almogavres. Il donna la parole ensuite à un évêque de retour de Terre sainte qui, malgré la condamnation de la violence, rendit un vibrant hommage aux Almogavres et à Jaume qui les avaient sauvés.

Il ne put s'empêcher toutefois de faire allusion aux brebis galeuses qui, parfois, avaient terni la réputation de leurs compatriotes, citant notamment Roger de Flor qui avait dévoyé ses troupes et trahi le temple en pillant son trésor. Heureusement, selon lui, il avait été puni avec ses acolytes, pour ses méfaits. Entendant ses propos Jaume craignit un instant d'être identifié. Fort heureusement l'évêque qui était âgé ne le reconnut pas alors qu'ils s'étaient rencontrés à différentes reprises lors de son séjour à Limassol.

Conforté dans son rôle de pilote de flottille, le bateau de Jaume reprit la tête du convoi qui repartit en direction de Collioure, première étape du retour des Catalans, la seconde étape devant être Barcelone.

La seconde partie du voyage fut moins calme sur le plan météo. Le Mistral et la Tramontane, conjuguant leurs forces, rendirent le retour plus long et agité. Ils durent prendre des bords très souvent et remonter le vent avec une certaine lenteur, ce qui générait la déferlante de nombreux embruns sur le pont des navires. Après trois jours de vent soutenu, le calme revint enfin. Celui-ci fut de courte durée, car le surlendemain un vent du sud en provenance d'Algérie amena de la pluie et des orages. Ils essuyèrent ainsi plusieurs grains violents avec des vents tournants dont certains endommagèrent les gréements. Ils continuèrent malgré tout n'ayant pas le choix et pressés de rentrer au pays.

Le ciel étant couvert, ils eurent du mal à s'approcher de la côte. Et ils convinrent de rester à distance dans l'attente d'une éclaircie. En fin de journée, les nuages s'étant estompés et l'orage calmé, ils rentrèrent dans le port de Collioure où ils jetèrent l'ancre, en respectant une certaine distance entre les navires. Les autorités portuaires leur désignèrent alors un quai de débarquement provisoire en bois de charpente. Il fut convenu que Jaume, qui avait atteint son point de destination, accosterait en dernier. Ainsi les différentes embarcations se présentèrent-elles, les unes après les autres, le lendemain, pour décharger passagers et cargaisons. Les opérations durèrent toute la matinée. Jaume put accoster à son tour en début d'après-midi et faire procéder à son déchargement. Ayant eu le temps de se concerter avec ses équipiers les rôles furent répartis de façon précise. En outre, étant descendu à terre, il s'était enquis de plusieurs mulets et ânes bâtés, ainsi que d'un chariot afin de transporter les amphores, les ballots de tissus et de chanvre. Il avait en outre prévu une escorte de six hommes et un cocher pour conduire le convoi. Il faut préciser que les pièces d'or et d'argent qu'il utilisait comme argument avaient tôt fait de convaincre les hésitants de se mettre à son service.

De retour sur le bateau il salua les équipiers qui étaient arrivés à destination en promettant de les revoir. Il défraya généreusement ceux qui envisageaient de rester à son service à bord du navire qui resterait attaché à Collioure, et salua les autres capitaines qui s'apprêtaient à rejoindre Barcelone, heureux d'avoir fait sa connaissance et désireux de coopérer avec lui si l'occasion se présentait à nouveau. De cette expédition, Jaume conserva un important nombre de relations maritimes sur Barcelone ainsi que l'amitié et le respect des Almogavres qui l'avaient aidé. Il aurait peut-être un jour besoin de les recontacter. Qui savait ?

Retour en Catalogne nord

Heureux qui, comme Ulysse, a fait un beau voyage…

Homère, du Bellay

Revenu sur le quai de débarquement, Jaume retrouva son escorte et son cocher avec l'idée de rejoindre les Aspres, Castelnou, Camélas et sa famille en prenant la direction d'Elne siège de l'évêché du Roussillon. Chemin faisant, il réalisa vite que son retour à la ferme serait compliqué, car personne ne comprendrait ni son escorte ni son attirail ni ses nouveaux moyens. Il décida donc rapidement, sans changer de direction, de poursuivre vers Perpignan où il passerait plus facilement inaperçu.

Le soir, à hauteur d'Elne, ils installèrent un bivouac pour passer la nuit et le lendemain, désireux de rester un jour de plus, ils s'installèrent dans une auberge proche de l'évêché. À l'occasion du repas, bavardant avec l'hôtelier il s'enquit de l'adresse du *scriba publicus* (notaire) rattaché à l'époque à l'évêché. Le lendemain matin après avoir donné des consignes à son équipage il se rendit chez celui-ci à qui il confia ses projets d'installation sur Perpignan et plus précisément celui d'acquérir si possible une grande maison. Le notaire, très informé de la situation immobilière perpignanaise, lui indiqua l'existence d'une transaction possible avec un dénommé Joaquim Guardiola, aristocrate de Perpignan qui envisageait de vivre à Gérone et de vendre son hôtel particulier de la capitale catalane. Remerciant chaleureusement le notaire pour cette information, Jaume se promit de rencontrer le fameux Guardiola dès que possible.

À son arrivée à Perpignan le lendemain, il gagna avec son équipage l'une des auberges du centre-ville, « *La casa real del Mig* » proche de Saint-Jean le Vieux[77], où se rassemblaient tous les visiteurs de marque séjournant dans la ville. Après discussion il put ainsi disposer pour quelques semaines d'une vaste et belle chambre, chauffée par une grande cheminée, meublée avec un lit à baldaquin couvert d'épaisses tentures brodées, d'une table avec bancs et cathèdres et de trois coffres de rangement spacieux. Pour ses équipiers il obtint un dortoir, plus sommairement aménagé, mais convenable et pour ses chevaux et attelages une écurie indépendante.

Se retrouvant à la même table, ils devisèrent abondamment sur les us et coutumes de Perpignan en redécouvrant la cuisine catalane dont ils avaient été privés au cours des dernières années. Terne au début, la conversation s'anima en même temps que les pichets de vin se vidaient. Désireux de se reposer Jaume donna enfin le signal du coucher, au motif qu'il aurait le lendemain des démarches à entreprendre.

Le jour suivant bavardant avec l'aubergiste il s'enquit de l'adresse de banquiers et de la résidence de Joaquim

Guardiola à qui il souhaitait rendre visite. Par curiosité lors d'une promenade à pied il apprécia, depuis l'extérieur, l'hôtel particulier qui lui parut élégant, cossu, grand et bien placé au centre de la cité royale. Jaume, étranger à la ville, aurait préféré une bâtisse plus modeste et surtout plus discrète. Toutefois, le choix n'était guère possible en cette période où Perpignan, capitale du royaume de Majorque, était très recherchée sur le plan immobilier. L'occasion était unique. Seul le prix pouvait constituer un obstacle.

Dès que ce fut possible, introduit par un ami de l'aubergiste, Jaume rencontra le marquis Joaquim Guardiola. Après de longues présentations, comme il convenait entre gens du monde à cette époque, celui-ci lui fit visiter l'hôtel qu'il occupait présentement et à cheval ses propriétés situées en lisière de la ville. Homme d'affaires et de décision, il s'enquit aussi très rapidement des ressources de Jaume afin de s'assurer qu'il n'avait pas affaire à un charlatan ou un escroc. Lequel, lui relatant son retour d'orient lui donna le maximum d'assurances et de garanties qu'il put, évoquant ses possessions en Sicile, son équipage à Collioure et les réserves monétaires sonnantes et trébuchantes à sa disposition, supposées être mises en lieu sûr chez des banquiers de Perpignan. Ils discutèrent rapidement du prix et des conditions de libération. D'un côté, le marquis attendant un acheteur depuis plus d'un an afin de se rendre à Gérone, et de l'autre, Jaume, pressé de conclure et de s'installer et pouvant payer rubis sur l'ongle : l'affaire fut menée tambours battants grâce au *scriba publicus* royal de Perpignan très coopératif. Quelques semaines plus tard, ayant réuni les intermédiaires requis pour les cautions et les paiements convertis en monnaie d'usage (deniers de Melgueil ou deniers de Barcelone), Jaume pouvait s'installer dans ses appartements. Ayant senti son vendeur quelque peu dans le besoin, il avait en effet obtenu dans la négociation que celui-ci lui cédât outre l'hôtel, les terres, mais également son mobilier qui avait à l'époque une grande importance en raison des délais de fabrication.

L'hôtel, situé en plein centre, rue de la Bourse, était bien sécurisé et pouvait accueillir plusieurs domestiques. Il possédait une cour intérieure dans laquelle on pouvait ranger plusieurs attelages ainsi qu'un patio d'agrément avec en son centre un très beau bassin en pierres blanches et grises sculptées alimenté par un jet d'eau fraîche, décoré de plantes vertes et entouré de portillons en fer forgé élégamment ouvragés qui en délimitaient le pourtour et l'isolaient complètement des couloirs de l'hôtel.

Son logement étant acquis Jaume proposa à son escorte de demeurer à son service en qualité d'hommes à tout faire et de gardes du corps. Il avait par ailleurs conservé une grande partie des domestiques de Joaquim Guardiola, palefreniers, cuisiniers et femmes de chambre notamment. Son installation étant achevée il passa une semaine supplémentaire à découvrir Perpignan et à se faire connaître des notables proches de la cour royale.

Cette étape étant franchie Jaume décida de rendre visite à sa famille. Ce dimanche matin de juin 1306, il s'était rendu à l'office en l'église de Saint Jean le vieux et après la cérémonie avait pris son cheval. Il était parti seul de sa résidence, vêtu de façon sobre et discrète afin de ne pas attirer l'attention. Derrière lui suivait un second cheval, relié au premier par une sangle et portant sur son dos quelques ballots contenants ses effets personnels et divers objets. Menant bon train, il traversa Toulouges, en longeant l'église où, en 1027 à l'occasion d'un synode, fut signée la Trêve de Dieu interdisant toute activité militaire le dimanche. Il atteignit Thuir en fin de matinée et entama le chemin de Castelnou, étroit, pentu et rocailleux, où une pluie récente avait laissé des ornières boueuses. Il croisa plusieurs troupeaux de moutons et de chèvres, ainsi que quelques forestiers qui revenaient chargés de bois de chênes verts porté par des mules et des chariots déglingués. Il ne connaissait personne et constata que personne ne le reconnaissait, lui l'enfant du pays parti 28 ans plus tôt. Arrivé au col de Castelnou il reconnut le château, perché sur son rocher, offrant toujours la même majestueuse présence ainsi que la tour de guet en contrebas. Et des palpitations lui vinrent quand il se remémora soudain tout son parcours. Croisant un berger qui faisait paître son troupeau de chèvres et de brebis près du roc d'en Perot, peu après le Col de Thuir, il s'arrêta pour bavarder et lui demander qui était le vicomte actuel. Le brave homme lui répondit :

— Le vicomte Guillaume le VIe est mort depuis douze ans. C'est Jaspert le Ve qui lui a succédé. Mais celui-ci n'est pas souvent à Castelnou ajouta-t-il. Les fonctions que le roi Jacques II d'Aragon lui confient l'obligent à beaucoup se déplacer.

Cette nouvelle, sans le réjouir, soulagea Jaume, car le vicomte Guillaume s'était fortement impliqué pour son entrée au Temple. Il imaginait donc mal sa rencontre pour lui annoncer son reniement… et le reste. Parvenu au bas du village par le chemin de la fontaine il bavarda avec quelques paysans rentrant du travail qui lui apprirent que le vicomte Jaspert V était absent en ce moment et que le château avait subi plusieurs assauts en représailles, en raison de sa proximité politique avec le roi Jacques d'Aragon opposé au roi Sanche Ier de Majorque qui résidait à Perpignan. Ils ajoutèrent qu'après le siège du château et son assaut, qui avait engendré des destructions, la forteresse avait été restaurée. De surcroît un immense rempart formant une grande enceinte ponctuée de tours magistrales en pierres brutes entourait désormais tout le village pour mieux le protéger. Aux abords du village, il se rendit à la porte d'entrée nouvellement édifiée où se tenaient quelques gardes. Il reconnut l'un d'entre eux avec lequel il avait autrefois accompli son service d'ost. Ce dernier, l'ayant cru mort et disparu en Orient, n'en crut pas ses yeux de le revoir après tant d'années.

Il le fit entrer dans l'enceinte du village pour boire un peu de vin et s'entretint longuement avec lui. Il lui relata les péripéties militaires et notamment les sièges et attaques du château auxquels les vicomtes avaient eu à faire face au cours des dernières années et notamment en 1286. Il lui laissa entendre que la vicomté de Castelnou était menacée par le roi Sanche Ier de Majorque qui souhaitait sa suppression en raison de ses liens avec l'Aragon.

Cette absence du nouveau vicomte épargna momentanément à Jaume de devoir s'expliquer sur son abandon du Temple et sur son aventure en Méditerranée auprès de Roger de Flor. Il décida alors de poursuivre sa route vers Camélas. Reprenant sa monture, il fit une halte à l'église Santa-Maria del Mercadal, située à l'extérieur du village, construite avant son départ sur un terre-plein. Il y rencontra le carillonneur Henric Coste qui lui apprit que le Père Vidal l'ancien curé était décédé et remplacé depuis quelques années par le Père Pascal un jeune prêtre venu de l'évêché d'Elne.

Après une brève prière dans la nef, il reprit sa route à travers bois en direction du hameau de Bellecroze. Le chemin tortueux n'avait pas changé, il était toujours aussi accidenté et caillouteux. Il s'arrêta quelques instants pour faire boire les chevaux à « la font robellosa » et repartit, en attaquant la côte le rapprochant de Sant Marti de la Roca, l'ermitage de Camélas perché sur la montagne en surplomb. Après quelques dérapages sur les cailloux, les chevaux atteignirent le sommet de la colline et un chemin horizontal couvert d'herbe verte s'offrit enfin à eux. Il chemina un bon moment, traversa le village de Camélas, désert en ce début d'après-midi, salua l'église Saint-Fructueux en se signant et poursuivit en direction du mas des parents Bonaventure situé à la sortie nord. Reconnaissant de loin la silhouette du bâtiment et la cheminée il eût un pincement au cœur. Qu'allait-il trouver ? Qu'allait-il leur dire ? Comment accueilleraient-ils sa nouvelle condition ?

Approchant à pas lents avec ses deux chevaux, il rentra dans la cour, accueilli par les aboiements d'un nouveau chien, là où se trouvaient poules, canards, oies et dindons en liberté en train de se nourrir de grain. Dans une remise on entendait le grognement des cochons. En bref, la ferme vivait à son rythme habituel, loin du monde et de ses évènements, sans grands changements depuis son départ. Il entra dans la cuisine dont la porte était entrouverte. Il demanda s'il y avait quelqu'un et fut surpris d'entendre un murmure auprès de la cheminée où se consumait du bois. Au bout de quelques instants, s'habituant à la pénombre, il reconnut sa mère assoupie sur un « escon » (banc à dossier) après avoir mis un chaudron dans la cheminée contenant une « ollada » dont l'odeur caractéristique avait atteint ses narines. Elle se leva d'un bond malgré son âge après avoir reconnu Jaume et se mit à l'embrasser en pleurant, ce que Jaume lui aussi en pleurs lui rendit avec tendresse.

— Mon petit lui dit-elle, nous ne savions plus si tu étais encore de ce monde avec tout ce que l'on dit des Templiers et de la Terre sainte. Ton père va être content. Il est allé rejoindre ton cousin, le berger, qui garde les chèvres près de l'ermitage de Sant Marti de la Roca. Il ne devrait pas tarder. Tu es magnifique, tu es devenu un bel homme, un vrai Monsieur. Comme tu as changé, tu n'as plus l'air d'un paysan ! D'ailleurs, qu'as-tu fait de ta tenue de templier ?

— C'est une très longue histoire maman, je te raconterai toutes mes aventures ce soir quand la famille sera réunie au complet autour de la table.

Il en profita pour lui poser des questions sur les parents, oncles, cousins, neveux, nièces et sur les proches voisins. Il apprit que Rosette de Bellecroze après son départ avait épousé un berger de Castelnou, Louis Pomarède qui était mort en tombant dans un ravin il y a déjà trois ans, et qu'elle avait un grand garçon de 27 ans qui allait se marier prochainement…

Sur ces entrefaites, son père arriva avec le berger et le troupeau qu'ils firent rentrer dans la bergerie afin de traire les chèvres. Il sortit rapidement pour l'embrasser en lui promettant de le rejoindre le plus vite possible :

— Mon petit Jaume je suis content de te revoir, avec ta mère on se faisait du souci sans la moindre nouvelle de toi depuis des années. Au mas Déu, où je suis allé plusieurs fois prendre de tes nouvelles, on m'a dit que tu avais disparu avec un capitaine Almogavres un point c'est tout. Étant devenus vieux, ta mère et moi on pensait ne plus te voir.

— Rassure-toi, papa, tout va bien pour le moment, occupe-toi de la traite des chèvres. Je te raconterai ce que j'ai vécu en Orient tout à l'heure au souper.

L'heure du repas étant arrivée, tout le monde s'empressa de se mettre à table pour écouter le récit de Jaume. À cette occasion, le père sortit un pichet de vin muscat d'une petite barrique située derrière les fagots de la cave pour fêter son retour. Jaume prit alors la parole et raconta son aventure chez les templiers, son périple de l'aller en passant par Aigues-Mortes, ses mésaventures contre les barbaresques en mer au large de la Tunisie, ses rencontres diverses avec des personnalités de premier plan, sa vie à Chypre et notamment à Limassol, ses expéditions en Terre sainte, aussi bien à Saint-Jean-d'Acre qu'à Château Pèlerin. Il expliqua pourquoi, après la déroute de Saint-Jean-d'Acre, il avait choisi de rejoindre Roger de Flor. Justifiant son départ de l'ordre par une règle trop rigide et par un rôle de moins en moins adapté à la situation en Palestine dominée par le sultanat d'Egypte. Il relata les principaux combats qu'il avait menés au côté de Roger de Flor, en Sicile d'abord et ensuite au service d' Andronic l'Empereur d'Orient, son séjour à Constantinople, ses combats victorieux contre les Turcs, le lâche assassinat de Roger de Flor par ceux qui s'étaient servis de lui, la vengeance sans pitié des Almogavres et son retour par les Cyclades, la Grèce, la Sicile en passant par Syracuse, Messine et Trapani et enfin l'attaque-surprise par des bandits corses près du cap de Bonifacio (Pertusato). Tout le monde l'écoutait bouche bée. Son récit aurait pu durer toute la nuit sans qu'aucun ne soit lassé. Il se répéta même parfois à la demande de ses frères qui voulait toujours plus de détails pour ne rien perdre du récit.

Bien entendu, il omit délibérément de relater certains détails afin de ne pas ternir son image d'ancien Templier et de ne pas susciter de la convoitise chez ses frères et de l'inquiétude chez ses parents. Il n'évoqua pas certains faits qui auraient pu choquer sa famille très croyante : ses relations avec Sophie, à Chypre et avec Carla la

Sicilienne, sa participation à divers pillages suite aux victoires militaires... Il leur dit seulement qu'il comptait se rendre de temps en temps à Perpignan pour s'occuper de ses nouvelles affaires avec des marchands catalans de Barcelone qu'il avait connus pendant le retour de Trapani.

La soirée étant bien avancée et arrosée de vin muscat capiteux il entreprit de distribuer les divers cadeaux à la famille. Il offrit un châle oriental à sa mère qui n'en croyait pas ses yeux, un superbe coutelas Almogavres et une lampe à huile Mamelouk à son père. Diverses chaussures dorées de type babouche et des bijoux de couleur ravirent ses sœurs et nièces, des tissus de laine avec des décors originaux destinés à confectionner des habits pour ses frères les firent crier de joie... Bref, il y eut des cadeaux surprenants pour tous et ce bonheur fut partagé avec ferveur. Tard dans la nuit tout le monde alla se coucher, les têtes pleines d'émerveillements du récit exceptionnel de Jaume et des cadeaux inespérés et totalement nouveaux.

Après une nuit réparatrice, Jaume entreprit le lendemain de visiter les environs afin de retrouver ses amis et connaissances. Se dirigeant vers Bellecroze à cheval, il salua plusieurs voisins dont certains eurent du mal à le reconnaître dans ses nouveaux habits. Il fit la causette avec les uns et les autres et fut rapidement informé des évènements locaux des vingt dernières années. Peu de choses avaient changé dans le quotidien de Camélas excepté le rythme de la vie : les décès, les naissances et les mariages. Parvenu à Bellecroze il se dirigea vers le mas de Rosette. Il aperçut cette dernière devant la porte d'une grange en train d'étendre du linge. Il l'interpella par un « Hola ! » sonore afin de la surprendre. Elle se retourna, hésita un moment et finit par le reconnaître.

— C'est toi Jaume ? Mon Dieu ! Je te croyais disparu, sans nouvelles depuis tant d'années. Comme tu as changé.

Il s'approcha. Ils s'embrassèrent affectueusement et rentrèrent s'asseoir à côté de la cheminée afin de bavarder.

Dans la longue conversation qui s'ensuivit, elle lui annonça qu'elle avait un fils de 27 ans, prénommé Jaumet, dont il était le père et que, sans nouvelles de sa part, elle s'était mariée, deux ans après son départ avec Lluis Pomarède, berger de Castelnou qui était alors célibataire.

— Malheureusement Lluis s'est tué, il y a trois ans, en glissant dans un ravin par temps de pluie. Aujourd'hui je suis seule à vivre ici, avec ma cousine et sa famille. Le mois prochain, Jaumet va épouser la fille Brial de Camélas qui viendra vivre ici avec nous. Voilà, conclut-elle, où j'en suis. Si tu veux venir à la noce, tu es le bienvenu.

— Avec plaisir ! répondit Jaume. Il va falloir que je m'y prépare. En attendant voici pour toi ! ajouta-t-il en lui tendant un petit coffret contenant un collier de pierres précieuses.

— Pourquoi ça ? Pourquoi maintenant ? C'est trop ! Ce n'est pas pour moi !

— En souvenir de notre jeunesse ! lui répondit-il, de façon lapidaire.

Après l'invitation de Rosette à la noce de son fils et

le cadeau de Jaume, qui l'émut beaucoup, la conversation porta sur de multiples sujets et notamment sur le château de Corbère, occupé par une nouvelle châtelaine qui, venant de la ville sans connaître grand-chose à l'exploitation, était à la recherche d'un régisseur pour tenir ses propriétés depuis la disparition récente du seigneur son mari. Heureux et soulagé par la tournure de ces retrouvailles Jaume embrassa affectueusement Rosette, lui promit de passer la voir régulièrement, et s'éloigna à cheval tout en réfléchissant à ce qu'il venait d'entendre.

Curieux d'en savoir plus et quelque peu intrigué, Jaume décida d'aller faire un tour au château de Corbère dans les jours qui suivraient, lui dont la dernière visite au château fut celle où il participa à son attaque une génération plus tôt.

Cette démarche, qu'il n'aurait jamais osé entreprendre autrefois avec son mental et sa condition de simple paysan, ne lui posa pas de problèmes. Il réalisa à cet instant combien au fil des années il avait évolué et gagné en assurance et aplomb. Parvenu au château il se présenta au portier, déclina son identité, et demanda, par le judas de la porte, à rencontrer la châtelaine Béatrix de Corbère au sujet du poste de régisseur.

Après un quart d'heure d'attente à l'extérieur, une gouvernante élégamment vêtue se présenta et l'invita à la suivre dans la cour intérieure. Tenant son cheval par la bride, Jaume pénétra à pied dans le château en traversant le pont levis. Après avoir franchi la grande porte surmontée d'une herse, il attacha son cheval à un anneau mural et suivit son guide dans la salle de chasse réservée aux réceptions.

On le fit asseoir pour patienter près d'une cheminée dont le feu crépitait. Quelques minutes plus tard, la châtelaine, une jeune et jolie femme de trente ans le rejoignit.

— Bonjour, je suis Béatrix de Corbère en charge de la seigneurie. À qui ai-je l'honneur ?

— Mes respects, madame, je suis Jaume Bonaventure de Camélas venu me renseigner sur l'emploi de régisseur ou de fermier.

— Comment en avez-vous été informé ?

— Tout simplement par des amis de Camélas qui en ont entendu parler.

— Avez-vous une expérience du métier ? Que connaissez-vous de l'agriculture et du commandement des hommes ?

— Je possède une expérience ancienne de l'agriculture dans les Aspres, notamment de la culture des céréales et de la vigne mais aussi de l'élevage de moutons, activité que j'ai interrompue pour un engagement militaire prolongé en Méditerranée, à l'occasion duquel j'ai appris à commander à des hommes…

— Comment ça ? L'agriculture et l'armée ne vont guère de pair. Pouvez-vous m'expliquer ?

— Bien sûr, mais cela risque de prendre un peu de temps, car mon histoire est un peu longue.

— J'ai tout mon temps.

Trouvant la châtelaine avenante Jaume se surprit à lui

raconter son expérience du commandement à travers ses aventures de templier et de soldat au service du roi d'Aragon et de l'empereur Andronic de Constantinople, tout en omettant bien sûr certaines précisions qu'elle aurait pu trouver choquantes, peu morales ou peu catholiques.

— Vous avez donc abandonné le Temple. N'est-ce pas un parjure, ne craignez-vous pas un châtiment divin ou tout simplement des représailles de la part de l'ordre et notamment des gens du Mas Déu ? déclara-t-elle en l'interrompant.

— Pas le moins du monde ! s'entendit répondre Jaume, avec plus d'assurance qu'il n'en éprouvait réellement. Surenchérissant, il ajouta :

— J'ai vu et vécu le fonctionnement du Temple de l'intérieur lors de mon séjour à Chypre et en Terre Sainte. Je me suis soumis à toutes les directives et j'ai respecté scrupuleusement les préceptes sans me poser de questions pendant des années, j'ai été très apprécié pour cela. En bref, j'ai été un Templier loyal pendant près de 13 ans.

— Que s'est-il donc passé qui remette en cause votre loyauté ?

— Plusieurs choses se sont produites, notamment à Saint-Jean-d'Acre. Suite à un massacre injustifié de commerçants arabes par des pèlerins italiens ivres dans le bazar de la ville, qu'il importait de sanctionner sévèrement. Or, la hiérarchie Templière de Chypre a temporisé et nié les faits, au point d'encourager le soulèvement des mamelouks et du Sultan en représailles. D'où la perte d'Acre. Autre point impardonnable à mes yeux : les pillages éhontés du Temple sur la population chypriote et l'appropriation du trésor par un petit nombre.

— Comment avez-vous fait pour quitter l'ordre ?

— Les circonstances m'ont amené à rencontrer Roger de Flor au départ du château Pèlerin proche d'Acre. J'ai hésité un long moment avant de me décider, car il s'agissait d'un aventurier peu scrupuleux. Et puis, m'imaginant revenir à Chypre rejoindre les Templiers défaits, austères, amers et sans avenir, alors que lui catalan enthousiaste et charmeur m'offrait d'être son adjoint et de l'accompagner dans des conquêtes fructueuses, j'ai décidé de le suivre. Je n'avais plus rien à perdre.

— Et après que s'est-il passé ?

— Au service de Roger de Flor j'ai combattu en Sicile avec les Almogavres pour le roi Pierre III d'Aragon. Après cela j'ai participé à plusieurs guerres pour le compte de l'empereur d'Orient, près de Constantinople contre les Turcs et en Arménie… jusqu'à ce que Roger de Flor soit assassiné.

— Assassiné ?

— Oui, par ceux qui lui devaient tout ! Mais c'est une longue histoire. Il me faudrait beaucoup plus de temps pour vous la relater...

La châtelaine fut subjuguée par son récit hors du commun et resta sous le charme de narrateur de Jaume. Lorsque la nuit fut tombée, il lui demanda de se retirer. Elle hésita un moment puis, reprenant ses esprits, elle lui proposa de le revoir afin de reparler de la gestion de la seigneurie et de visiter les différents domaines rattachés.

Ils convinrent de se retrouver le surlendemain à midi au château autour d'un repas. Le contact étant établi, on ne peut mieux, Béatrix raccompagna Jaume à la porte d'entrée. Ils se saluèrent chaleureusement, satisfaits l'un et l'autre de cette première rencontre.

La nuit étant tombée, mais le temps étant clément et la soirée étoilée, il repartit, éclairé par la lune jusqu'à destination. Dans son for intérieur, il ne manqua pas de souligner le contraste entre l'accueil pacifique et courtois de Béatrix et sa visite tonitruante et sanglante pour capturer le seigneur de Corbère quelques années plus tôt.

Parvenu tard dans la nuit à Bellecroze après une longue chevauchée, il rentra discrètement dans le mas sans trop faire de bruit, car tout le monde dormait. Seul le chien qui surveillait la maison aboya un petit moment puis, l'ayant reconnu rentra avec lui dans la cuisine. Il s'approcha de la cheminée et trouva suspendue à la crémaillère une « olla » contenant de la soupe. Attisant les braises il ralluma le feu et réchauffa l' « ollada » qu'elle contenait, composée de légumes, de boudin, de jambon et parfumée au saindoux, qui était un de ses plats préférés. Après s'être restauré, il regagna sa chambre discrètement et s'endormit profondément.

Le lendemain il fut réveillé à l'aube par son père qui voulait lui parler avant de partir au champ. Prenant ensemble leur déjeuner matinal à base de fromage et de charcuterie le père Jepe Bonaventure lui demanda s'il comptait venir s'installer avec eux et participer aux travaux de la ferme, auquel cas il faudrait envisager de louer ou de racheter de nouvelles terres. En effet, celles en sa possession seraient insuffisantes pour nourrir plus de douze personnes (il comptait dans sa tête ses fils, ses petits-enfants, ses belles-sœurs et cousins à demeure…)

Jaume qui n'avait pas envisagé l'éventualité, lui répondit spontanément :

— Ne t'inquiète pas, papa ! Je ne sais pas encore ce que je vais faire à l'avenir, mais je ne resterai pas avec vous sur la propriété.

— Comment ça, tu veux repartir ? Où veux-tu aller ?

— Rassure toi papa je ne veux pas vous quitter, mais après mon expédition en Orient, j'ai d'autres projets en tête. Je vais, soit faire du commerce avec Barcelone et l'Aragon, soit essayer de reprendre un domaine près des Aspres en tant que régisseur. Je suis en train de prendre des contacts et des renseignements à ce sujet. Dans quelques jours je pourrai te le dire avec précision. Pour le moment je me renseigne, rien n'est fait. Je réfléchis. Je te donnerai une réponse dès que j'en saurai plus et que j'aurai décidé.

— Ah bon ! lui répondit le père, quelque peu abasourdi par cette explication.

Loin de lui, en effet, l'idée de diriger une exploitation agricole, et encore moins l'idée de faire du commerce aussi lointain. Il est vrai que n'ayant jamais quitté les Aspres, l'idée même de se rendre à Elne ou à Perpignan constituait déjà une véritable expédition. Parler de Barcelone et d'Aragon et de commerce maritime était pour lui du domaine de la fiction, du conte que l'on raconte le soir devant la cheminée avant d'aller se coucher.

Cette conversation terminée, le père partit au champ rejoindre les ouvriers journaliers, laissant son fils à ses réflexions. Jaume tira surtout de cet entretien un encouragement à rester encore plus discret sur ses affaires, comme il l'avait pressenti après son arrivée à Collioure quand il avait décidé de s'installer à Perpignan.

Dans la journée, il se rendit à Castelnou pour saluer le battle du château, Ramon Misser, et prendre des nouvelles du vicomte Jaspert V qui avait succédé à Guillaume depuis 1284.

Il apprit par le battle que Jaspert, proche du roi Jacques d'Aragon, était en charge de commandements militaires importants en Méditerranée[78]. Ainsi sa présence à Castelnou était-elle rare et négligeait-il ses intérêts locaux, ce que ses collaborateurs les plus proches ne manquaient pas de faire remarquer en le déplorant. En effet, laissant trainer certaines affaires personnelles, il accumulait un grand nombre de rancœurs dommageables à la vicomté, notamment de la part du comté de Roussillon et surtout du vicomte Pierre de Fenouillet, rival des Castelnou, résidant à Ille sur Têt.

Profitant de sa visite au château, Jaume se présenta au sergent responsable de la garnison à qui il demanda des nouvelles de son prédécesseur, qui occupait la fonction 28 ans plus tôt. Il apprit que celui-ci s'était retiré, qu'il avait pris femme tardivement et qu'il vivait en bas du village, près de la grande porte d'entrée nouvellement construite sur les remparts.

S'enquérant des chanoines de Saint-Ruff, il demanda

alors à voir le père prieur. On lui répondit qu'il était toujours là malgré son âge. Il monta jusqu'à la chapelle Saint-Pierre où il trouva le religieux en train de prier. Le prieur devenu vieux le reconnut immédiatement à sa voix.

Il se montra d'abord ombrageux et peu enclin au pardon, en raison du renoncement de Jaume à la parole donnée au Temple, assimilable selon lui à un parjure, qu'il avait appris par sa communauté religieuse. Apprenant ensuite que notre héros avait ramené de Terre sainte un superbe reliquaire en pierre sculptée, illustré en bas-relief par le jugement de Salomon sur une face et par la décapitation de Saint-Jean Baptiste sur l'autre, reliquaire qui contenait de surcroît un morceau de la vraie croix et un fragment de la couronne d'épines du Christ, il se montra plus indulgent et considéra même que tout n'était pas perdu chez cette brebis égarée. Cela étant, quand il sut que Jaume en faisait don à la chapelle Saint-Pierre du château des Castelnou à travers sa personne, une immense émotion lui traversa le corps l'obligeant à s'asseoir pour reprendre ses esprits[79]. À la suite de ça, le pardon du prieur fut total.

S'enquérant de la situation d'Arnau de Caixas qui fut son coreligionnaire templier en Terre sainte, il apprit que ce dernier, qui l'avait devancé de dix ans dans son retour de Chypre et d'Orient, avait aujourd'hui en charge la collecte des impôts et des dons pour le compte du Mas Déu. Que le concernant, il aurait déclaré au prieur avoir écarté Jaume de ses pensées, mais ne pas lui tenir rigueur de son choix, compte tenu des évènements troubles qui avaient accompagné l'abandon de Saint-Jean-d'Acre et le repli sans gloire des Templiers sur Chypre.

S'informant de l'ancien chapelain, Jaume apprit qu'il s'était retiré au prieuré de Serrabone où il escomptait bien finir ses jours auprès de Dieu.

Satisfait d'avoir renoué des liens positifs avec le château, renseigné sur les changements multiples intervenus depuis son départ, il remercia et salua le père prieur qui l'embrassa avec émotion. Puis, il prit congé.

En redescendant par la salle de garde il eut quelques échanges avec le sergent Antoni Fouquet assurant le commandement. Se renseignant sur Jordi de Prunet, l'ancien chef de garnison du château au moment de son entrée au Temple, il apprit que depuis leur dernière rencontre, celui-ci avait pris la succession de son père sur la seigneurie familiale de Prunet, proche de la Trinité et que l'occasion de venir au château de Castelnou se résumait aux réunions en vue de renouveler les hommages au vicomte Jaspert, une fois l'an.

Ainsi, Jaume se sentit-il relativement « libéré » par le manque de témoins directs de son engagement au Temple une génération plus tôt. Seuls les résidents du Mas Déu constituaient pour lui une menace morale, bien qu'ils aient beaucoup perdu de leur aura et de leur influence dans la région après la perte de Saint-Jean-d'Acre. Ainsi Jaume parvint-il à se soustraire aux représailles que son parjure de l'ordre du Temple lui réservait. Pour le moment seules quelques personnalités isolées de son entourage pouvaient encore lui en faire grief. Mais cela était sans importance.

Ainsi passa-t-il entre les mailles du filet du bannissement, de l'opprobre et du rejet social qu'il craignait. Il s'en revint donc soulagé de sa visite à Castelnou en cet après-midi d'été.

Le lendemain, il se leva tôt, car il devait se rendre à Corbère, à l'invitation de Béatrix la châtelaine. Il se vêtit de la manière la plus élégante qu'il put et choisit parmi les cadeaux qu'il n'avait pas encore offerts un pendentif oriental serti d'une émeraude splendide. Il était sûr par ce don d'impressionner la châtelaine.

Arrivé devant la porte du château, il sonna la cloche pour prévenir. À travers le judas on lui demanda d'attendre quelques instants. Un peu plus tard on lui ouvrit la porte en grand, on le salua avec égards et on le conduisit à la salle de chasse. Quelques minutes plus tard, la châtelaine apparut en tenue raffinée, parée de bijoux et d'une toque de fourrure. Elle s'avança vers Jaume à qui elle tendit la main. Peu coutumier du fait, il tenta un baisemain un peu maladroit, mais apprécié.

— Je suis ravi de votre visite lança-t-elle, le récit de votre aventure en Orient m'a passionnée et a occupé mon esprit ces derniers jours. Peut-être m'en direz-vous davantage ?

— Tout le plaisir a été pour moi, s'entendit-il lui répondre. Ayant constaté que vous connaissiez l'aventure des croisades et la géographie de la Méditerranée, cela m'a été plus facile à relater.

— Vous êtes trop aimable. Je vous propose, afin de

faire plus amplement connaissance, de passer à table où nous pourrons bavarder. J'ai demandé que l'on prépare un gigot d'agneau aux haricots blancs accompagné d'un vin rouge des Aspres.

— J'adore ce type de repas.

Ils passèrent à table et furent placés face à face selon la tradition médiévale.

La conversation reprit sur un ton enjoué, ponctuée de questions sur certaines étapes de Chypre, de Sicile, de Saint-Jean-d'Acre… Jaume répondit avec spontanéité, mais parfois avec un peu de réserve, afin d'éviter de laisser découvrir certains aspects trop personnels ou pécuniaires, liés aux prises de guerre qui auraient pu le desservir aux yeux de Béatrix.

Au fil des heures la conversation évolua vers des questions à l'adresse de Béatrix. Elle lui indiqua être veuve depuis près d'un an d'un homme important et riche qu'on lui avait imposé, mais auquel elle ne s'était pas attachée.

Depuis, elle se démenait comme elle le pouvait pour maintenir les activités agricoles dépendantes du château. Ne connaissant pas grand-chose à ce métier elle avait le sentiment d'être peu écoutée et peu efficace aux yeux des ouvriers agricoles. De surcroît la solitude qui était la sienne à Corbère lui pesait fortement. Elle aurait préféré vivre à la ville et notamment à Perpignan dont elle était originaire, où résidaient sa famille et ses amis d'enfance.

Le repas était excellent, l'agneau grillé, assaisonné de légumes et de jus de viande, parfait. S'étant resservi du vin à plusieurs reprises le ton de la conversation se décontracta un peu plus. Elle se mit à lui raconter quelques histoires plaisantes sur des amours médiévales entre bergers et bergères auxquelles Jaume lui répondit par d'autres histoires orientales du même genre. Arrivés au dessert qui était composé de fruits de saison et d'un magnifique flan aux œufs « *Pa d'ou* », ils burent du vin muscat sirupeux qui les étourdit un peu plus.

Éprouvant le besoin de prendre l'air, Béatrix proposa alors à Jaume de faire le tour de la propriété afin de juger de son périmètre et de ses différentes activités. Elle fit harnacher un cheval tout en déclinant la proposition d'escorte que le palefrenier lui offrait. Puis, quelques minutes plus tard, après avoir adopté une tenue champêtre plus sobre elle enfourcha sa jument et fut suivie par Jaume qui n'eut qu'à reprendre sa monture attachée à une rampe dans la cour intérieure.

Ils partirent de concert, après avoir salué le portier qui referma aussitôt la grande porte. Le beau temps ensoleillé les incita à retirer leur manteau afin d'être plus à l'aise. Ils longèrent les plantations de blé, de seigle et de vigne, croisèrent un troupeau de vaches qui paissait tranquillement non loin d'un ruisseau alimenté par les eaux du Canigou.

Ils s'arrêtèrent un instant pour marcher, se détendre et se rafraichir à une fontaine naturelle où l'eau était excellente. Puis, côte à côte, ils pénétrèrent dans un enclos comportant de nombreuses ornières bien boueuses. Béatrix lui signala que par endroits des braconniers venaient avec des chariots subtiliser une partie des récoltes de céréales sans qu'elle parvienne à y porter remède, quand elle trébucha et se retrouva assise par terre, riant de sa maladresse. Jaume se précipita pour l'aider à se relever. Nul ne sait qui alors prit l'initiative, mais au final ils se retrouvèrent dans les bras l'un de l'autre sans la moindre intention d'y mettre un terme. Béatrix embrassa fougueusement Jaume qui le lui rendit dans les mêmes termes. Quelques instants plus tard, ils se retrouvèrent allongés au milieu de meules de paille, sans âme qui vive, à proximité. Le repas, le vin, l'heure de la sieste pesant sur leur volonté, la nature produisant ses effets, ils se roulèrent dans la paille avec frénésie. Timoré au début, Jaume entreprit de dévêtir Béatrix qui y consentit avec empressement. Le jeu amoureux dura quelques minutes jusqu'à ce que, n'y résistant plus, il la pénètre sauvagement.

Épuisés par l'épreuve, ils s'endormirent ensuite dans les bras l'un de l'autre. Longtemps après, reprenant leurs esprits, ils se réveillèrent, intrigués par le hennissement des chevaux. Curieux d'en savoir plus ils se relevèrent, ajustèrent leurs vêtements et, au détour du chemin, comprirent ce qui se passait. Le cheval de Jaume faisait la cour à la jument de Béatrix en essayant de la chevaucher, son pénis raidi et proéminent témoignant de ses intentions. Après plusieurs tentatives infructueuses ponctuées de hennissements, il réussit à l'immobiliser et à s'introduire avec soulagement. Assistant à la scène les deux amoureux ne manquèrent pas de rire et de faire un parallèle avec leur propre accouplement quelques minutes auparavant.

— Décidément tel maître tel destrier, s'écria-t-elle !

— C'est exceptionnel, répondit modestement Jaume, amusé, flatté et gêné par tant de cynisme naturel.

À cet instant, lui revenaient les préceptes religieux et familiaux condamnant les plaisirs de la chair hors mariage.

Le calme étant de retour, la visite de la propriété se poursuivit. Béatrix fit découvrir à Jaume les bois de chênes verts à perte de vue, les landes et les garrigues sur lesquelles paissaient des moutons et des chèvres… ainsi que les vergers sur lesquels apparaissaient quelques fruits de saison en ce début d'été.

Le jour commençant à décliner, ils décidèrent de rentrer au château et de se retrouver au bord du feu à prendre une collation.

La gouvernante qui les accueillit leur proposa une soupe à base de jambon de montagne pour se réchauffer. Ils acceptèrent et, ayant retiré leurs chaussures, se réchauffèrent les pieds aux braises de la cheminée. Installés sur une banquette ornée de coussins ils se tenaient par la main et, de temps en temps, s'embrassaient.

Reprenant leurs esprits, ils abordèrent progressivement le sujet à l'origine de leur rencontre à savoir la gestion de la seigneurie. Béatrix, enthousiaste et sous le charme de Jaume, ne voyait plus d'obstacles à la conclusion d'un accord. Lui en revanche, partagé entre ce projet très concret et la perspective de commercer avec Barcelone réfléchissait à la compatibilité des deux activités.

Ayant noté que Béatrix souhaitait confier l'exploitation de ses terres pour habiter à Perpignan, il imagina un instant qu'ils pourraient peut-être y habiter ensemble, Jaume se rendant régulièrement à Corbère pour superviser les tâches agricoles. Elle sauta de joie, lorsqu'il évoqua cette éventualité.

— C'est une excellente idée ! s'écria-t-elle.

— Il faut encore réfléchir, lui répondit-il, car beaucoup de choses seront à régler.

— Quoi donc s'étonna-t-elle ?

— Où comptes-tu vivre à Perpignan ?

— Je possède un hôtel près de la rue de la Barre, qui est partiellement inhabité et dont mes parents, Pons du Vernet, assurent l'entretien. Si j'ajoute à cela les revenus de Corbère j'ai de quoi vivre.

— Veux-tu continuer à vivre seule en femme libre, maintenant que tu as passé la période de deuil de ton mari ?

— Pas du tout, j'aimerais, si tu es d'accord, que nous annoncions nos fiançailles dans quelque temps et que nous nous mariions d'ici un an.

— Ola ! lui répondit-il nous nous connaissons depuis quelques jours. Je te trouve très belle, intelligente et agréable, mais il faut que nous fassions plus amplement connaissance. Que dira-t-on dans ton entourage face à une telle précipitation ?

— Ça m'est égal, tu me plais et tu corresponds à mon type d'homme. Je ne veux pas qu'on me marie à nouveau à un inconnu plus vieux que moi, ma première expérience a suffi.

— Il y a des questions à résoudre pour éviter les problèmes familiaux lui précisa-t-il. Il faut aller chez un notaire, car nous n'avons pas le même statut social. Tu es aristocrate et je ne suis qu'un homme libre, paysan d'origine.

— Certes, mais ton expérience t'a donné plus de noblesse et d'éducation que la plupart des seigneurs catalans.

— Il faut quand même mettre de l'ordre dans nos rapports si tu veux que ça dure. Je te propose de rencontrer à ce sujet le « *scriptor publicus* » (notaire) rattaché à l'évêque d'Elne[80] pour obtenir le fermage officiel des terres du château de Corbère, car la situation de régisseur me mettrait mal à l'aise vis-à-vis de toi.

— Pas de problème lui répondit-elle.

La nuit étant venue, elle l'invita à rester dormir. Il accepta en lui proposant de repartir le lendemain sur Perpignan pour ses affaires. La nuit fut une nuit amoureuse qui contribua plus encore à réduire les barrières. Se levant le premier au petit matin, il descendit à la cuisine demander à la cuisinière le déjeuner de madame. Il remonta tout seul, avec un plateau sur lequel il avait placé le pendentif à l'émeraude provenant d'Orient. L'accueil fut exalté. Ne se contenant plus, elle se jeta sur Jaume une nouvelle fois pour lui témoigner sa gratitude et les nouveaux ébats durèrent une heure supplémentaire.

— Va mon chéri ! lui cria-t-elle enfin, j'attends ton retour avec impatience !

Fort de cet accueil et de cet au revoir dépassant toutes ses espérances il repartit sur Camélas, après avoir salué les domestiques qui n'en croyaient pas leurs yeux de la conduite de leur maîtresse. Elle avait, jusqu'ici, été une veuve irréprochable.

Arrivant à Camélas il récupéra son second cheval et, après avoir salué la famille presque au complet il repartit vers Thuir en direction de Perpignan.

— À bientôt ! leur cria-t-il, en s'éloignant.

De retour dans son hôtel particulier, au cœur de la ville, il se reposa et entreprit de mettre ses idées au clair, de faire le point, tant les évènements se précipitaient.

En moins d'un mois, en effet, il avait débarqué à Collioure avec son trésor ramené d'Orient, acheté un hôtel particulier à Perpignan, retrouvé sa famille et ses amis, revu ses parrains spirituels et militaires à Castelnou et Camélas, et maintenant rencontré une femme adorable, jeune, belle et amoureuse, prête à l'épouser et à lui confier la seigneurie de Corbère.

Cela faisait beaucoup de choses à la fois. Il était temps de réfléchir et d'avancer prudemment avant de poursuivre.

C'est ce qu'il fit durant une semaine tout en découvrant les alentours de la ville.

D'esprit paysan, Jaume n'allait pas se laisser griser par le succès. Il conservait sa lucidité. C'est du reste ce qu'il avait fait jusqu'ici, en sachant saisir les opportunités. Ayant appris, au travers de ses rencontres perpignanaises et par les invitations dont il avait fait l'objet, en sa qualité de bourgeois tenant un hôtel particulier, que l'opprobre pouvait rapidement faire suite à l'admiration, il comprit que le respect des règles sociales s'imposait dans une ville qui était capitale du royaume de Majorque. Il comprit aussi qu'entretenir une relation libre avec une aristocrate catalane serait mal interprété. Il faudrait qu'il en passe par le mariage et, d'autre part, que vis-à-vis de sa famille et de Rosette, il règle plusieurs problèmes en suspens.

Considérant la gérance de la seigneurie de Corbère, il envisagea l'idée qu'il pourrait faire d'une pierre deux coups si elle aboutissait, le rapprocher de Béatrix et assurer le suivi de l'exploitation. Il envisagea donc de demander à Jaumet, son fils naturel, dur à la tâche, courageux, intelligent et possédant le sens de l'autorité, de le seconder dans la gestion de Corbère. Il pourrait ainsi, si ce dernier en était d'accord, l'installer avec sa future femme dans les communs du château et l'aider dans une charge qui demandait une présence active régulière. Si tout allait bien il donnerait progressivement à Jaumet de plus en plus d'autonomie. Tel était le plan qu'il entrevoyait, sous réserve bien sûr que Béatrix en soit d'accord.

Afin de s'assurer de la faisabilité du projet, il décida le lendemain de se rendre à Elne consulter le notaire de l'évêché chargé de rédiger les contrats privés sur parchemin, c'est-à-dire les « capbreus ». Le « *scriptor publicus* » le reçut après une longue attente et lui expliqua que cela était possible, moyennant le transfert chez lui d'une copie des actes de propriété que détenait le *« scriptor publicus »* de Perpignan, et la présence de la châtelaine de Corbère au moment de la rédaction des actes. Informé des démarches requises, il retourna à Perpignan.

Le lendemain il se rendit chez le notaire de Béatrix à qui il exposa le projet. Celui-ci, intrigué, se montra peu coopératif. Habitué à traiter les affaires de l'importante famille Pons de Vernet, il se demanda ce que cet individu, nouveau venu en terre Perpignanaise, qu'il ne connaissait qu'à travers l'achat de l'hôtel particulier des Guardiola, mijotait. Il répondit néanmoins positivement à la requête de Jaume, en s'en tenant au minimum requis. Ces contacts ayant été pris, celui-ci avait une réponse et une proposition à faire à Béatrix.

Au sujet de son projet de commerce avec la Sicile, Barcelone et l'Aragon, plusieurs éventualités se présentaient à lui. Il disposait d'un navire de charge à Collioure qui n'attendait que du fret. Il disposait d'un équipage aguerri capable de naviguer. Il lui manquait de s'accorder avec des fournisseurs de marchandises perpignanaises sur lesquelles il serait possible de faire une marge confortable à la revente à l'étranger. À cette époque une marchandise semblait pouvoir satisfaire à ce projet, à savoir les draps et tissus catalans, fabriqués avec talent par les artisans de Perpignan. Les différents intervenants artisans étaient le fileur « ordidor », le tisserand « tixador », le pareur[81] « parayre » puis le teinturier « tintorer ». Ce dernier utilisait des plantes tinctoriales : garance, pastel, gaude… qui permettaient d'obtenir, en les mélangeant, toutes les couleurs possibles. Cela dans des ateliers qui se situaient essentiellement à Perpignan.

C'est, en effet, au XIIIe siècle que les Perpignanais commencèrent à fabriquer eux-mêmes le tissu brut.

Une nouvelle activité qui développait l'élevage de moutons et multipliait les emplois dans toute la région. À cette époque les tissus étaient directement vendus par les marchands catalans dans les comptoirs qu'ils avaient établis un peu partout autour de la Méditerranée. Les tissus étaient fabriqués à partir de lin, de laine ou de velours. Ils se reconnaissaient facilement, car ils étaient souvent composés de couleurs vives à tendance chaude (jaune, rouge). Un fond uniforme était barré de rayures de dimensions et de couleurs différentes. Souvent la même succession de couleurs revenait tout au long du tissu. Pour éviter la contrefaçon, un label avait même été créé. Chaque tissu catalan se voyait donc estampillé d'une marque de fabrique qui en authentifiait l'origine. Suite aux Vêpres siciliennes de 1282, les Français partirent en croisade contre les Catalans, et notamment ceux du royaume d'Aragon (suite à la conquête de la Sicile). Ce fut un coup dur pour les tisserands catalans, car les taxes d'exportation vers la France se multiplièrent. Pour survivre, ils durent augmenter la cadence de fabrication et acheter de la laine de haute qualité en Afrique du Nord et en Angleterre. Les iles Baléares se lancèrent également dans la production en 1304, sous la tutelle de Perpignanais avisés.

Le contexte était donc favorable à l'exportation en Méditerranée pour les draps et tissus catalans.

Jaume prit contact avec les artisans de Perpignan intéressés par son initiative. Sachant qu'il importait de leur inspirer confiance en commandant d'importantes quantités de draps et de tissus, en se faisant financer par des banquiers, puisque cela supposait une importante avance d'argent (trésorerie). En outre, il était essentiel que les divers artisans respectent un calendrier précis afin d'organiser des expéditions à date fixe.

Une autre question se posait à Jaume, à savoir celle du chargement en retour. Il avait une bonne idée de ce qui pouvait se vendre en Sicile et de ce qu'il pouvait ramener en retour pour le revendre à Perpignan à Barcelone et en Aragon. En revanche, il lui fallait prendre des contacts avec les Catalans du sud, notamment les charcutiers spécialistes de salaisons ainsi que les armuriers fabriquant de coutelas et armes blanches diverses, domaines dans lesquels ils excellaient, afin de ne pas revenir à vide de Barcelone. La stratégie commerciale basée sur une activité enracinée à Perpignan et un port d'attache à Collioure lui paraissait cohérente et prometteuse. Ainsi se dessinait en Catalogne son avenir d'homme d'affaires inspiré des pratiques des marchands de Venise et de Gêne qu'il avait eu l'occasion de rencontrer en Orient.

Avant de retourner voir Béatrix il partit une journée à Collioure s'entretenir avec son équipage afin de les mettre au courant de son projet. L'idée de naviguer avec du fret sur un triangle Collioure, Barcelone, Messine, les séduisit. Il importait cependant de former un collaborateur, un second de confiance, pour le remplacer, car il n'avait pas l'intention de passer sa vie en mer. Il avait sa petite idée là-dessus, mais ce n'est qu'avec le temps que cela pouvait se confirmer. Il leur proposa donc de faire une expédition exploratoire d'ici un mois (fin août 1306) afin de disposer de suffisamment de draps et de tissus catalans. Il leur demanda entretemps de veiller au navire et à son entretien en assurant les quarts de façon stricte.

Dans son esprit les choses prenaient corps, mais il fallait procéder par ordre. Il revint à Perpignan après une nuit passée sur le bateau. Arrivé rue de la Bourse il entra à cheval par la porte cochère que le gardien ouvrit après l'avoir reconnu, et s'installa dans ses appartements pour se détendre après son déplacement à Collioure. Dans la soirée, un repas frugal avalé, il alla se coucher en prévision de sa nouvelle visite à Béatrix.

Le lendemain à l'aube, il fit seller son cheval et partit avec quelques provisions de route.

Il se dirigea vers Pézilla de la rivière et Saint Feliu d'Avall par un chemin qui longeait la rivière « Têt » et remonta sur Corbère.

Une fois arrivé, il fut accueilli avec enthousiasme, car devenu « persona grata ».

Les domestiques le firent entrer, lui prirent son cheval qu'ils encordèrent à un anneau fixé dans le mur et le firent entrer au salon de chasse.

Il se mit à l'aise et s'installa près d'une croisée ensoleillée. Quelques minutes plus tard, Béatrix le rejoignit, sourire aux lèvres, l'embrassa avec amour et lui déclara :

— Jaume chéri, j'attendais ton retour avec impatience, depuis l'autre jour je ne pense qu'à toi.

— À ce point ? ironisa-t-il gentiment.

— Tout à fait. Maintenant que je te connais, le temps me paraît long à Corbère sans toi. Même si je m'occupe avec la couturière à préparer de nouveaux habits, ça ne me suffit plus.

Rassuré sur les intentions de Béatrix il lui proposa de s'asseoir à table pour boire un rafraichissement.

— Ça tombe bien, lui dit-elle, nous avons reçu de la glace du Canigou que nous conservons dans « *nostre pou de gel* » (notre puits de glace). Nous allons pouvoir boire du vin blanc frais de la dernière récolte.

Jaume trouva l'idée excellente, lui qui n'y avait jamais goûté. Ils se désaltérèrent ainsi un long moment et il en profita pour la tenir au courant de ses démarches auprès des notaires d'Elne et de Perpignan.

— Tu ne perds pas de temps ! Avec toi les choses avancent ! J'attends une solution depuis un an et avec toi la solution de régie est envisagée en quelques jours !

— J'ai appris à agir vite, car pour un soldat le temps est précieux. Laisser traîner est synonyme d'inefficacité et de confusion. J'aime que les choses soient claires.

— Et pour ce qui nous concerne tous les deux, comment vois-tu notre avenir ?

— J'y ai réfléchi. Au-delà de notre accord relatif à la gérance de la seigneurie pour laquelle j'ai besoin d'un mandat officiel pour agir selon les règles en usage, quelle que soit la suite vis-à-vis du personnel et vis-à-vis de toi, le reste est à décider avec toi.

— Comment ça, tu me places en second après le fermage ?

— Pas du tout, tu n'y es pas. J'ai réfléchi ces jours-ci à notre avenir, mais c'est sous réserve de ton accord.

— Qu'est-ce que tu veux dire par là ?

— Penses-tu que nous puissions nous marier dans le futur ? Envisager des fiançailles est-il possible ? Es-tu sûre que tes parents approuveront ? Étant homme libre, je ne suis pas noble et pas de ton milieu, ce qui ne manquera pas de soulever des problèmes d'alliance. Perpignan est une ville où tout le monde se connaît ; rentrer dans le cercle des nobles est compliqué. En revanche, je peux prétendre avec mes projets être accepté dans la bourgeoisie dans peu de temps.

— Tu sais, mon cher Jaume, mes parents, les Pons de Vernet, ont casé tous leurs enfants et notamment mes frères en réalisant des alliances importantes avec les comtes de Barcelone et les princes d'Aragon. À leurs yeux, étant la petite dernière, ils se sont montrés moins exigeants, sachant aussi qu'il leur importe que quelqu'un de sérieux s'occupe de la seigneurie et reste auprès d'eux le plus possible, car ils sont vieux maintenant. Je crois que si je te présente à eux dans quelque temps, à la fin de ma période de deuil d'un an qui est proche, ils ne me refuseront pas cette faveur, car tu pourras leur montrer que tu n'es pas dans le besoin et que tu peux diriger la seigneurie.

— Je patienterai le temps qu'il faudra.

Rassuré par cette réponse, Jaume ne dit rien au sujet de son projet de commerce maritime encore hypothétique qui aurait pu peser en sa faveur dans la balance. Ils poursuivirent alors leur conversation sur un ton plus badin et se mirent à flirter. Le personnel s'était retiré discrètement de la salle pour éviter de les gêner. Un peu plus tard ils décidèrent de se promener à cheval afin de poursuivre la visite de la seigneurie et de rencontrer les principaux fermiers du domaine pour faire le point sur les activités. L'après-midi se poursuivit en palabres avec les uns et les autres.

Jaume apprit quels étaient les principaux problèmes et attentes en matière d'élevage, de travail forestier et de récoltes à venir, notamment pour la vigne. Le soleil se couchant ils rentrèrent au château, se réservant les ébats amoureux pour la nuit.

Jaume resta ainsi quelques jours avec Béatrix afin de juger de leur compatibilité. Il se sentait beaucoup moins sur la réserve que les premiers jours, à la plus grande satisfaction de la châtelaine.

Dans les jours qui suivirent, il proposa à Béatrix de se rendre à Elne pour rencontrer le « *scribania publicus* » de l'évêché afin de préparer un acte le désignant régisseur. Elle acquiesça et il fut convenu que ce serait un lundi matin. Le lundi suivant, ils partirent donc de bon matin avec leurs deux chevaux côte à côte pour le rencontrer. Ils chevauchèrent toute la journée et, dans l'après-midi, passèrent à proximité du Mas Déu situé sur la paroisse de Trouillas. Pendant la traversée du village, Jaume, par crainte d'être reconnu, se couvrit la tête avec une capuche, comme un religieux. Certes, se disait-il, je n'ai rien à craindre, mais se sentant mauvaise conscience à l'égard des templiers qu'il avait abandonnés et qui l'avaient « excommunié », il préférait la discrétion et surtout ne pas éveiller la moindre excitation vengeresse. Béatrix lui ayant fait remarquer sa mascarade, il lui répondit :

— C'est par simple prudence ! Ne t'inquiète pas !

Ne donnant pas suite à la conversation elle ne fut pas pour autant convaincue de la réponse.

Parvenus à Elne dans la soirée, il éprouva un certain soulagement. Et, la journée ayant été longue, il s'enquit de trouver une auberge pour la nuit. À l'entrée de la ville, ils trouvèrent enfin un « hostal » (une auberge) réservé aux voyageurs. Ils ne purent discuter le choix, car il ne restait qu'une seule chambre disponible. Après un repas à base de soupe, de charcuterie et de fruits, le tout arrosé de vin rouge, ils allèrent se coucher, ayant hâte de se reposer.

Le mardi matin ils se rendirent à l'évêché proche de la cathédrale d'Elne. Ils demandèrent à rencontrer le « *scribania publicus* » pour lui faire part de leur volonté de rédiger un contrat de fermage.

Ce dernier les reçut avec amabilité et courtoisie. Connaissant les parents de Béatrix pour lesquels il avait été sollicité à différentes reprises, il se montra très serviable et bienveillant à son endroit. À l'égard de Jaume, en revanche, il se montra beaucoup plus réservé et méfiant. Il lui posa au préalable différentes questions sur ses origines, sur ses biens et sur ses activités. Jaume lui révélant son épopée en Orient et son acquisition récente à Perpignan, il manifesta son étonnement. Pour en justifier l'acquisition, il dut lui faire part des activités qu'il avait développées en Sicile et des propriétés agricoles qu'il avait acquises là-bas, après avoir combattu avec les Almogavres pour le compte du roi Frédéric de Sicile au cours des dernières années, avant de rentrer en Roussillon. N'ayant jamais quitté Elne, le « *scribania publicus* » comprenait mal toutes ces péripéties qui dépassaient son horizon. Sommé au bout d'un moment par Béatrix d'en venir à l'objet de leur visite, il proposa de préparer un contrat après avoir récupéré auprès de son homologue de Perpignan les actes de propriété relatifs à la seigneurie de Corbère. Il leur demanda un délai de quinze jours afin de faire le nécessaire. Ils fixèrent ainsi un rendez-vous avant la fin du mois d'août, un mardi matin.

Quittant le notaire ils revinrent à l'auberge récupérer chevaux et bagages et repartirent sur Corbère. Chemin faisant Béatrix, qui avait appris avec surprise qu'il venait d'acquérir un hôtel particulier à Perpignan et qu'il possédait des propriétés agricoles en Sicile, demanda à Jaume des éclaircissements. Cela lui paraissait bizarre qu'il n'en ait rien dit auparavant.

Gêné par cette omission, Jaume lui expliqua que, revenu d'Orient avec un important pécule et de la marchandise de valeur, acquise au fil des ans au service de Roger de Flor, il ne se voyait pas débarquant à Camélas chez ses parents qui n'auraient pas compris. Il fallait absolument ranger cette marchandise en un lieu sûr et rester discret sur sa fortune, d'où l'acquisition d'un hôtel. Concernant ses propriétés en Sicile il lui expliqua son long séjour au service du roi Frédéric et la nécessité pour lui de se prémunir contre les aléas militaires et le banditisme une fois la guerre finie.

— Que comptes-tu faire avec tout ça ? osa-t-elle lui demander.

— Je compte m'installer à Perpignan et, si tu confirmes ta volonté de me confier le fermage de Corbère, de m'y rendre chaque semaine tout en ayant désigné un second à demeure pour assurer une présence continue.

— Tu penses décidément à tout lui répondit-elle.

— J'ai appris à être prévoyant en commandant des Almogavres au combat se justifia-t-il.

— Et avec la Sicile ?

— Je compte y retourner dans quelque temps pour céder mes propriétés aux fermiers actuels et récupérer le fermage qu'ils me doivent depuis trois ans.

— Et pour notre avenir ?

— Si tes parents sont d'accord, dans quelques semaines nous annoncerons nos fiançailles et nous nous marierons au printemps prochain.

— Où ça ?

— Où tu voudras. Soit à Corbère, soit à Perpignan. À toi d'en décider.

Ces réponses l'ayant convaincue, elle ne put s'empêcher de lui demander :

— Pourquoi, avec une pareille fortune prendre une seigneurie en gérance ?

— Je ne me vois pas rester inactif, le métier de soldat n'est plus de mon âge et je veux vivre au pays. De plus ma fortune actuelle va fondre si je reste sans revenus.

Bien que rapides, ses explications lui parurent sincères et contribuèrent à la rassurer.

En fin d'après-midi, ils arrivèrent au château, un peu fourbus par le trajet à cheval. Ils se rafraichirent et se mirent à l'aise en cette fin de journée d'août. Puis, ils décidèrent de manger dans la cour une grillade au feu de bois composée de saucisse de porc et de côtelettes d'agneau. La fumée et l'odeur de la viande grillée les mirent en appétit. Lorsque la servante vint les prévenir que tout était prêt, ils s'installèrent à table et remplirent leurs chopes.

Ce fut un moment de détente réparateur. La conversation reprit au sujet du mariage qui, pour Béatrix était essentiel. Elle lui proposa de l'accompagner lors de son retour à Perpignan, afin de rencontrer ses parents et de les entretenir de cette perspective.

— Il importe que je leur en parle au plus tôt, car ils risquent de vouloir réfléchir par principe.

— Tu es toujours partante ? plaisanta-t-il.

— Comment ça, tu as déjà des regrets ?

— Pas du tout ! Je m'amusais.

Il fut ainsi convenu que le surlendemain ils se rendraient à Perpignan passer quelques jours, et que Béatrix le présenterait à ses parents.

Arrivés à Perpignan, ils se rendirent directement rue de La Bourse, à l'hôtel de Jaume. Une fois les chevaux remis au palefrenier, il fit visiter la demeure à Béatrix, étonnée qu'il ait pu acheter aussi vite une pareille bâtisse déjà meublée et habitée de domestiques.

— C'est un superbe hôtel lui dit-elle. Je passais devant tous les jours pendant des années en me rendant chez ma préceptrice.

Elle pensa que Jaume lui cachait des choses. Il fallait en effet beaucoup d'argent pour posséder un tel immeuble.

— Mes parents connaissaient l'ancien propriétaire,

Joaquim Guardiola. Je ne savais pas qu'il avait vendu.

— Il est parti vivre à Gérone, auprès de ses enfants, après le décès de sa femme, lui expliqua-t-il.

Intérieurement, Béatrix pensa que ses parents verraient d'un bon œil la possession par Jaume de cet hôtel en pleine ville, gage d'une certaine position sociale, et que cela pourrait faciliter les choses. Ils s'installèrent dans le salon après l'avoir visité et il demanda au cuisinier de leur préparer un repas. Béatrix fut étonnée de l'aisance de Jaume qui, bien que d'origine modeste, commandait le personnel avec assurance.

Le lui ayant fait remarquer, il répondit :

— Ce sont mes années de commandement et de contact avec les officiers et hommes du rang qui ont certainement facilité cet apprentissage.

En définitive Béatrix le trouvait plutôt proche de son milieu où on avait l'habitude de commander, ce qui expliquait pourquoi ils se comprenaient aussi bien.

Le repas étant terminé, elle décida de se rendre au Vernet, seigneurie proche de Perpignan, pour visiter ses parents. Elle fut reçue avec joie, bonheur et étonnement.

— On ne t'attendait pas de sitôt, lui dit sa mère. La dernière fois que nous nous sommes vus, c'était à Corbère où tu nous as dit que tu aurais enfin la tranquillité dont tu avais besoin après le décès de ton époux que tu n'avais jamais aimé.

— Depuis, le temps a passé et j'ai des nouvelles à vous annoncer.

— Ah bon ! Et de quoi s'agit-il ?

— J'ai trouvé quelqu'un pour s'occuper de la seigneurie,

quelqu'un qui de plus veut m'épouser.

— Holà ! répondirent ses parents de concert. Ça fait beaucoup en une fois !

— Je vais vous expliquer.

Elle relata sa rencontre avec Jaume dont elle était tombée amoureuse et qui était quelqu'un de bien sous tous rapports. Elle évoqua la perspective d'un fermage ; justifia son expérience du commandement militaire et enfin les qualités humaines qu'il portait en lui. Bref, elle en parla avec un enthousiasme débordant qui inquiéta ses parents, habitués à la prudence et à la réflexion.

— S'il est si bien que ça, il faudra que tu nous le présentes, suggérèrent-ils de concert.

— Il est à Perpignan où il vient d'acquérir l'hôtel des Guardiola.

— L'hôtel des Guardiola, rue de la Bourse ?

— Oui ! Cela ne fait que quelques jours, car Joaquim Guardiola est parti vivre à Gérone.

— On me l'avait dit se souvint le père, mais je croyais que c'était un simple projet. C'est surprenant, mais si c'est vrai il n'y rien à dire de plus.

La conversation se poursuivant, il fut convenu qu'elle viendrait dîner avec Jaume le lendemain soir. Elle les quitta donc en fin d'après-midi pour le rejoindre avec cette invitation dans la tête. En l'apprenant, il fut étonné d'une telle rapidité, mais ravi de voir que Béatrix prenait les choses en main. Le lendemain après s'être promenés en ville, rendus au marché et avoir fait un détour par la rue des tisserands et des drapiers, ils retournèrent rue de la Bourse se préparer pour le repas du soir.

Béatrix choisit des vêtements raffinés et Jaume ce qu'il avait de mieux dans sa garde-robe d'aventurier : une cape de cuir légère, des pantalons amples en tissu de lin, et aux pieds des bottes noires montantes achetées dans la matinée rue des tanneurs. Partis à cheval depuis le centre-ville, ils furent vite rendus au Vernet, distant d'une demi-lieue.

Ils étaient attendus. L'hôtel des parents était illuminé par des torchères de part et d'autre de la porte cochère et plusieurs valets chargés de les accueillir se tenaient à l'entrée intérieure.

Ils descendirent de cheval dont ils confièrent les rênes au personnel. Puis ils gravirent ensemble l'escalier et parvinrent dans un salon décoré avec faste et éclairé avec soin par d'autres torchères. Jaume en fut impressionné. Il comprit qu'il avait affaire à la grande aristocratie catalane perpignanaise.

Après un bref instant, les parents entrèrent dans le séjour où, après avoir embrassé leur fille, ils se tinrent devant Jaume, attendant qu'elle fasse les présentations :

— Je vous présente Jaume Bonaventure, de qui j'ai eu le plaisir de vous parler.

Puis :

— Jaume je te présente mon père, Louis Pons de Vernet, et maman, Mathilde Pons de Vernet.

Ces derniers répondirent en se déclarant ravis de faire sa connaissance. Après quelques amabilités supplémentaires, ils les invitèrent à passer à table.

Le repas fut excellent, et la conversation animée, marquée par la curiosité respective des convives. Louis Pons de Vernet interrogea Jaume sur l'acquisition de l'hôtel de son ami Joaquim de Guardiola. Il poursuivit par une série de questions sur la Palestine, les Templiers, et sur sa défection de l'ordre du Temple. Il voulut en savoir plus sur ses actions militaires avec les Almogavres et, sans oser poser de questions sur ses ressources, resta quand même étonné qu'un simple capitaine ait pu rassembler des moyens aussi importants pour acheter un hôtel bourgeois en centre-ville. Habile dans son argumentation, Jaume répondit de façon convaincante à cet interrogatoire, sans révéler l'essentiel. De leur côté, les Vernet exposèrent la répartition de la famille entre le Roussillon, l'Ampurdan et Barcelone. Ils parlèrent de leurs deux fils, du veuvage récent de Béatrix et de leur volonté de la voir heureuse avec quelqu'un de son milieu dès que cela serait possible.

Sans formuler la moindre réponse aux questions en suspens qui concernaient Jaume et Béatrix, on se sépara en promettant de se revoir.

Jaume repartit seul, et Béatrix resta chez ses parents pour la nuit afin de sauver les apparences.

Dès le lendemain matin au lever, elle entreprit de questionner sa mère et de recueillir ses réactions. Celle-ci se montra enchantée et sous le charme de l'impétrant.

Néanmoins, elle lui dit :

— Il faut que j'en parle à ton père qui, à mon avis, voit en Jaume un aventurier.

— Ah bon ! répondit-elle, déçue du commentaire.

Ne souhaitant pas en entendre davantage, elle repartit sur Perpignan retrouver son logement rue de la Barre afin de s'y installer en attendant la suite des évènements.

De son côté, son père s'étant rendu à un rendez-vous matinal avec son régisseur ne revint qu'en fin de journée. Le soir venu se retrouvant à table en couple, ils reparlèrent de Jaume.

— C'est un beau garçon, dit-il, un type très bien, il plaît à Béatrix, il a du bien. Il est même trop bien. J'ai un doute sur l'origine de sa fortune.

Cette phrase résumait l'essentiel de sa pensée. La mère rétorqua que Béatrix avançait en âge, qu'elle avait passé le cap des trente ans, que l'occasion était à saisir, car sur Perpignan peu de bons partis de son âge étaient disponibles. Elle ajouta même :

— Si on la force à nouveau on va se retrouver avec quelqu'un qu'elle n'aimera pas et à qui elle mènera une vie infernale, comme à son défunt mari.

— Tu as raison, mais laisse-moi quelques jours de réflexion, lui demanda Louis de Vernet, j'ai besoin d'en savoir plus.

Sans en dire plus ils se comprirent.

Pendant la semaine qui s'écoula, Louis Pons de Vernet prit contact avec un service de filature auquel il avait eu recours à différentes reprises sur Perpignan, à qui il demanda de se renseigner discrètement sur Jaume auprès de la commanderie du Mas Déu, de la vicomté de Castelnou et du curé de Camélas.

Quelques jours plus tard, il eut connaissance des conclusions. Les rapports que les enquêteurs lui firent étaient mitigés. De Castelnou le retour était excellent, de Camélas il était élogieux, seul le retour du Mas Déu était négatif, car Jaume figurait sur la liste des déserteurs et des « excommuniés », accoquiné qu'il avait été à un aventurier sans foi ni loi. La seule inconnue concernait ses agissements en Orient et en Sicile après qu'il eut rejoint Roger de Flor. Le père de Béatrix n'en fut pas étonné. Il se souvint à ce sujet que Jaume ne s'en était pas caché, suite au désastre de Saint-Jean-d'Acre et à l'effondrement des troupes du Temple.

Son épouse une fois informée, ils se donnèrent quelques jours de plus avant de donner une réponse définitive à Béatrix et Jaume.

Après la messe du dimanche suivant, ils se concertèrent une dernière fois avant de trancher. Ils convinrent alors de concert d'une réponse positive, car non seulement un refus aurait pu plonger Béatrix dans un état de marasme irréversible, mais pire, elle aurait pu braver ses parents et vivre dans le péché avec Jaume au vu et au su de tous.

Noblesse oblige, ils convoquèrent leur fille par un messager pour lui annoncer la nouvelle.

Ils lui proposaient de venir diner[82] le dimanche suivant.

Elle se rendit à l'invitation où, voulant ménager le suspense, son père attendit le dessert pour lui annoncer sa réponse :

— Au sujet de votre projet de fiançailles entre Jaume et toi, après réflexion avec ta mère nous avons décidé de donner notre accord ! C'est un homme beau et intelligent, certainement travailleur et tenace, mais il faudra que tu restes prudente, car nous ne savons pas tout de lui. C'est un aventurier capable de mener plusieurs affaires de concert. Ce qui plaide en sa faveur c'est son expérience, son courage et son sens du devoir. Pour le reste à la grâce de Dieu !

— Merci père ! Oh, que je suis heureuse ! répondit-elle, pleurant de joie et de soulagement.

Ce qu'elle espérait le plus depuis sa première rencontre avec Jaume allait pouvoir se réaliser. La nuit étant avancée, elle resta dormir chez ses parents. Le lendemain matin, elle repartit à cheval, espérant trouver Jaume à son hôtel pour lui annoncer la nouvelle.

Il s'était absenté et devait rentrer sous peu, selon son gardien. Elle s'installa donc dans le salon pour l'attendre. En fin de matinée Jaume revint à pied, les bras chargés de tissus très colorés. Surpris de la présence de Béatrix il déposa les tissus, l'embrassa avec fougue et s'installa sur une banquette pour se reposer :

— Ça pèse son poids, tous ces tissus de Perpignan !

— Que comptes-tu en faire ? s'étonna Béatrix.

Surpris par la question, il inventa une réponse plausible.

— Je compte égayer les murs et les banquettes de l'hôtel par des couleurs vives.

— Ah bon ! Je ne te connaissais pas encore ce goût pour la décoration.

— C'est sûrement une influence orientale.

La conversation sur les tissus étant épuisée, ils en vinrent à l'objet de sa visite. Elle lui déclara tout de go :

— Mes parents sont d'accord pour nos fiançailles et notre mariage !

— C'est magnifique ! répondit-il avec exaltation.

Lui aussi avait été dubitatif quant à l'issue de la réflexion des parents de Béatrix.

Il poursuivit :

— Eh bien maintenant, il va falloir organiser la suite. Et je crois que tu t'y connais mieux que moi, en ce domaine.

— Certes, mais de nombreuses questions doivent être réglées.

— Lesquelles ? répondit innocemment Jaume.

— Où la cérémonie se passera-t-elle ? Quand ? Et avec qui ?

Ayant le souvenir de noces entre paysans, à Castelnou et Camélas, Jaume n'avait pas anticipé le protocole nobiliaire et bourgeois, essentiel chez les parents de Béatrix. Elle entreprit alors de lui rappeler les usages de l'époque en matière de dot, de cortège, de préséance à l'église et à table…

N'ayant pas tout compris des aspects juridiques, Jaume suggéra de se rendre chez le « *scriba publicus* » pour se faire tout expliquer, car il connaissait le fermage, mais certes pas le système dotal.

Comme convenu lors de leur dernière visite, ils se rendirent donc le mardi suivant, à Elne, chez le notaire pour l'entretenir du projet de mariage et de celui de fermage.

Après les avoir entendus, il leur répondit :

— La dot est une possession sous contrôle marital, c'est-à-dire celui du mari. Même si la femme en est propriétaire de son vivant, le mari dispose sur elle d'un droit de gestion et d'un droit d'approbation en cas d'aliénation. En cas de décès du mari, la dot doit servir à la faire vivre, elle et ses enfants. Dans votre cas la dot est obligatoire pour rendre le mariage légitime. En clair, vous n'avez aucunement besoin d'un contrat de fermage, si vous vous mariez. En revanche, on doit rédiger un contrat de mariage pour préciser les apports et les possessions des conjoints.

— Ah bon ! répondit Jaume, surpris par la clarté de l'explication et déçu de sa propre ignorance.

— Le mariage règle tout ! conclut le notaire en martelant ses propos.

Informés et rassurés ils reprirent la route de Perpignan où ils parvinrent en fin de journée.

Jaume avait commencé à réaliser le poids du formalisme marital de l'époque féodale.

— Il ne nous reste plus qu'à organiser la suite, ce qui va prendre du temps, fit remarquer Béatrix.

— Combien de temps ?

— Neuf mois, au minimum.

— Comment ça ?

— Trois mois de deuil supplémentaires et six mois de fiançailles.

— Tant que ça ? Ne peut-on pas écourter ?

— Ça ne se fait pas !

— On va s'arranger. Pour éviter les ragots, je te propose de vivre à Corbère en disant que je suis le régisseur du domaine, en d'autres termes que je suis sous tes ordres. On s'installera ensuite à Perpignan après le mariage.

Ainsi fut-il décidé. Dès le lendemain, ils partirent s'installer à Corbère, elle châtelaine et lui régisseur officiel.

Se déplaçant constamment à cheval pour assurer ses nouvelles fonctions, il commença à se familiariser avec le personnel et avec les diverses propriétés agricoles. Se rendant au « Mas del Poll », proche de Castelnou, il renoua de vieux contacts amicaux avec plusieurs habitants des villages des Aspres. Le soir venu, il rentrait avec hâte rejoindre Béatrix qui veillait à préparer un bon repas ou à le superviser et à rendre l'intérieur du château plaisant et chaleureux.

Personne ne se formalisait de leur cohabitation même si des ragots égrillards circulaient dans la population environnante. Jaume avait affirmé son autorité auprès du personnel et la seigneurie reprenait du dynamisme.

Évoquant leur installation ultérieure à Perpignan, Jaume lui parla de contacts avec des fermiers de Camélas qui seraient capables de prendre son relais. Il pensait bien sûr à son fils naturel Jaumet, qu'il avait rencontré chez Rosette à l'occasion d'un repas et qui, nouvellement marié, avait la carrure et l'autorité pour diriger l'exploitation. Il s'en était entretenu en aparté avec lui, comme d'une éventualité, et avait compris qu'il ne refuserait pas si cela se confirmait.

Le temps passant, le terme des trois mois de deuil fut atteint en novembre. On put alors, avec l'accord des parents annoncer officiellement les fiançailles de Béatrix et de Jaume.

Cela fit jaser aussi bien à Perpignan qu'à Corbère, Camélas ou Castelnou. Les commentaires les plus fréquents faisaient ressortir : « Une mésalliance… », « Un arriviste intrigant… », « Un templier défroqué… » et parfois, mais plus rarement : « Un beau couple… », « Un conte de fées… », « Une belle histoire… ».

Ignorant les commentaires, ils avancèrent vers la nouvelle année 1307 en projetant le mariage au mois de juin.

Une fois les choses prises en main, sous la férule de Jaume, la seigneurie vit ses champs labourés, les écuries et les bergeries entretenues, les cortals animés et surveillés, les récoltes préparées et effectuées dans les délais. Bref, une autorité nouvelle régnait sur les terres de la seigneurie où on sentait un regain de dynamisme après une période de laisser-aller. Béatrix, de son côté, encadrait l'entretien des domestiques, avec le souci de maintenir le château décoré et agréable, dans le but d'y effectuer des réceptions et des animations.

On parla bientôt du renouveau de Corbère et des préparatifs festifs pour le mois de juin.

Pendant cette période ils invitèrent les notables voisins de Millas, de Bouleternère, d'Ille sur Têt, de Camélas et de Castelnou avec lesquels Béatrix entretenait des cousinages nombreux. Ainsi, Jaume se familiarisa progressivement avec les conversations de salon et les protocoles médiévaux catalans. Ils prirent même l'habitude de convier quelques musiciens et troubadours pour animer les repas. L'atmosphère du château était totalement transformée. Curieux, de plus en plus cultivé par les conversations, et initié par les conseils de Béatrix, Jaume se lia d'amitié avec la plupart des seigneurs du voisinage qui, méfiants au début, furent rapidement séduits par son expérience, sa sympathie et sa verve.

N'oubliant pas son projet de commerce maritime il se rendit plusieurs fois à Collioure[83] voir son second, Miquel Morat, et son équipage, momentanément au repos.

À l'occasion de ces visites, ils eurent plusieurs conversations destinées à mettre au point une stratégie commerciale. Et ils convinrent de réaliser un projet de commerce maritime par étapes.

Dans un premier temps, avec une cargaison de tissus et de draps catalans, ils se rendraient à Barcelone pour prospecter et vendre. Sur place, ils verraient alors ce qu'il était possible d'acquérir auprès des marchands barcelonais pour revendre en Roussillon (Perpignan), à Melgueil (Montpellier) et en Provence (Beaucaire ou Marseille). Plus tard, après le mariage de Jaume, ils se rendraient en Sicile, finaliser un projet de commerce plus large et régler avec la famille de Giovanni et sa fille Carla (les fermiers de Jaume) les arriérés et les emprunts.

Jaume, qui était déjà l'armateur, serait aussi le financier de l'opération. Il ferait au départ l'avance des tissus catalans et de la solde des douze marins et matelots. Si par la suite tout marchait bien les transactions devraient s'autofinancer. La règle de départ, en termes de marge, était la suivante : au minimum tripler le prix du stock, afin de couvrir les frais et tous les aléas. Il fallait donc connaître les prix de revente et transformer, une fois à terre, les marins en marchands en leur accordant une commission raisonnable sur les ventes. Miquel Morat, qui savait lire et écrire, tiendrait un livre de comptes qu'il remettrait à Jaume à chaque retour. Il fut donc convenu d'une règle simple. Se retrouver le premier de chaque mois à Collioure pour faire le point, après avoir fait un aller-retour de Barcelone et un aller-retour de Montpellier/Marseille. Le but était de tester la formule afin d'envisager la poursuite ou l'arrêt. Il fut donc convenu que Jaume apporterait une cargaison de tissus le 28 février 1307, afin de respecter le délai de fabrication exigé par les drapiers. Ils se séparèrent sur cet accord.

Après ce déplacement d'affaires, Jaume regagna Corbère où il arriva en fin de soirée pour retrouver Béatrix. Discret jusqu'ici sur son projet maritime, il lui relata sa rencontre avec Miquel Morat et son équipage et lui fit part de son association commerciale.

Éberluée par cette annonce, elle ne put s'empêcher de le questionner :

— Comment vas-tu faire face à toutes ces activités ? N'est-ce pas trop pour un seul homme ?

— Bien sûr que cela fera beaucoup. Mais je vais m'organiser en conséquence de façon à ce que tu n'aies pas à en pâtir.

— Comment ça ?

— J'aurai un assistant, un second de confiance dans chaque activité. Je n'aurai donc plus qu'à coordonner et je passerai la majorité de mon temps auprès de toi.

— Que Dieu t'entende ! répondit-elle sans trop y croire.

En son for intérieur, Jaume ne doutait pas de ses capacités, car ayant appris à organiser, à former et à déléguer, en sa qualité de soldat et de marin, il savait aussi contrôler et sanctionner si cela était nécessaire. Il comprenait toutefois que Béatrix puisse douter, elle qui méconnaissait tout du commerce, de la banque et de la mer…

Seigneur des Aspres et armateur

Les portes de la noblesse catalane sont souvent dans les affaires…

Au début du mois de février 1307, Jaume se rendit à Perpignan passer une commande importante auprès de drapiers situés rue des « parayres », afin de constituer la première cargaison du navire. Celle-ci devrait être prête avant la fin du mois.

Voulant s'assurer de la plus grande diversité et du plus grand choix possible, il commanda des lots de coloris et de tissages différents. Le 25 au matin, comme convenu, il arriva au dépôt pour en prendre livraison, après avoir rassemblé plusieurs transporteurs équipés de chariots et de bâches.

Le chargement fut rapidement opéré et bien arrimé sur trois grands chariots bâchés. Les attelages de deux chevaux étant répartis, il fut convenu de former un convoi qui gagnerait Collioure. Si tout allait bien on devrait y arriver le lendemain dans la journée. La route empruntée étant sinueuse, mal entretenue et parfois mal fréquentée, Jaume se fit escorter par l'un des gardes de son hôtel particulier et demanda aux cochers de s'adjoindre un assistant armé afin de faire face à de mauvaises rencontres éventuelles. Ils étaient donc huit hommes armés pour parer à toute éventualité. Après un dernier coup d'œil de vérification, le convoi démarra. Plusieurs haltes furent nécessaires, car les chevaux de trait se déplaçaient lentement. À la tombée de la nuit, ils avaient atteint la hauteur d'Elne. Ils décidèrent d'y bivouaquer et d'allumer un feu de camp, car le froid de la nuit était assez marqué. Après s'être restaurés et désaltérés avec un bon vin rouge, ils convinrent de tours de garde. La plupart dormaient quand, au milieu de la nuit, l'alerte fut donnée par un homme de quart. Un braconnier était en train de délier un colis sur le chariot le plus éloigné et s'apprêtait à l'emporter dans la nuit. Dormant habillés, la plupart des hommes furent vite sur le pied de guerre. Dès que le voleur fut repéré, il fut rattrapé à la course et rapidement neutralisé.

Il fut dépouillé en un tour de main. On lui prit son coutelas et ses chaussures, on le rossa de coups de pied et on le fit partir, dénudé, en courant dans la nuit. Le jour ne tardant pas à se lever, personne n'eut envie de se recoucher. On en profita pour déjeuner et boire une soupe chaude avant de redémarrer le convoi.

Après Elne, ils se dirigèrent vers Argelès qu'ils atteignirent sans incident vers midi. Après une pause ils repartirent, se rapprochant du littoral. En fin d'après-midi, ils se retrouvèrent sur les hauteurs de Collioure. Sous leurs pieds se trouvait un chemin sinueux et pentu à flanc de coteau qu'ils devaient emprunter pour rejoindre le port d'embarquement. La nuit étant proche, ils décidèrent de remettre la descente au lendemain matin, car les freins rudimentaires et les chevaux seraient fortement sollicités et des risques de glissade voire d'accident seraient élevés. Ils formèrent à nouveau un bivouac pour la nuit. Celle-ci étant tombée, ils furent visités par une patrouille de militaires en charge de la surveillance de la vallée entourant le port. Ils déclinèrent leur identité et indiquèrent le motif de leur déplacement. Le contrôle opéré, ils purent s'endormir tranquillement après s'être engagés à déclarer leur marchandise le lendemain aux autorités portuaires chargées de la douane.

Dès le lever du jour, après une rapide collation, ils attelèrent les chevaux et se mirent en formation de descente. Seul un cocher demeurait sur l'avant du chariot. Le second, situé à l'arrière, tenait fermement le levier de frein pour bloquer les roues afin de ralentir la descente. Il fut convenu que les chariots seraient espacés pour éviter les collisions. L'opération fut longue et délicate, et une âcre odeur de bois brulé, provoquée par le freinage se répandit autour d'eux.

Des craquements suspects se faisaient régulièrement entendre. Et une inquiétude palpable tenaillait les équipiers qui faisaient fréquemment des pauses pour récupérer de leurs efforts et laisser refroidir les freins. Au bout de quelques heures d'acharnement et de transpiration, on atteignit enfin le bas de la côte. Il ne restait plus qu'à longer la rivière traversant le village au pied du fort et à s'approcher du quai où se trouvaient les autorités maritimes et le bateau.

Jaume prit contact avec ces dernières pour déclarer sa

cargaison. Étant connu d'elles, depuis que son bateau était au mouillage avec un équipage à demeure, il s'acquitta des droits exigés et repartit rapidement rejoindre les chariots stationnés devant le navire, qu'il avait baptisé « La Tramontane ». Retrouvant Miquel Morat et ses équipiers, ils s'embrassèrent chaleureusement, contents de se retrouver et de voir que les choses avançaient enfin après une si longue attente. La cargaison des trois chariots les impressionna, tant par la quantité que par la qualité de leur contenu. Ils étaient en possession d'une marchandise de valeur de laquelle il serait possible de tirer un gros bénéfice. L'intérieur du bateau comportant des cales surhaussées, ce qui permettait une aération du fond et de la quille lestée par des plaques de plomb à trous, les tissus seraient hors d'eau et protégés de l'humidité.

Pour fêter l'évènement, ils se rendirent dans une taverne du port, pour boire quelques verres d'un vin corsé produit sur les coteaux environnants. Les accords entre Jaume et Miquel étant conclus et paraphés, ils convinrent de se séparer et de se retrouver le mois suivant à la date convenue à Collioure, au même endroit. Chacun repartit donc de son côté : les attelages de chariots vides vers Perpignan, Miquel et ses matelots vers « La Tramontane » et Jaume, à cheval, en direction de Corbère.

Chemin faisant, il fit le point sur sa situation. Il s'estimait plutôt satisfait par l'évolution des évènements. Son trésor était en lieu sûr, son hôtel à Perpignan lui donnait un statut de notable bourgeois, sa liaison avec Béatrix était solide, sa relation avec la vicomté de Castelnou et les chanoines de Saint Ruff était apaisée, son lien avec le Mas Déu se traduisait aujourd'hui plutôt par de l'indifférence et de l'oubli, car la période de bannissement remontait à plus de quinze années (1291). C'est tout au moins ce qu'Arnau de Caixas, qu'il avait eu l'occasion de rencontrer depuis son retour, lui avait laissé entendre.

Il se sentait d'autant plus serein, d'ailleurs, que l'aura des chevaliers du Temple n'était plus aussi forte dans l'opinion. Sa dernière opération d'armateur, bien que risquée, était prometteuse, car sa relation avec Miquel Morat, natif de Collioure, lui paraissait solide. Sur un plan personnel, âgé de 46 ans, il se sentait en forme et capable d'assumer les charges de Corbère et de Collioure.

Arrivé tranquillement au château, il fut reçu chaleureusement par Béatrix. Après des embrassades amoureuses, il lui relata les évènements, les accords conclus et le calendrier établi avec Miquel Morat. Il se justifia en lui disant :

— Si la seigneurie rapportait moins un jour, les gains commerciaux liés au négoce maritime pourraient les compenser.

— Tu vois loin lui dit-elle, parfois ça m'inquiète, car je te sens ailleurs par la pensée.

— Mais tu vois bien que je m'absente peu et que je reviens vite. Sois rassurée !

— C'est vrai, mais je préférerais te voir plus souvent encore.

Le temps s'écoulait et le rythme des activités de Jaume ne variait pas beaucoup. Tous les mois il se rendait à

Collioure, faire le point sur les affaires et décidait ensuite, avec Miquel, des approvisionnements à rassembler sur Perpignan.

La première cargaison avait rencontré un franc succès à Beaucaire et à Lattes/Montpellier. Le contact avec Barcelone qui avait suivi avait été, lui aussi, excellent. Après avoir soldé le reste des tissus, Miquel avait acquis un stock d'armes blanches de grande qualité (coutelas, poignards…) fabriquées par des forgerons catalans proches de Barcelone, mais aussi des arcs et arbalètes en bois d'if provenant d'Aragon, ainsi que des sacs de blés arrivant de Valence.

Il avait également appris qu'un commerce important portant sur le coton se développait entre Trapani en Sicile et Barcelone. Cette nouvelle titilla fortement Jaume qui vit là une éventuelle occasion de retourner à Messine afin d'établir un lien commercial durable et de se défaire de ses propriétés agricoles, tout en sachant que cela était prématuré. Les échanges entre Barcelone, Collioure et la Provence (Beaucaire[84]) étaient satisfaisants. La clientèle des négociants était fidèle, les fournisseurs tenaient parole. Seuls les caprices du temps pouvaient lui nuire. En fait, les pertes, suite aux retards ou aux avaries, n'étaient jusqu'ici que limitées. Encouragé par les résultats, Miquel poussait à l'acquisition d'un second navire de charge. Prudent, Jaume attendait que les choses se confirment sur la durée avant d'aller plus loin.

Parallèlement à l'activité maritime, la date du mariage se rapprochait. Des préparatifs qui mettaient Béatrix en effervescence. Il fallait convenir de la liste des invités, réfléchir à la composition du cortège et organiser avec les curés la célébration de la messe dans la chapelle du château, sachant que sa capacité d'accueil ne permettait pas de laisser rentrer tout le monde. Bref cela générait un casse-tête important, compte tenu des exigences protocolaires des parents de Béatrix, les Pons de Vernet, grande famille catalane. Un autre problème délicat était posé par les parents et amis de Jaume qui n'étaient, pour la plupart, que de simples paysans de Camélas ou de Castelnou, si l'on exceptait Jordi de Prunet. Après moult discussions avec les parents de Béatrix, une solution fut adoptée. La plupart des seigneurs des Aspres, de Millas, d'Ille-sur-Têt, de Bouleternère seraient invités (une soixantaine avec conjoints et enfants), les proches des Pons de Vernet dispersés dans le Roussillon également (une soixantaine avec conjoints et enfants), la famille et les amis de Jaume (une quarantaine avec conjoints et enfants) sans compter les habitants de Corbère (une cinquantaine) qui seraient conviés à la fête après le banquet. Bref, cela constituerait un rassemblement important pour lequel les préparatifs, religieux, culinaires et festifs seraient un vrai défi. Il fut donc convenu de recruter cuisiniers, pâtissiers, couturiers, artistes danseurs et musiciens pour l'occasion.

Ayant prévenu ses parents, Jaume eut à faire face à quelques réticences familiales liées à leur origine sociale et à leurs faibles moyens. Il trancha rapidement pour les rassurer.

— Ça n'est pas notre milieu ! Qu'est-ce qu'on va bien pouvoir se mettre ? dirent-ils en cœur.

— Ne vous tracassez pas ! Je m'en occuperai, les rassura-t-il.

Il embaucha un « sastre » (tailleur) et un « modista » (couturier), chargés d'habiller toute la famille au mieux. En un mois tous les vêtements (hommes, femmes et enfants) furent confectionnés et la famille Bonaventure fut prête à affronter l'épreuve. S'étant rendu chez son amie Rosette, aujourd'hui veuve, chez laquelle il avait retrouvé son fils naturel, maintenant marié, il leur offrit la même possibilité. Après quelques réticences liées à la pudeur, ils acceptèrent sa proposition. Ainsi tous ses proches seraient-ils vêtus de manière convenable pour la cérémonie de juin.

Sur le plan religieux, il fut convenu de rassembler deux prêtres de paroisses voisines, ignorant le passé de Jaume, pour assister en son office le curé du château, cela afin de ne pas soulever un risque d'empêchement, même si le repentir, assuré par la confession régulière de Jaume, pouvait toujours être invoqué[85]. Les bans ayant été publiés sur toutes les portes d'église de la seigneurie, jusqu'au dernier moment Jaume fut attentif à ce qu'aucune dénonciation malveillante (médisance) ne vienne ternir l'évènement nuptial ou ne génère un scandale. Le contexte de jalousie suscité par ce mariage pouvait en effet conduire dans les Aspres, où les rancunes étaient solides entre familles cousines, à des délations incontrôlables.

Le jour de la cérémonie arriva sans incident. Très tôt le matin, chacun s'affaira. Les domestiques et les extras dressèrent les tables des convives, en les ordonnant sous la forme d'un grand « U ». Dans la cuisine, où la cheminée flambait abondamment, les préparatifs de gibiers, volailles, cochons et agneaux allaient bon train. Du four situé à proximité de l'âtre émanait une odeur de pain frais, de tarte et de flan.

Dans la salle à manger, les barils de vins de qualité, rouges et blancs, mais aussi d'hydromel étaient disposés contre le mur. À leur côté, de grandes corbeilles de fruits de saison et de grands bouquets de fleurs assuraient une décoration des plus réussies. Sur les murs, des tapisseries de bonne taille, situées de part et d'autre de la grande cheminée d'apparat, étaient suspendues. Plusieurs trophées de chasse, hures de sangliers, bois de cerfs et d'isards notamment, trônaient ostensiblement. Ils étaient accompagnés de râteliers supportant des lances, des épées et des poignards. L'ensemble composait le décor attendu dans un château médiéval catalan où la chasse et le décorum comptaient beaucoup. Au-dessus des sièges réservés aux futurs époux, un majestueux christ en croix, sculpté dans du chêne, ressortait sur un fond de tapisserie rouge grenat marquée à ses pieds de quatre barres d'or brodées rappelant les armoiries et les couleurs catalanes (sang et or).

Au-delà du respect des préséances, liées au rang d'appartenance, aux choix des invitations diverses et à la composition du cortège de mariage, pour lesquels interféraient la famille Pons de Vernet et les futurs époux,

Béatrix et Jaume souhaitaient respecter le rite médiéval du mariage. Ce rite se décomposait en quatre étapes : la toilette de l'épouse, celle de l'époux, la cérémonie, puis, pour finir, une grande fête où familles et amis se retrouvaient.

L'église du village n'était pas loin ; ses cloches tintèrent dans la vallée. Les futurs mariés avaient décidé de s'y rendre à cheval. Le cortège s'organisa devant la poterne. En tête, s'avança un groupe de jongleurs, suivi d'un orchestre composé de « viola antiga » (vielles), de « flauta » (flûtes) et « d'arpa » (harpes) qui mêlaient leurs sons. Les joueurs étaient de belle humeur et entraînants.

Béatrix avait choisi pour sa jument, à la robe noire magnifique, un superbe harnachement. La selle était ornée d'incrustations de cuivre et d'argent aux armes des Vernet, et la couverture d'appoint était en samit écarlate. Sur le frontail éclatait une escarboucle qui passait pour préserver de toutes les maladies. Le poitrail était muni de trente grelots d'argent qui tintèrent quand la bête se mit en marche.

Derrière elle se tenait le fiancé, bien campé sur son palefroi qui piaffait, sa selle décorée de fleurettes d'azur. Ses chausses en cuir de Cordoue étaient rutilantes.

Près d'eux se tenaient le père de Béatrix puis, deux par deux, trois par trois, les parents et les amis, revêtus de costumes d'apparat. Tout le long du chemin, les seigneurs, les vassaux, les paysans et les bourgeois venus de Perpignan, regardaient passer le cortège et applaudissaient.

Arrivés à l'église en contrebas du château, les cavaliers

descendirent de leurs montures. Le père de Béatrix tint sa fille par le bras pour la conduire sous le porche de l'église. Le chemin et les marches qui menaient à la nef étaient couverts de glaïeuls et de roses qui répandaient un parfum pénétrant. Les conversations allaient bon train. Les rires s'entrecroisaient gaiement. Soudain tout cessa, le prêtre parut. C'est sous le porche, en présence de nombreux témoins, que les deux fiancés allaient donner à leur union leur libre et solennel consentement. Le prêtre posa les questions qu'exigeait la sagesse de l'Église :

— Vous avez l'âge voulu ? Vous n'êtes point parents ? Vous êtes chrétiens tous les deux ?

— Vos parents consentent ?

— Les publications ont été faites, et les bans proclamés trois fois dans l'église paroissiale, pendant l'office ?

— Personne ne s'oppose à votre mariage ?

— Vous avez des témoins. Quelques dizaines, dites-vous ? Deux auraient suffi.

— Nous sommes en un temps liturgique où l'Église permet la célébration des noces. Tout est bien, et il ne me reste plus qu'à vous demander solennellement votre consentement au mariage.

— C'est le moment de vous recueillir, de vous dire en vous-mêmes que vous allez avoir de grands devoirs à remplir, et de penser à celui qui, pour bénir d'avance tous les mariages de ce monde, assista aux noces de Cana. Priez !

D'une voix forte et qui portait loin, le prêtre leur demanda alors le consentement sacramentel. Les deux voix lui répondirent :

— Oui, je, Jaume, te prends pour femme.

— Oui, je, Béatrix, te prends pour mari.

Les deux époux avaient la main droite dans la main droite. Ils étaient mariés.

C'est alors, parce qu'il fallait songer ici aux intérêts temporels, qu'on donnât lecture du contrat de douaire et des divers éléments dont se composait la dot de la femme. Puis, les deux époux et leurs familles se mirent à distribuer des deniers aux pauvres qui attendaient avec impatience ce moment. Ensuite, eut lieu la « dation » de la femme à son mari, par son père et par sa mère. Pour Béatrix, ce fut son père et sa mère qui s'avancèrent vers Jaume et lui donnèrent leur fille. La main nue de l'époux pressa alors la main de l'épouse :

— À tout jamais, dans la foi de Dieu, et dans la mienne, saine ou malade, je promets de la garder.

Vint ensuite la cérémonie de l'anneau. Quand le prêtre sortit de l'église, il tenait un livre entre les mains et, sur ce livre, un anneau d'or brillait au soleil. Cet anneau, il le bénit, et récita alors cette prière :

— Que le Créateur et le Conservateur du genre humain, que le Donneur de la grâce et de l'éternel salut, fasse descendre sa bénédiction sur cet anneau.

Jaume prit alors le cercle d'or et le mit successivement à trois doigts de la main droite de sa femme en disant tout à tour :

— Au nom du Père ; puis, du Fils ; puis, du Saint-Esprit.

Il le glissa enfin à l'un des doigts de la main gauche. C'est là que Béatrix le portera jusqu'à sa mort, en signe d'affection et de fidélité. Ce faisant, il prononça ces paroles :

— De cet anneau je vous épouse ; de mon corps, je vous honore ; de mon bien, je vous doue[86].

Les portes de l'église s'ouvrirent alors à deux battants. Et les mariés s'avancèrent entre deux haies d'amis et de curieux. Arrivés au milieu de la nef, ils se prosternèrent et restèrent ainsi inclinés quelques instants, tandis que le prêtre les bénissait :

— Dieu d'Abraham, Dieu d'Isaac, Dieu de Jacob, jetez dans l'intelligence de ces deux jeunes gens les semences de la vie éternelle.

Puis, s'adressant au jeune couple :

— Que Dieu vous bénisse et vous apprenne à lui être agréables, dans votre corps et dans votre âme.

Là-dessus, les deux époux se relevèrent et furent conduits dans le chœur, la femme à la droite de son mari. La messe commença. À l'Offertoire, les deux époux, cierge en main, firent leur offrande. Après le Sanctus, ils se prosternèrent de nouveau pour recevoir la bénédiction solennelle du prêtre. La messe s'acheva. L'Agnus Dei venait d'être chanté. On sortit de l'église à travers une foule compacte et bruyante. Les jongleurs prirent de nouveau la tête du cortège.

Dames et chevaliers remontèrent sur les mules et les chevaux. La route était toute tapissée de feuillages verts. Dans les « encensiers », les parfums brûlaient en plein air.

À un carrefour de la route, toute une cavalcade vint au-devant des nouveaux époux. On s'embrassa, on rit, et les deux cortèges réunis se dirigèrent vers le château où tout était prêt pour les recevoir. C'est dans la grande salle pavée que la réception eut lieu. Deux par deux, les mariés, leurs parents et leurs amis s'avancèrent vers la porte d'entrée. Toutefois, on ne dîna pas tous dans la salle, mais aussi dans la cour intérieure attenante, sous une grande tente. Les invités étaient très nombreux ; plus on a de monde et de grands personnages à ses noces, et plus on est fier.

On distribua des cadeaux aux invités. Les trompettes qui sonnèrent annoncèrent que le dîner était prêt. Les tables étaient dressées. La plus belle d'entre elles, toute de soie rouge et or, était destinée aux nouveaux époux, à leurs parents les plus proches et aux invités les plus illustres. On se plaça peu à peu. Derrière les jeunes mariés, assis l'un à côté de l'autre, se tenaient deux chevaliers qui avaient tenu à les honorer en les servant. Ils remplirent les deux hanaps que l'époux leur tendit. Les plats défilèrent et ils étaient innombrables. On parlerait longtemps de ces noces dans le pays ! Regroupés dans un coin, les jongleurs jouèrent leurs plus beaux morceaux et firent quelques tours pour attirer l'attention.

C'est seulement à la fin du repas que l'on commença à chanter et à écouter les contes des troubadours. Puis on passa aux chansons à boire. Celles-ci étaient assez gaillardes : à l'époque on ne détestait pas le mot cru et les femmes ne s'effarouchaient pas des grivoiseries.

Les convives se levèrent de table (ils y étaient depuis trois heures), bruyants et lourds. Les damoiseaux se livrèrent à des joutes de quintaines[87] disposées dans le pré. Un peu appesantis par le vin, ils frappaient souvent avec maladresse, mais ils étaient les premiers à rire de leur échec. Ailleurs, sous les arbres, se tenait un bal populaire. Les chevaliers prirent les dames par la main et l'on entra dans la danse faite de rondes chantées par les dames elles-mêmes. À un moment, tous les danseurs s'arrêtèrent pour voir Béatrix danser avec Jaume son mari.

Après ces animations on se délassa en soupant. La nuit tombait. À la porte de la grande salle se présenta un prêtre accompagné de deux assistants. Il vint bénir la chambre nuptiale, le lit paré d'un couvre-lit doré. Puis il s'éloigna après avoir dit aux époux qui étaient restés agenouillés durant toute la cérémonie :

— *Soyez en paix, que Dieu demeure avec vous.*

Les dames préparèrent la mariée et se retirèrent. Les nouveaux mariés restèrent seuls.

— *La nuit furent ensemble, firent leur volonté.*

Imitons ici la discrétion de nos Chansons de geste.

Tard dans la nuit, les musiciens, jongleurs et troubadours, las de se démener et de boire réduisirent leurs prestations. Progressivement la grande salle et la cour se vidèrent donc des nombreux convives. Chacun regagnant à pied, à cheval ou en chariot[88] sa résidence. Les parents et proches de Jaume, venus sur un chariot, ou à pied pour certains, après avoir salué et félicité les mariés et leurs amis, s'en retournèrent vers Camélas et Castelnou la tête pleine de souvenirs et émerveillés d'avoir pu participer à une pareille fête. Jamais dans leur vie ils n'auraient une autre occasion de cette importance.

— C'était magnifique, merveilleux ! Je ne verrai plus jamais ça de ma vie ! déclara le père Bonaventure, la larme à l'œil.

— Que de chemin parcouru par Jaume ! surenchérit Rosette avec un pincement au cœur. Heureusement qu'il n'est pas ingrat ! ajouta-t-elle en pensant à son fils.

Les domestiques et les extras veillèrent à ranger la vaisselle et à démonter tentes et tréteaux pour faire place nette avant le lever des nouveaux mariés.

Tard dans la matinée, les époux firent leur apparition. Un repas était servi à leur intention. Ils s'installèrent joyeusement et se mirent à deviser sur la magnifique fête de la veille.

Les parents de Béatrix plus tôt levés avaient déjeuné et s'apprêtaient à retourner chez eux. Un chariot déjà attelé les attendait à l'entrée du château. Ils échangèrent quelques félicitations et commentaires, puis convinrent de se retrouver prochainement à Perpignan pour la fête de la Sainte-Marie.

Les jours suivants, la vie reprit son cours, les époux apprirent à cohabiter et à se répartir les tâches. L'atmosphère était heureuse et sereine, leurs caractères s'accordaient et Béatrix trouvait plaisir à régenter la vie intérieure du château.

Jaume, comme il l'avait envisagé, recruta Jaumet, le fils de Rosette, comme régisseur. Ce dernier vint s'installer, avec sa jeune épouse, dans une dépendance du château. Sa personnalité, sa résistance physique et sa connaissance de la terre faciliteraient son adaptation. Après qu'ils eurent visité à cheval, en plusieurs fois, toutes les terres du château et rencontré les divers fermiers qui y étaient rattachés, il eut un bon aperçu de ce qui l'attendrait quotidiennement. Il n'en fut pas effrayé, mais seulement conscient des responsabilités qui allaient lui incomber.

Quelques jours plus tard, faisant le point avec Jaume, il lui présenta un calendrier prévisionnel des tâches et des visites à accomplir pour les mois à venir, afin d'organiser les labours, les récoltes de céréales, l'abattage des cochons et les futures vendanges.

Jaume en fut agréablement surpris et fut fier de lui. Il en parla à Béatrix qui en fut tout autant satisfaite et soulagée, car il importait que le domaine prospère.

La fin du mois de juillet approchant, Jaume se rendit à Collioure prendre des nouvelles. « La Tramontane » n'était pas encore rentrée. Au bout d'un jour d'attente, il apprit qu'une tempête s'était produite du côté du Cap de Creus, deux jours plus tôt, et que certains bateaux avaient rencontré de graves difficultés. Le lendemain dans la matinée, un pêcheur rentrant au port lui annonça qu'il avait croisé un navire de charge démâté, en difficulté au large, qui avançait lentement à la rame et avec une voile de fortune vers la crique de Collioure. D'après la description qui lui en fut faite, il reconnut son navire.

Il patienta toute la journée et observa sur les hauteurs tous les mouvements d'embarcations, du plus loin possible. À la nuit tombante, inquiet, il aperçut enfin « La Tramontane » qui pénétrait dans l'anse de Collioure. S'aidant de torches et de flambeaux, les marins finirent enfin par faire accoster le bateau à un ponton de bois.

Fourbus, Miquel et ses équipiers en débarquèrent, sains et saufs. De même, le bateau, certes abîmé et démâté, avait quand même pu préserver son chargement en provenance de Barcelone. Et les avaries ne paraissaient pas si importantes que ça. Ils convinrent avec Jaume de se retrouver à l'auberge du port, chez Jordi, pour se restaurer et prendre un remontant bien mérité. Autour d'une choppe de vin, Miquel relata alors la violence de la tempête au cap de Creus et la peur qu'ils avaient eue de chavirer. Reprenant ensuite la narration des affaires il relata les nouveaux contacts commerciaux et les résultats positifs en termes de gains. Jaume poussa un ouf de soulagement. La réparation du bateau ne prendrait pas plus d'une semaine et les choses rentreraient de nouveau dans l'ordre. D'autant qu'il avait réservé une importante commande de tissus chez les drapiers, dont il put, de retour sur Perpignan organiser le transfert sur Collioure. Ayant tiré les leçons du précédent voyage, il allégea le convoi en le ramenant à deux chariots et à une escorte de quatre cavaliers armés. Une fois ceux-ci rendus à destination, le chargement put avoir lieu, complété cette fois-ci de barriques de vin, de viandes de porc salées et de poissons séchés, le tout conditionné dans des jarres afin de ne pas mêler les odeurs.

Les comptes furent faits avec Miquel Morat et Jaume repartit, alourdi d'un joli pactole en deniers de Barcelone et de Melgueil. Sur la route du retour, il tomba, du côté d'Elne, dans une embuscade tendue par des brigands. Heureusement qu'il était accompagné, car seul il aurait été dépouillé et probablement occis. Il s'en sortit avec quelques entailles sur le bras et à la jambe, ainsi qu'avec quelques ecchymoses. Un des équipiers ayant été sérieusement touché par un coup de poignard dans le cou, ils lui firent un pansement de fortune pour arrêter l'hémorragie et l'amenèrent chez un médecin dès leur arrivée à Perpignan.

Soulagé par l'issue de cette aventure, Jaume rentra alors à la hâte dans son hôtel, rue de la Bourse, pour se reposer et ranger son pactole en lieu sûr. Il en conclut aussi que si le commerce maritime était profitable il n'était pas dépourvu de risques sérieux. Après ces péripéties, il resta deux jours à Perpignan pour faire le point avant de regagner Corbère.

Le sachant marié à la châtelaine de Corbère, fille des Pons de Vernet, les Perpignanais le saluaient désormais avec déférence et respect. Il faisait partie des notables ayant pignon sur rue. Il en fut flatté, mais aussi inquiet, car c'était pour lui un rôle nouveau qu'il devait assumer. Dorénavant il serait épié dans tous ses faits et gestes et la moindre erreur lui serait fatale. Les rois de Majorque, siégeant dans la citadelle dominant Perpignan n'ignoraient rien, en effet, de ce qui se passait dans la ville.

Retournant au château, il comprit surtout que sa conduite devrait être exemplaire à tous égards et que sa démarche consistant à s'adjoindre des collaborateurs compétents et loyaux dans toutes ses activités était une nécessité. À lui la stratégie, le financement, la supervision et le contrôle ; aux autres l'exécution, les risques et l'obtention de résultats, dans des rapports de confiance et d'allégeance renouvelés périodiquement.

À cette fin, dans les semaines suivantes, il prit à son service un comptable/financier de Perpignan, particulièrement réputé pour son sérieux et son entregent, un dénommé Abraham Salomon. Habitant le quartier juif[89], doué pour ce genre de travail, il était, de plus, compétent dans les échanges maritimes avec Barcelone où il possédait de nombreux contacts et des cousins.

Il décida de l'installer au rez-de-chaussée de son hôtel, afin d'assurer une permanence régulière avec les marchands, les prêteurs, l'administration royale et les clients. Ce lieu lui conférait un emplacement de premier ordre, proche des marchés et des lieux de pouvoir. Très vite au fait des activités maritimes qui régnaient en Méditerranée, grâce à son nouvel employé, Jaume finit par suivre ses conseils.

— Seigneur Jaume, lui avait en effet expliqué ce dernier, votre armement, certes intéressant, n'est pas assez conséquent pour rivaliser avec les Barcelonais. Vous ne possédez qu'un navire alors qu'il vous en faudrait au moins trois pour assurer une rotation régulière et pour réduire les risques encourus (mauvais temps, avaries, pillages, piratages…). De surcroît si un jour vous décidez de faire du commerce avec la Sicile, cette nouvelle étape exigera un regroupement de navires afin d'assurer la sécurité, la diversification et la rentabilité.

— Comme vous y allez ! Jusqu'à présent j'ai assuré seul l'organisation et le financement des opérations. Ce que vous me proposez suppose des emprunts importants, des assurances et des équipages loyaux et expérimentés.

— La question est de savoir si vous voulez rivaliser, ou si vous souhaitez rester petit. Sachez que petit vous ne tarderez pas à disparaître, car les Barcelonais commencent déjà à vous imiter en achetant des draps sur Perpignan.

— Ça demande réflexion ! Car pour moi, jusqu'à maintenant, cela a été une simple expérience bien maitrisée.

— Si vous voulez, je vais réfléchir à un projet global et vous en ferai part dans quelques jours.

— Entendu, mais pour le moment on ne change rien.

Sur ce, Jaume et Abraham se séparèrent.

Jaume repartit rejoindre Béatrix qui trouvait un sens nouveau à son existence depuis son mariage. De cette date le temps s'écoula, ponctué par les allers et retours de Jaume entre Perpignan, Collioure et Corbère.

Au matin du 13 octobre 1307, sortant de son hôtel il apprit par un crieur de rue que tous les Templiers de France venaient d'être arrêtés par les sénéchaux et les baillis du royaume, au terme d'une opération de police conduite dans un secret absolu par Guillaume de Nogaret sur ordre du roi Philippe le Bel, petit-fils de Saint Louis.

Quelques jours plus tard, avant d'être remis aux inquisiteurs dominicains, il sut par le même canal qu'interrogés sous la torture par les commissaires royaux, on avait fait avouer aux Templiers les pires horreurs (hérésie, simonie, sodomie et idolâtrie…) et que leurs biens avaient été confisqués.

Cette nouvelle excita la curiosité de Jaume qui fut désormais attentif aux arrestations et aux condamnations concernant notamment d'anciens coreligionnaires qu'il avait connus en Terre sainte.

— Que se passera-t-il en Catalogne où les points de vue étaient moins catégoriques qu'en France, et où plus d'indulgence entourait les Templiers ? se demandait-il.

À ce sujet, Jaume, qui connaissait les enchevêtrements des intérêts seigneuriaux et religieux en Roussillon, était moins inquiet.

Aux environs de Noël, Béatrix, éprouvant quelques malaises et nausées, en fit part à Jaume qui fit venir au château un médecin réputé de Millas, spécialiste des femmes, pour en savoir plus. Vieux célibataire, possédant une grande pratique du terrain, il questionna et examina attentivement Béatrix. Son jugement fut rapide et catégorique.

— Madame vous êtes enceinte de quelques semaines !

Jaume et Béatrix, soulagés, émus aux larmes et incrédules s'entendirent prononcer ensemble :

— Merci mon Dieu de nous avoir entendus !

Puis ils se rendirent à la chapelle pour prier et remercier Dieu de cette bénédiction.

Béatrix, âgée de trente et un ans, et Jaume de quarante-sept, se considérant vieux pour une telle aventure n'osaient plus y croire. De ce jour, ils se mirent à évaluer la date de la naissance prochaine et se livrèrent à de multiples calculs. Selon leurs prévisions fondées sur les lunaisons, l'enfant devrait naître en juillet 1308.

Tout le château fut rapidement au courant de la nouvelle. Béatrix, dans la perspective de sa grossesse fut partagée entre son désir d'y rester ou de regagner Perpignan. Son entourage et ses amis proches l'encouragèrent à se reposer et la décidèrent à rester.

L'hiver passa avec ses moments difficiles. La cheminée du château, bien alimentée, redoublait de chaleur et Béatrix s'y retrouvait fréquemment en compagnie de Marie sa confidente, couturière et brodeuse. Leur activité s'était orientée vers la confection de lingerie de bébé et de chaussons. Le printemps qui suivit vit Béatrix s'arrondir, marcher avec lenteur et porter des vêtements plus amples. Tout allait bien.

Jaumet, le nouveau régisseur, rencontrait régulièrement Jaume pour lui rendre compte des travaux de semailles, de plantations, de labours, sa supervision efficace allégeait considérablement le travail de son père. Certes quelques incidents ponctuaient de temps en temps la sérénité des discussions : un vol de bétail, une brebis blessée, un accident de cheval, une clôture arrachée, une inondation suite à un gros orage, un incendie maîtrisé, mais rien de grave. Les récoltes estivales de céréales avaient été bonnes, celles automnales de raisins, châtaignes, pommes et poires également.

Les naissances de bétail étaient satisfaisantes en ce printemps (agneaux, cabris, veaux…), les basse-cours étaient bien alimentées (œufs, poules, canards, oies, dindons, pintades…), les cages de lapin étaient pleines de nouveaux nés. Les cochons abondaient dans la porcherie et la future « matança del porc » (cérémonie d'abattage du cochon), avec son cortège de production de charcuterie (saucisson, boudin, ventrèche, jambon, saindoux…) s'annonçait prometteuse.

Les vignes, renouvelées en partie, avaient produit un vin des Aspres corsé et vigoureux. Les nouvelles plantations permettraient quelques ventes d'appoint à la ville lors de la prochaine vendange pour améliorer la trésorerie.

La protection seigneuriale qui était assurée par la garde du château avait pour contrepartie une série de corvées chez les paysans : curer les fossés, empierrer les chemins, rentrer du bois, ramasser le fourrage, assurer le service d'ost … Sur le plan fiscal, les redevances perçues par le battle du château étaient le cens et le champart qui représentaient pour le paysan le droit de vivre et de cultiver la terre du seigneur (le cens était fixe et le champart calculé en fonction de la récolte). À cela s'ajoutait le paiement des banalités à savoir l'utilisation du four à pain, du moulin, du pressoir, que le seigneur avait fait construire et que lui seul pouvait entretenir. Au-delà, les serfs devaient payer éventuellement des impôts particuliers tels que la mainmorte au moment d'un héritage et le formariage pour se marier en dehors de la seigneurie.

Les modes de détention d'une seigneurie variaient : elle pouvait être tenue en fief, c'est-à-dire conférée par une personne à une autre en échange de services, ou en alleu, sans aucune dépendance. Celle de Corbère, qui avait dépendu de la vicomté de Castelnou du temps où Jaume participa au service d'ost, était désormais une terre allodiale (détenue en pleine propriété et ne dépendant plus d'aucune autre seigneurie). En bref, le battle devait, à certaines périodes de l'année, avec l'aide du régisseur évaluer les charges des divers domaines dépendants pour assurer le calcul des redevances et leur perception. La charge de la seigneurie exigeait ainsi une bonne administration : suivi, vigilance, humanité et équité afin de ne pas soulever des révoltes ou provoquer trop de dissimulations chez les paysans.

Dans ses nouvelles fonctions de seigneur et de marin, Jaume se familiarisait ainsi à la fois avec le droit féodal de la terre et avec le droit maritime international.

Au cours du mois de juin, Béatrix commençait à s'impatienter de devoir rester assise et d'être au repos de longues heures par jour. Jaume la rassurait du mieux qu'il pouvait en attendant la naissance et en lui tenant compagnie. Il se rendit toutefois à Perpignan pour retrouver Abraham Salomon comme convenu et s'entretenir du projet de développement maritime. Ce dernier, qui le suppléait depuis quelques semaines dans les contacts avec Miquel Morat de Collioure, lui ramenait des nouvelles positives de la navigation. Les gains de l'exploitation maritime dépassaient toutes les espérances. Et la comptabilité tenue par Miquel lui semblait très rigoureuse. Les deniers qu'il ramenait, en or et argent, étaient très conséquents et allaient au-delà des charges à déduire. Ces nouvelles l'encouragèrent à plaider pour le projet de développement auprès de Jaume.

De plus en plus sensible aux arguments d'Abraham, Jaume lui demanda encore quelques semaines de réflexion avant de faire son choix. En son for intérieur il ne voulait rien précipiter et voulait d'abord connaître l'issue de la grossesse de Béatrix.

Début juillet, au retour d'une promenade autour du château avec sa dame de compagnie, Béatrix fut prise de douleurs et demanda à s'allonger. On la conduisit dans sa chambre et aussitôt les femmes disponibles se lancèrent dans des préparatifs en vue de la naissance. On fit chauffer de l'eau, on appela à la hâte l'accoucheuse du village, réputée pour ses dons et on fit patienter du mieux possible la future maman. Après un temps d'attente de quelques heures, le travail commença. Après les cris de douleurs et les chants d'encouragement des femmes de chambre, on entendit enfin le cri perçant d'un nouveau-né. La matrone coupa le cordon ombilical d'une longueur de quatre doigts et le noua. L'enfant fut ensuite lavé avec du vin et de l'alcool, puis frotté avec du sel, du miel, et du jaune d'œuf. Lors du premier bain, il fallut purger l'estomac, les oreilles et les narines du nouveau-né, ainsi que lui mettre un doigt dans le fondement pour « expurger les fluidités ». Ensuite, on l'enferma dans des langes bien serrés, pour éviter qu'il ait le dos ou les jambes tordues[90].

C'était un garçon de teint clair et superbe. La maman, éprouvée mais soulagée, se montrait sereine et heureuse.

Elle savait déjà le prénom de l'enfant qu'ils avaient décidé avec Jaume après une longue hésitation. Ce serait Guilhem, en hommage au vicomte de Castelnou à qui Jaume devait d'être sorti de son anonymat Camélais[91] et son second prénom celui du père de Béatrix à savoir Louis. De retour de tournée vers midi, avec son régisseur, Jaume apprit la nouvelle par le gardien du portail.

Il se mit à crier de joie et se précipita dans la chambre de Béatrix pour la féliciter. À ses côtés le petit Guilhem, toilette faite, le teint rosé, recouvert de divers langes dormait dans un petit berceau en noyer sculpté de deux cœurs tel un angelot de la crèche.

— C'est le plus beau cadeau de ma vie !

— On va fêter ça ! s'écria-t-il en sortant de la chambre.

— Qu'on amène le meilleur vin de muscat et des gâteaux secs !

Spontanément tout le personnel disponible fut convié à fêter l'évènement. Depuis de nombreuses années, aucune naissance ne s'était produite dans le château. L'évènement résonnait comme une renaissance. Très rapidement le village et les alentours furent informés par le son des cloches de l'avènement de Guilhem.

Jaume était formidablement fier de son fils. Il prit son cheval et alla faire un galop dans la campagne pour en respirer les odeurs estivales, notamment celle des genêts, de la menthe sauvage et des pins… ainsi que savourer sa descendance masculine qui résonnait à ses oreilles comme une révélation. Lui qui ayant fait vœu de chasteté en rentrant au Temple n'avait jamais imaginé devenir père.

Il prit brusquement conscience de son âge, de ce qu'il avait accompli, des succès, des erreurs, des décisions contestables qu'il avait prises, des échecs et de ce qu'il devrait laisser après lui à ce jeune enfant.

Après quelques galops, apaisé, il retourna au château embrasser Béatrix et revoir le petit Guilhem. Il assista à la tétée et fut étonné par la voracité du nouveau-né. Dès la nuit suivante et pour les jours qui vinrent, il décida de dormir sur une banquette à côté de Béatrix pour lui permettre de se reposer.

Dans les trois jours après sa naissance, le curé de la chapelle, en présence des parrains et marraines, des parents et des proches baptisa le bébé[92]. À cette occasion, le prêtre lui mit du sel sur la langue et lui versa de l'eau bénite sur la tête, tout en récitant en latin le rituel baptismal.

Une semaine s'écoula, Béatrix avait repris des couleurs et commençait à se lever. Le petit Guilhem était de plus en plus à l'aise dans ses tétées. Jaume revenait plus fréquemment au château après ses tournées d'inspection, ou ses chasses aux lièvres et perdreaux en compagnie de ses chiens.

La maison était de plus en plus animée par les allées et venues des domestiques, des amis et des proches de la famille. La famille Pons de Vernet était aussi venue voir le nouveau-né et était restée trois jours en compagnie de Béatrix pour l'aider et assister au baptême. Repartis sur Perpignan, ils avaient promis de revenir au plus tôt.

Dès lors le temps s'écoula au rythme des soins donnés à Guilhem. Ayant retrouvé sa forme Béatrix sortait dans la cour du château faire les cent pas avec Jaume. Il lui tenait le bras affectueusement tout en lui relatant les derniers potins du voisinage et les réactions suscitées par la naissance.

Ils commençaient à bâtir des projets pour sa future éducation et son avenir. Guilhem, noble par sa mère Béatrix, dès qu'il sortirait de la première enfance, à partir de sept ans, commencerait son éducation militaire. Il s'agirait alors d'apprendre à se tenir à cheval, à manier les armes, et à se former par la pratique des exercices physiques. Cela comptait davantage que la formation intellectuelle, réduite à quelques rudiments de latin sous la direction d'un précepteur ecclésiastique. Puis, à douze ans, l'enfant quitterait la demeure paternelle pour aller vivre en qualité de damoiseau ou de valet chez le suzerain ou quelque parent, l'aidant à s'habiller ou à revêtir son équipement de bataille, le servant à table, veillant à l'entretien de ses armes, s'occupant de ses chevaux et portant ses messages.

Il deviendrait ensuite écuyer et compléterait sa formation en accompagnant son maître à la guerre. Cette vie durerait jusqu'au moment où il serait capable de faire lui-même figure de guerrier, vers dix-huit ou vingt ans.

Il serait alors fait chevalier au cours d'une cérémonie solennelle, l'adoubement. La cérémonie, fixée d'ordinaire à la date d'une des principales fêtes religieuses, aurait lieu devant le château en présence d'un nombreux public.

Si d'autres enfants venaient plus tard, n'étant pas les aînés, il leur conviendrait de choisir d'autres voies (religieuses…). Mais ils n'en étaient pas encore là.

Sur un plan personnel, Jaume, qui avait été admis dans la haute société aristocratique et bourgeoise catalane en raison de sa fortune et de son mariage, savait que seule la chevalerie à cette époque lui aurait conféré un statut nobiliaire. Compte tenu de sa situation sociale, de son âge, de ses expériences templières et militaires cela était devenu superflu.

De tempérament actif et entreprenant, il se mit à repenser à sa conversation avec Abraham et se promit au prochain déplacement à Perpignan de prendre une décision.

Le petit Guilhem se portant bien et la maman aussi, il partit, rassuré, à Perpignan pour régler les affaires courantes.

Il renouvela d'abord ses commandes de tissus, en essayant d'en diversifier le choix et, de retour à l'hôtel, tomba sur Abraham. Ils décidèrent de déjeuner ensemble dans une auberge proche et de discuter du projet d'extension maritime. Le plan était ambitieux, car Abraham concevait trois implantations : une à Collioure, une à Barcelone et une à Marseille… et plus tard une quatrième en Sicile[93].

— Doucement ! lui répondit Jaume. Un bateau, c'est bien, mais ça demande une organisation, un financement, une présence régulière pour commander et contrôler et surtout de travailler avec des gens de confiance qui partent pendant un mois. Si je recrute à Barcelone ou à Marseille quelle garantie vais-je avoir de leur fidélité et de leur loyauté ? Il me faut impérativement mettre à la tête de chaque navire des marins catalans du Roussillon habitant le pays… et si possible un équipage de même origine. Que nous ayons ensuite des correspondants locaux dans chaque port, c'est une autre affaire, car s'ils nous entourloupent on en trouvera d'autres.

Abraham fut surpris par la méfiance et la clairvoyance de Jaume qu'il croyait plus impétueux et moins réfléchi. Il avait imaginé, de son côté, une délégation totale de pouvoir à des membres de sa communauté vivant à Marseille et à Barcelone qui se seraient occupés de tout.

— Pas question ! lui rétorqua Jaume. En revanche, que des amis ou parents à vous soient correspondants sur place, avec des accords précis et contractuels, c'est autre chose que l'on peut étudier au cas par cas.

Bref, si Jaume était partant dans l'aventure, ce n'était pas à n'importe quel prix. Ayant vécu de nombreuses trahisons durant sa période guerrière au côté de Roger de Flor, il savait qu'une délégation donnée à un individu était souvent fragile, mais qu'elle l'était plus encore quand elle était accordée à un clan.

Ils convinrent donc d'organiser un bureau à Marseille et un autre à Barcelone composé d'un catalan du Roussillon et d'un proche d'Abraham. Le premier, ayant un rôle de négociant, chargé d'acheter les produits locaux, de stocker et de revendre les articles apportés, et le second, chargé de la comptabilité et des financements. Dans le même esprit, il fut convenu qu'Abraham se rendrait à Collioure trois jours par semaine et que, sur place, un permanent superviserait les cargaisons en partance et les livraisons des navires pour Perpignan, Jaume se réservant les achats et les reventes sur Perpignan.

De ce jour, Jaume allait se mettre en quête de recruter les correspondants et de peaufiner l'organisation avec Abraham. Parallèlement, il décida de commander deux navires au chantier naval de Collioure et de se rendre à Marseille pour en acheter deux autres, prêts à naviguer (ils avaient été saisis à des armateurs vénitiens par les autorités portuaires). Dans cette démarche d'achat, il se ferait assister par Miquel Morat expert en bateau.

Dans le mois qui suivit, après avoir acquis deux navires à Marseille qui furent convoyés et avoir recruté des équipages catalans, toute la flotte se retrouva dans le port de Collioure. Les capitaines respectifs et les marins firent connaissance ; une présentation générale du fonctionnement leur fut expliquée. Il fut convenu que la mission pour chaque navire était de charger et de décharger à chaque escale, puis de faire relâche à Collioure tous les deux trajets. L'itinéraire de chaque bateau serait un aller-retour sur Barcelone pendant qu'un autre accomplirait un aller-retour sur Marseille et inversement. Le troisième bateau qui serait au repos par roulement à Collioure se chargerait des aléas, de la maintenance et de la permanence dans le port.

Quelques mois plus tard, les rotations furent enfin en place et les correspondants installés. Devenu un important armateur, Jaume était au centre des conversations de Collioure, car toutes les semaines des chargements ou des livraisons avaient lieu, donnant lieu à des convois de chariots qui partaient ou revenaient de Perpignan.

Abraham avait mis au point une comptabilité qui permettait un suivi rigoureux de toutes les opérations, du paiement des marins, des douanes et des intermédiaires. De surcroît il pourrait vérifier périodiquement, avec l'aide des comptabilités tenues à Marseille et à Barcelone si tout était clair. La période de rodage était terminée. Les affaires marchaient bien et hormis quelques incidents maritimes et administratifs habituels le commerce prospérait et avec lui les profits.

Régulièrement présent à Perpignan, Jaume était fréquemment sollicité pour participer à des cercles d'influence autour de Jacques II, roi de Majorque qui, résidant à Perpignan, mettait en place une politique de prestige, fondée sur des grands travaux, comme celui du palais des rois de Majorque en cours d'édification, mais aussi pour prendre parti contre les rois d'Aragon ses éternels rivaux. Cette dernière démarche ne plaisait guère à Jaume qui, en sa qualité d'ancien lieutenant des Almogavres, avait combattu pour Pierre III d'Aragon, qu'il respectait beaucoup. Il ne voulait surtout pas apparaître comme un traitre, même aux yeux des descendants[94]. Ayant au fil des années acquis une certaine habileté diplomatique à naviguer au milieu des conflits d'intérêts, il resta très prudent et évita de révéler son attachement à la maison d'Aragon. De plus, conscient que ses intérêts Barcelonais en dépendaient, il n'avait nullement intérêt à se faire remarquer. Il se tint donc à distance et évita un embrigadement qui l'aurait desservi. Le prétexte de résider à Corbère lui permit de justifier sa faible implication.

Au château, en cette fin d'année 1308, le temps s'écoulait au rythme des saisons. Béatrix était épanouie dans son rôle de maman. Le petit Guilhem qui commençait à s'asseoir se montrait de plus en plus vigoureux. Il ne tarderait pas à s'affirmer, car on sentait poindre chez lui un caractère fort et dominant.

Côté Templiers, après leur arrestation ordonnée en France par Philippe le Bel en 1307, c'est-à-dire un an plus tôt, on recensait dans la commanderie du Mas Déu vingt-six templiers, dont quatre chevaliers, quatre chapelains et dix-huit frères-sergents, sachant que celle-ci ne fut pas immédiatement concernée par cette directive, car hors juridiction française. Les templiers du Mas Déu eurent ainsi le temps d'organiser leur repli, et de se réfugier au Château de Miravet, possession templière située en Aragon. Ils s'enfermèrent dans la forteresse, en se mettant sous la protection de Ramon de Saguàrdia, commandeur du Mas Déu et résistèrent aux troupes royales jusqu'en décembre 1308, avant d'être arrêtés. Durant cette période Jaume resta attentif, car bien qu'il ne soit plus officiellement concerné par la cause, il éprouvait toujours des remords et quelque part la crainte que des fanatiques ne se saisissent de ce prétexte pour lui porter un mauvais coup, comme cela s'était vu dans certaines provinces françaises à l'encontre de certains templiers considérés comme des hérétiques suppôts de Satan. Le commandeur Ramon de Saguàrdia, jugé peu de temps après, fut finalement acquitté. Il se retira au Mas Déu sans que la population catalane ne manifeste de ressentiment à son endroit.

Centré sur sa famille et ses affaires maritimes Jaume se sentait apaisé et heureux. Ayant assis son commerce naval sur des bases solides, assisté de collaborateurs compétents il se contentait de gérer et de superviser.

Dans ses pensées lointaines et nostalgiques, l'âge avançant (48 ans), Jaume repensa à son projet de commercer avec la Sicile. Dans son for intérieur il se disait que c'était le moment de prendre une décision, car dans quelques années ce serait trop tard. Possédant une flotte de quatre navires, dont un construit à Collioure et resté peu utilisé, il nourrit l'idée de bâtir une liaison commerciale entre Collioure, Trapani et Messine.

Il prit conseil auprès de son capitaine, Miquel Morat, qui connaissait la Sicile et les iles grecques pour y avoir navigué de concert avec Jaume, et se mit à élaborer un projet, en s'assurant d'un bon équipage et d'un capitaine à la hauteur. Miquel, qui s'ennuyait dans son commerce de cabotage devenu répétitif, accepta le principe d'une participation. Ils fixèrent ensemble une date et firent le pari de vendre des tissus catalans et des couteaux forgés à Barcelone et en retour d'acheter sur place du lin et des produits locaux que l'on ne trouvait pas chez eux en Catalogne. Ils se mirent ensuite à réfléchir à la composition d'un équipage et à une organisation locale. L'idée faisait son chemin et la date de départ se rapprochait. Jaume en avait fait part à Abraham qui lui recommanda un contact personnel sur Messine. Il ne restait plus à Jaume qu'à convaincre Béatrix qui ignorait tout du projet.

Afin de préparer le terrain, il lui annonça qu'il devrait se rendre en Sicile pour vendre les propriétés qu'il avait laissées en fermage à Giovanni et à sa famille, car cela faisait maintenant près de quatre ans qu'il n'y était pas retourné. Béatrix croyant à un projet lointain ne s'alarma pas trop. En revanche, quand quelques jours plus tard il aborda le sujet en annonçant l'imminence du départ dans le courant d'avril 1309, elle fut prise de panique et protesta vigoureusement.

— À ton âge c'est de la pure folie de s'embarquer pour ce pays lointain avec tous ces barbaresques qui sillonnent les mers et les risques de tempêtes. Très peu de gens en reviennent ! As-tu seulement pensé à ton fils qui a besoin de son père plus que jamais pour son éducation ?

— Ne t'inquiète pas, ça ne sera pas long, sachant qu'à cette époque de l'année le temps est en général calme et qu'en Sicile, les troupes catalanes que je connais bien veillent à la protection des ports de Trapani et de Messine où nous comptons nous rendre. Si tout va bien je ne m'absenterai tout au plus que cinq semaines. Donc je serai de retour au mois de mai.

Béatrix ne fut pas du tout convaincue ni rassurée par les arguments de Jaume. Dans les jours qui suivirent, elle s'enferma dans le mutisme et leur conversation se réduisit au minimum.

Pris de remords Jaume hésita quelque temps et envisagea même de renoncer à cette aventure. Puis, après quelques jours, considérant l'avancement du projet et les engagements déjà entérinés, il décida de passer outre et de respecter sa décision première.

La séparation fut pénible. Il quitta donc Béatrix en pleurs avec Guilhem dans ses bras, à la porte du château, un matin d'avril, pour rejoindre Perpignan et Collioure. En son absence, Abraham aurait la charge, de tout superviser, en concertation avec les capitaines de navire. En clair, ce dernier aurait la responsabilité de tout régenter jusqu'à son retour.

Le départ du navire fut donné le surlendemain au matin après que la cargaison fut convenablement chargée et arrimée. Miquel Morat était radieux de se retrouver avec Jaume et le nouvel équipage, tous ravis de partir à l'aventure dans une contrée nouvelle. Tout semblait aller pour le mieux. Le vent de nord-ouest était assez modéré et favorable pour atteindre le détroit de Bonifacio et le soleil printanier était au rendez-vous.

La traversée fut longue comme ils s'y attendaient. Ils firent une brève escale après le détroit de Bonifacio, au port d'Olbia situé au nord-ouest de la Sardaigne, pour prendre de l'eau et quelques provisions fraiches. Puis ils repartirent aussitôt pour des raisons de sécurité, sachant que des pirates corses opéraient dans le secteur. Ayant accompli la moitié du trajet, ils prirent un cap sud-est en direction de Palerme. Quelques jours plus tard, ils approchèrent du port où ils devaient rencontrer les nouvelles autorités catalanes de Sicile qui régentaient les intérêts maritimes de l'ile.

Parlant catalan, ils furent accueillis par celles-ci avec déférence. Les autorités royales leur accordèrent les autorisations requises pour acheter et vendre à Palerme et Messine.

Profitant de l'escale à Palerme, Jaume se renseigna auprès des négociants, à la fois pour vendre ses tissus catalans et acheter du lin et d'autres marchandises en prévision du retour.

Un gros commerçant de Palerme, Pietro Angelini, fut séduit par la beauté et la qualité des tissus catalans et accepta un important dépôt. En contrepartie, il céda des tissus de lin que l'on connaissait peu en Catalogne et dont le prix lui parut attractif.

Jaume fut satisfait de cette opération qui augurait bien de la suite. Deux jours plus tard, ils repartirent en direction de l'est en longeant la côte vers le détroit de Messine. Parvenus au port de Messine, ils débarquèrent et reproduisirent la même démarche qu'à Palerme, prise de contact avec un négociant en tissu de lin pour achat et dépôt de textiles catalans en contrepartie.

Jaume qui devait se rendre chez son fermier Giovanni confia la démarche commerciale à Miquel en son absence.

Ayant loué un cheval, il se rendit à la ferme retrouver Giovanni dont il n'avait eu aucune nouvelle depuis quatre ans. Arrivé sur les lieux, il nota que la grange incendiée n'avait pas été restaurée et qu'un parfum d'abandon régnait sur la propriété. Son cœur se serra, il éprouva de la crainte et un sentiment de malaise.

Après avoir signalé son arrivée par des appels

— C'è qualcuno ? (y a t-il quelqu'un ?)

Une vieille femme vêtue de noir sortit sur le pas de la porte, intriguée.

— Sì, ci sarà ? (oui, qui va là ?)

— I Jaume ! (Je suis Jaume !)

Quand il entendit sa voix, il reconnut la femme de Giovanni qui avait beaucoup vieilli et qui n'entendait pas très bien. Il se présenta, car elle ne l'avait pas reconnu, et la conversation s'engagea tant bien que mal. Il comprit que Giovanni, absent pour la journée, rentrerait dans l'après-midi et que leur fille Carla, qui les avait quittés, il y a quatre ans, allait revenir vivre à la ferme avec son mari et ses enfants. Dans la soirée il entendit crier dans la cour et reconnut la voix de Giovanni qui descendait de son chariot. Bien que vieillis, ils se retrouvèrent et s'embrassèrent chaleureusement, l'un et l'autre croyant l'autre mort. Jaume en profita pour lui demander des nouvelles de la grange et de sa fille Carla.

— Après votre départ nous avons eu des nouvelles visites de templiers. Ils ont continué à casser des murs et à creuser à la recherche du trésor. Ils nous ont dit que c'est vous qui l'aviez volé. Ils sont revenus trois fois, toujours menaçants, et depuis plus rien. Du coup nous n'avons pas osé reconstruire la ruine qu'ils ont dégradée.

— Concernant Carla, elle a vécu seule pendant deux ans et s'est occupée de sa fille, Lorenza, qui est née après votre départ. Depuis, elle a trouvé un mari, à Messine, avec qui elle a eu un autre enfant. Il doit d'ailleurs venir s'installer prochainement avec nous et m'aider dans l'exploitation, car je me fais vieux et je suis de moins en moins capable de tout faire.

— C'est magnifique ! s'entendit déclarer Jaume qui entrevit l'espoir d'une reprise d'activité.

— Et vous ! Qu'est-ce qui vous amène en Sicile après tant d'années ?

— C'est très simple, mon cher Giovanni ! D'abord je voulais vous revoir et régler les affaires de fermage, car je vis désormais en Roussillon, au nord de la Catalogne. Ensuite, j'envisage de faire du commerce de tissus avec la Sicile et d'envoyer un bateau régulièrement avec un équipage de gens de confiance, maintenant que la paix est revenue.

— Concernant le fermage, que comptiez-vous faire avec nous ?

— Après avoir entendu ce que vous m'avez dit au sujet de votre gendre et de Carla, je vous propose d'abord de me payer l'arriéré de loyer et, pour la suite, je vous propose de m'acheter la propriété sur dix ans en la mettant au nom de Carla. Compte tenu de notre amitié, le prix sera très convenable, la moitié du prix du marché.

— C'est entendu. Je crois qu'elle sera contente, maintenant qu'elle a deux enfants, de prendre les choses en main. Je vous propose de venir manger demain à midi de façon à la rencontrer. Elle viendra passer la journée avec son mari et les deux petits.

Le lendemain midi, Jaume fut au rendez-vous. Il reconnut de suite Carla qui l'attendait devant l'entrée avec sa fille Lorenza. Bien que quatre ans se soient écoulés, elle était toujours superbe. Grande, brune, bien coiffée avec des cheveux longs et souriante. Jaume eut un pincement au cœur, mais il n'en laissa rien paraître. Ils s'embrassèrent et, regardant Lorenza à ses côtés, il reconnut certains traits de son propre visage et notamment ses yeux verts. Rentrant dans la cuisine, Carla fit les présentations. Son mari, Giorgio, un bel homme, grand et fort, paraissait laborieux et aimable avec l'entourage. Ils sympathisèrent immédiatement. Après une conversation qui accompagna tout le repas et au cours de laquelle Jaume apprit ce qui s'était produit depuis son départ, ils en vinrent au projet de contrat dont il s'était entretenu avec Giovanni.

Carla comprit que le geste de Jaume lui était destiné afin de « réparer sa faute ». Aucun commentaire ne fut prononcé, mais les deux protagonistes se comprirent. Évoquant la faible durée de son séjour, Jaume suggéra que l'on aille au plus tôt chez le « *scriba publicus* » mettre en forme le contrat, le transformant de contrat de fermage en un contrat de vente pure et simple sur dix ans.

Ils se retrouvèrent le lendemain, à Messine, chez le scribe, avec Carla accompagnée de Lorenza. Seuls dans l'antichambre, il devina que les sentiments de la jeune femme à son égard n'avaient pas changé malgré les années écoulées. La présence de Lorenza facilita les choses. Elle vint s'asseoir, comme si ça allait de soi, sur les genoux de Jaume qui en fut troublé. Quand le notaire les convia à rentrer, il se ressaisit. Jaume exposa rapidement les faits et demanda de conclure rapidement la transaction, puisqu'il devait repartir en Catalogne très prochainement.

Il fut entendu que les actes seraient signés à la fin de la semaine. Jaume et Carla se donnèrent donc rendez-vous le jour de la signature et convinrent de déjeuner ensemble avant de se rendre chez le notaire. Ils s'embrassèrent et se séparèrent avec une certaine émotion. Lorenza, insistant à contretemps, voulait que Jaume les accompagne chez eux, ce qui, bien sûr aurait été déplacé.

Dans l'attente du rendez-vous Jaume prit des contacts, à la recherche d'un correspondant comptable pour ses affaires. Il fit ainsi la connaissance de Simon Raffa, installé à Messine, qui pratiquait la finance et connaissait l'industrie de la soie[95]. Grâce à ce contact, il se mit en quête d'acheter de la soie grège (brute), résultant du dévidage du cocon[96] c'est-à-dire avant teinture et manufacture, autrement dit avant tissage et broderie[97], très prisée en Catalogne.

Le jour du rendez-vous arriva. Carla et Jaume se retrouvèrent comme convenu à l'auberge du centre où il était possible de déjeuner. Ils décidèrent de manger du poisson grillé au fenouil, agrémenté d'un vin blanc de coteaux servi en pichet. La conversation porta sur le départ de Jaume, les visites templières à la ferme, la naissance de Lorenza, et son mariage tardif avec Giorgio qui lui avait fait un enfant. Jaume comprit qu'elle n'aimait pas ce dernier, mais que le sort en était jeté. Lui, de son côté lui raconta son séjour en Sicile, son expédition en Orient, son bref passage à Messine, son retour en France et sa nouvelle vie.

Elle profita de leur intimité pour le questionner sur le trésor des templiers. Sans se dévoiler complètement, il lui avoua avoir dissimulé quelques objets personnels dans la grange qu'il était venu récupérer avant son dernier départ, mais dont la valeur était loin de correspondre à celle d'un trésor.

Elle fut partiellement convaincue par la réponse. Bref, chacun de son côté comprit qu'une page était tournée et qu'il convenait de la respecter sans chercher à aller plus loin. L'heure étant arrivée, ils se dirigèrent ensemble chez le notaire. Les actes étaient préparés selon les termes convenus. Carla devenait propriétaire de la ferme et de ses dépendances pour une somme modique, payable en annuités au notaire lui-même une fois l'an. Elle devrait cependant s'acquitter des arriérés de fermage, dus depuis le départ de Jaume, à la charge de son père.

De son côté, Jaume, ou son fondé de pouvoir, serait remboursé annuellement du crédit sans intérêt consenti à Carla pour l'achat.

Après signature, chacun ressortit satisfait. Jaume avait le sentiment d'avoir réparé en partie sa dette, et Carla de son côté d'avoir retrouvé l'image du Jaume qu'elle avait toujours aimé. Ne voulant pas précipiter les choses ils firent quelques pas sur le quai du port, encombré de futailles, de cordages et de filets, orchestré par le cri des mouettes et parfumé de l'odeur du poisson séché, en se tenant par le bras, conscients que ce serait la dernière fois. Ils se séparèrent en s'embrassant amoureusement, comme au temps de leur première rencontre… tout en sachant que ce serait sans lendemain.

Après cette séparation, Jaume, ému, se sentit soulagé et la conscience tranquille. Au-delà de ça, les contacts commerciaux et administratifs relatifs aux affaires étant prometteurs il estimait avoir accompli l'essentiel de sa mission en Sicile. Il décida donc de diner avec Miquel Morat et Simon Raffa, afin de mieux faire connaissance et de mettre au point le scénario des opérations pour le futur.

Simon, résident de Messine, connaissait bien le milieu financier et possédait quelques contacts auprès de fabricants de soie grège localisés à Palerme. Il fut donc convenu qu'à l'occasion du retour, Simon les accompagnerait jusqu'à Palerme où ils feraient escale, pour mettre au point une convention de fourniture avec un négociant en soie. Arrivés à destination au bout de trois jours de mer, ils rencontrèrent plusieurs fabricants de soie grège, tous disposés à vendre à de bonnes conditions. Plusieurs conventions furent conclues avec des petits producteurs afin d'atteindre une quantité suffisante pour justifier ce commerce avec Perpignan. D'ailleurs, afin de tester le marché Roussillonnais Jaume repartit avec un petit stock d'écheveaux de soie et plusieurs échantillons. Après avoir remercié Simon pour sa collaboration, l'avoir défrayé et avoir convenu d'une rencontre périodique à Messine tous les deux mois environ, ils se séparèrent.

Satisfait de l'efficacité des démarches accomplies, Jaume proposa à Miquel de repartir en direction de la Sardaigne et de mettre le cap sur Cagliari qui était sous domination Pisane à l'époque, mais de plus en plus contestée par les Aragonais. L'escale fut de courte durée, les autorités portuaires se montrant peu coopératives en raison de l'origine catalane de l'équipage, supposé défendre les intérêts Aragonais. Reprenant la mer, Jaume proposa à Miquel de mettre le cap au nord-ouest en direction de

Barcelone. Profitant de la traversée il voulait se rendre compte si tout allait bien dans la capitale commerciale catalane où il avait promis de se rendre.

Après quelques heures de navigation côtière pour contourner la Sardaigne, ils furent interceptés par des barbaresques qui s'étaient dissimulés dans une crique. À l'aide de trois petites embarcations très mobiles, ils étaient parvenus à entourer par surprise le navire, l'obligeant à se mettre en panne. L'équipage, réagissant immédiatement, se précipita dans la cale récupérer sabres, lances, casse-têtes, haches et coutelas et se mit en état de riposter. Le combat fut rude. Deux maures enturbannés avaient sauté sur le navire un poignard à la main et avaient sérieusement blessé le barreur. Jaume avec une lance en embrocha trois ou quatre, mais il fut blessé par un coup violent porté à la nuque. Étourdi il se releva au bout d'un moment afin de poursuivre le combat. Plusieurs marins blessés gisaient sur le pont. Miquel tenait tête à ses assaillants. Après une demi-heure d'une lutte acharnée, les Catalans reprirent le dessus. S'étant regroupés, ils exterminèrent les derniers pirates, coupant têtes et bras, laissant le pont couvert de sang. Dans la hargne qui s'empara d'eux après ce constat, ils se précipitèrent dans les barques d'assaut, y mirent le feu avec de l'étoupe, perforèrent leurs fonds et firent ainsi disparaitre toute trace de l'incident.

Après s'être calmés, ils firent le bilan des pertes. Trois marins étaient grièvement blessés et on déplorait un mort. Miquel et Jaume étaient blessés, mais heureusement sans trop de gravité. Le bateau avait souffert de collisions, mais sans grandes conséquences. On s'affaira donc à tout remettre en ordre et à panser les blessés avec les moyens du bord : onguent, bandages, eau de vie, coutures à vif, amputations, brûlures au fer rouge… Jaume dispensa une oraison funèbre au marin tué et lui donna une bénédiction. Ceux qui méconnaissaient son histoire personnelle furent surpris par sa maîtrise du latin et la facilité de son discours funéraire religieux. Selon l'usage maritime, on jeta ensuite le corps du défunt à la mer après l'avoir lesté de plomb récupéré dans la cale. Après une journée de remise en ordre, on décida de reprendre la mer en ayant réaffecté les tâches parmi les équipiers valides. Jaume, qui s'était peu plaint, souffrait d'un traumatisme à la nuque en raison du choc reçu, et d'une entaille profonde sur l'épaule gauche formant une plaie qui ne manquerait pas de laisser une belle cicatrice.

Faisant route vers Barcelone, ils longèrent l'ile de Minorque, sans y faire escale pour ne pas se retarder. Puis, trois jours plus tard, ils aperçurent la colline de Monjuïc, dominant le port de Barcelone et se sentirent soulagés. Fatigués par la traversée et les péripéties ils mouillèrent dans une zone abritée du port et décidèrent de se reposer toute une journée, en faisant venir à bord un médecin pour soigner les blessures.

Le surlendemain, en meilleure forme, ils accomplirent les démarches administratives obligatoires, puis Jaume rencontra le comptable et le correspondant Roussillonnais local de sa compagnie. Il en profita pour recueillir leurs opinions sur l'organisation, afin de repérer des dysfonctionnements éventuels. Des suggestions recueillies, il retint que certains fournisseurs ne respectaient pas toujours les délais, et que la qualité des produits achetés n'était pas constante.

Tirant immédiatement ses conclusions, il se rendit chez les négociants pour exprimer son mécontentement et pour montrer qu'il était le chef à qui on ne la faisait pas.

Un recadrage efficace s'ensuivit. Au cours des livraisons suivantes, mission fut donnée à l'acheteur de tout contrôler et de rejeter les articles défectueux avant de payer. Cette opération surprise fut donc bénéfique, car elle démontra qu'une visite de supervision mettait en alerte les intermédiaires.

La mission barcelonaise se termina par un repas dans une auberge du port, réunissant l'équipage et les correspondants locaux, le menu à base de langoustes grillées agrémentées d'aïoli, et arrosé d'un bon vin étant le point d'orgue du retour au pays.

Le lendemain, le bateau, avec sa cargaison, appareillait en direction du nord en longeant la côte. Deux jours plus tard, ils passèrent au large de la baie de Rosas et aperçurent au loin le petit port de pêche de Cadaquès, dont les maisons blanches, peintes à la chaux, leur rappelaient les iles grecques. Plus au nord, ils se tinrent à bonne distance des récifs du Cap de Creus toujours dangereux avec les caprices du temps. Puis, la Tramontane étant favorable, ils forcèrent l'allure et parvinrent à rejoindre Collioure un jour plus tard. Ils jetèrent l'ancre au milieu de la baie et se mirent au mouillage, attendant qu'un quai se libère afin de procéder dès le lendemain au déchargement des balles de tissus et des sacs de soie grège.

Jaume poussa alors un soupir de soulagement. Sans se l'avouer, il comprit que ce genre d'expédition n'était plus de son âge et que même si tout se terminait bien, les péripéties qu'il venait de vivre et la fatigue occasionnée par la navigation ne pouvaient continuer très longtemps pour lui.

Après avoir missionné Miquel et Abraham de ramener sur Perpignan la cargaison et de préparer la suite des expéditions, il rentra directement sur Corbère, retrouver Béatrix.

À cheval, escorté par un assistant qui conduisait deux mules chargées de ses effets personnels et de quelques cadeaux, ils cheminèrent par la route les conduisant dans les Aspres. Ils traversèrent Elne, Montescot, Bages. Après avoir franchi la rivière Réart, ils laissèrent alors sur la gauche le Mas Déu et traversèrent la rivière Canterrane, proche de Trouillas. Puis, connaissant bien les chemins Jaume suggéra de relier successivement Llupia, Castelnou et Camélas par la montagne.

Le soir venu, fatigués, ils décidèrent de s'arrêter au moulin de Canterrane pour y passer la nuit et abreuver les chevaux et mulets. Le meunier, qu'il avait connu dans le passé, donnait autrefois à manger et l'hospitalité à ceux qui venaient moudre le grain. Ils approchèrent du moulin à eau qui paraissait à l'arrêt et après un appel à voix haute rentrèrent dans la grange où étaient entreposés des sacs de grain et où dormaient déjà quelques paysans attendant la mise en marche du lendemain.

Le nouveau meunier, un homme entre deux âges, les accueillit sans grand enthousiasme et leur demanda ce qu'ils voulaient. Voyant qu'il ne s'agissait pas de paysans il se montra interrogatif et curieux de savoir à qui il avait à faire. Jaume se présenta comme résident de Castelnou de retour après un long voyage. Peu convaincu par leur tenue vestimentaire, le meunier leur laissa entendre que s'ils cherchaient à cacher quelque chose ils feraient bien d'aller ailleurs.

Jaume voulut rassurer l'individu en lui disant qu'ils cherchaient seulement à passer la nuit, qu'ils repartiraient dès le lever du jour et qu'ils le défraieraient de son service.

En bougonnant le maître du moulin se rendit près de la cheminée ramena du pain et une marmite de soupe campagnarde chaude qu'il posa sur une table de ferme en les invitant à se servir. Il leur proposa même plus tard un pichet de vin. Jaume et son assistant mangèrent sans discuter, car ils étaient affamés et épuisés. Après avoir absorbé leur pitance, ils s'installèrent dans la grange avec les paysans endormis, s'allongèrent à même le sol et s'endormirent rapidement.

Le lendemain ils furent réveillés par des paysans qui parlaient fort en arrivant au moulin pour moudre le grain apporté dans des sacs. Après un petit encas à base de viande fumée et une soupe, ils saluèrent leur hôte et l'assistance, payèrent leur écot et reprirent leur chemin dans la montagne.

Tout en marchant et en bavardant, Jaume pensait à cet accueil peu amène auquel ils venaient d'être confrontés, inhabituel dans les Aspres. Une impression confuse de déjà-vu germa dans son esprit, il lui semblait que le meunier ne lui était pas inconnu. Il se demanda où il avait bien pu le rencontrer. Aucune lumière ne fut à même de l'éclairer dans sa recherche immédiate.

Ils atteignirent bientôt le haut de Castelnou, ponctué de quelques mas, et après un crochet sur Camélas où la vie suivait le rythme des saisons et où l'accueil familial était toujours très chaleureux, il s'en revint à Corbère rejoindre Béatrix et Guilhem. Il les trouva changés. Un mois et demi d'absence comptait beaucoup à l'âge de son fils.

Avec Béatrix, il dut justifier son retard, et surtout la blessure qui affectait son épaule et son cou. Quand elle apprit qu'il était tombé dans une embuscade navale organisée par des barbaresques, elle en fut terrorisée et lui fit promettre de ne plus jamais repartir dans ces contrées peuplées de sauvages. Il minimisa l'incident pour la rassurer, mais quand elle vit l'estafilade à peine cicatrisée, elle comprit qu'on avait tenté de le décapiter.

Passant rapidement sur le sujet, il en vint aux aspects positifs de l'expédition en lui expliquant avoir vendu les terres possédées en Sicile et avoir installé un correspondant à Palerme afin de commercer des tissus de lin, de la soie grège et du sucre provenant de Chypre, sans que lui-même ait à s'y rendre.

— Tout est maintenant réglé en Sicile, plus rien ne m'y retient !

— Ce n'est pas trop tôt ! Tu aurais dû abandonner, car tu as failli y mourir !

— Cette expédition sera la dernière je te le promets !

Elle fut partiellement rassurée par son explication. Et les cadeaux ramenés, tant à Guilhem qu'à elle-même, contribuèrent à apaiser sa colère. Il lui avait rapporté un châle de soie brodé de fil d'or très lumineux, et à Guilhem des chausses de cuir élégantes qu'il pourrait utiliser plus tard pour monter à cheval. Après quelques jours, le calme et la sérénité furent retrouvés et la vie s'écoula doucement au château.

Quelques temps plus tard, à l'occasion d'une promenade, repensant à son retour et à sa nuit passée au moulin de Canterrane, Jaume eut un déclic. Du temps où il était rentré chez les Templiers, ce meunier devait travailler pour le compte du Mas Déu qui possédait le moulin à eau de Canterrane. Après la saisie des biens du Temple et leur revente récente, il avait dû rester au service du nouveau propriétaire. Mais Jaume n'était jamais venu directement au moulin, et c'est donc au Mas Déu lui-même qu'il avait dû le croiser pour être aujourd'hui reconnu. En creusant son esprit, il lui sembla au vu de sa corpulence et de sa taille qu'il avait dû être préposé aux cuisines de la communauté religieuse, puis être affecté ultérieurement à ce moulin en qualité de meunier. Une nouvelle situation qui lui assurait du reste une grande discrétion, car seuls de simples paysans se rendaient au moulin pour apporter du grain à moudre. Profitant de cette réflexion il se demanda où ses anciens coreligionnaires du Temple avaient pu s'installer pour vivre en paix depuis qu'ils étaient devenus « *persona non grata* ». Interrogeant quelques curés et religieux à ce sujet, il apprit que certains templiers étaient partis rejoindre le château de Miravet près de Tarragone, sous la protection de Ramon de Guardia, que d'autres étaient rentrés dans un clergé séculier ordinaire et que d'autres enfin vivaient dans les Aspres une vie paysanne dans la plus totale discrétion, en tentant de se faire oublier.

Certes la chute du Temple ne provoqua pas de soulèvement populaire en Roussillon, contrairement à d'autres régions, notamment de France, où des exécutions sommaires, inspirées par les condamnations pour hérésie de Guillaume de Nogaret se produisirent. Mais ça n'empêcha pas des incidents inspirés par la jalousie, la haine, et la vengeance personnelle de se produire. Bien qu'il n'appartienne plus à l'ordre depuis 1291, Jaume était attentif à ces rumeurs, par prudence instinctive et par crainte des amalgames faciles.

Ce climat de fin de règne relatif aux Templiers exacerbait en effet des ressentiments dans les esprits déjà marqués par la chasse à l'hérésie Cathare dans les Corbières. Venus de Narbonne, quelques religieux enquêteurs, missionnés discrètement, visitèrent curés paroissiaux, abbayes, couvents et monastères pour se renseigner sur les reconversions templières en Roussillon. Une enquête qui suscita bien des dénonciations et des délations diverses. Certes, elle n'entraîna pas de condamnations officielles retentissantes, mais elle contribua à susciter des propos haineux, des menaces et à encourager quelques exactions… Certains chrétiens, déjà influencés dans un passé récent par les prêches enflammés d'inquisiteurs dominicains à l'endroit des Cathares, se mirent en quête de dénoncer voire de juger eux-mêmes ces nouvelles brebis galeuses au motif qu'un excès de bienveillance, voire de complaisance entourait les chevaliers du Temple en Catalogne. Dans ce contexte se constituèrent quelques milices secrètes, encouragées par le Pape et Philippe le Bel, dont on parlait à voix basse, et qui faisaient justice dans l'ombre.

Concernant les Aspres, on citait quelques exactions qui s'étaient produites du côté de Font-Couverte sur les terres d'Arnau de Caixas où l'on avait retrouvé des inscriptions, en catalan, dénonçant les Templiers sataniques. Rappelons qu'Arnau de Caixas, fidèle au Temple, était resté à Chypre bien après Jaume. Atteint de maladie et handicapé par une blessure, il n'était retourné sur ses terres que ces dernières années, fatigué de son séjour en Orient et lassé des humiliations faites aux chevaliers du Temple depuis la chute de Saint-Jean-d'Acre.

Par curiosité, Jaume décida un jour de lui rendre visite à l'occasion d'une partie de chasse qui se déroulait du côté de Candell et de Casefabre, hameaux proches de Caixas. S'étant perdus de vue depuis seize ans, ayant vieilli et changé physiquement, ils hésitèrent avant de se reconnaître. Arnau, de grande taille, le teint mat, les traits burinés, les cheveux longs et grisonnants, les yeux verts et le regard toujours pétillant, avait une démarche toujours élégante mais un peu maladroite, suite à de vieilles blessures survenues lors de combats en Terre sainte. Jaume de son côté, de taille comparable, les cheveux châtains, le teint clair, les yeux verts, les pommettes saillantes, avait forci avec les ans, sans perdre pour autant de son assurance malgré les épreuves traversées et les accidents corporels survenus lors de combats multiples. En se reconnaissant, après s'être dévisagés, ils s'embrassèrent, heureux de se retrouver après leur longue séparation et leurs différends de l'époque. Ils entamèrent alors une grande conversation où chacun raconta son Odyssée avec force détails.

En bref, Arnau, toujours au service des Templiers était resté fidèle à Jacques de Molay qui, en juillet 1300, avait organisé le pillage de Rosette et d'Alexandrie, en terre égyptienne, avant de regagner Chypre. Le butin avait été considérable, mais au-delà les chrétiens avaient envoyé un signe fort à Mahmud Ghazan, démontrant leur détermination à engager une reconquête. À partir de l'ile, il organisa d'autres raids sur les terres musulmanes. En septembre 1302, l'ile sera pourtant reprise par les Mamelouks qui exécutèrent la plupart des templiers présents sur place. C'est à partir de cette date qu'Arnau, épuisé par ce revers et gravement blessé à une jambe, décida de regagner les Aspres et de se retirer.

Depuis, vêtu en civil, retiré dans son château, il ne fréquentait plus personne et se partageait entre la prière, une aide au quotidien à son frère aîné qui dirigeait la seigneurie, et la fauconnerie. Ce mode de chasse, connaissant à cette époque un âge d'or, était devenu l'apanage des seigneurs, notamment en France[98].

La distraction principale d'Arnau consistait ainsi, plusieurs fois par semaine, à pratiquer la chasse au faucon avec un équipier, garde du corps, qui l'assistait dans les opérations. Il avait ramené de Terre sainte des savoir-faire ignorés en Europe et, notamment, des techniques de chasse telles que l'usage du chaperon pour couvrir la vue de l'oiseau, plutôt que de lui coudre les yeux. Cette technique révolutionnaire rendait l'exercice de dressage beaucoup plus aisé.

Ayant du temps à y consacrer, il avait recours à l'affaitage, consistant en un entrainement quotidien et intense, qui lie l'oiseau de proie et le fauconnier dès le plus jeune âge, et qui dure un mois. On habitue ainsi le rapace au contact de l'homme, à être lâché, rappelé et maintenu aux gants. À l'étape suivante, on le familiarise au chaperon qui est un bonnet de cuir fait sur mesure permettant de cacher l'environnement à l'animal pour qu'il ne s'agite pas inutilement. Vient, ensuite, l'utilisation des jets, qui sont des liens de cuir attachés aux pattes, permettant de maintenir le rapace sur le gant, et enfin l'exercice du leurre qui est un objet en cuir, simulant la forme d'un oiseau, servant à le rappeler lorsqu'il ne revient pas. Plus précisément, le fauconnier le fait tournoyer rapidement au bout d'une corde pour appâter le rapace.

Dans cette zone montagneuse proche du Canigou il avait réussi à domestiquer un faucon pèlerin de belle envergure dont il se servait pour pratiquer le « haut-vol » et notamment le vol d'amont qui est la forme la plus sophistiquée de la chasse parce qu'il implique l'action parfaitement coordonnée du chien, du faucon, du gibier et du fauconnier. Le vol d'amont s'adresse principalement aux perdrix et faisans. Le principe est le suivant : le faucon est éduqué à s'élever en l'air (à faire carrière), puis à se placer le plus haut possible au-dessus du fauconnier et de son chien, là où il attendra que le gibier soit levé par ceux-ci. Le faucon attaquera alors en un piqué extrêmement rapide et, profitant de la vitesse que lui procure sa position dominante, il viendra percuter sa proie et l'entraîner au sol.

Curieux de voir ce type de chasse et de découvrir comment Arnau pouvait se débrouiller avec sa jambe handicapée, Jaume resta le lendemain afin d'assister à une démonstration. Celle-ci fut particulièrement spectaculaire, car dans cette vallée profonde et verdoyante du Boulès, avec en fond le massif enneigé du Canigou, la plongée verticale du faucon pèlerin était absolument impressionnante et magistrale.

Il assista donc à la coordination réussie de toutes les actions requises, entre chien, rapace et fauconnier et comprit qu'il s'agissait d'un art de la chasse raffiné et exigeant. Après plusieurs envols maitrisés, conduits par Arnau assis sur un promontoire, la chasse se révéla être un magnifique spectacle. Et ils rentrèrent ainsi au château de Caixas avec plusieurs perdrix et lièvres, que les chiens et les rabatteurs avaient disputé avec succès au faucon, avant qu'ils ne les aient dévorés et qu'ils placèrent dans leur gibecière.

Revenus au château de Caixas après cette partie de chasse forestière ils se retrouvèrent à table autour d'un repas composé de gibier rôti. Leur conversation reprit alors et se précisa au sujet des inquisitions templières.

Évoquant les inscriptions sataniques trouvées à Font-Couverte proche de chez lui, le menaçant directement, il avoua à Jaume avoir une idée sur les auteurs. Il supposait qu'elles émanaient d'un groupe venu de Saint Michel de Llottes et de la vallée du Boulès, composé d'anciens journaliers qui furent un temps au service du frère d'Arnau, et que l'on dut renvoyer suite à un viol collectif sur une servante du châtelain. Il supposait également que ces initiatives avaient pu être inspirées par un ancien dominicain qui fut prieur à la chapelle du château et dont son père dut également se séparer. Ce dernier, d'une conduite douteuse à l'égard de la gent féminine, était de surcroît d'une intransigeance absolue à l'endroit de tout ce qui n'était pas édicté par le Pape.. Aujourd'hui, enfermé dans une pratique érémitique, il n'en dispensait pas moins son venin à des esprits simples et amers prêts à agir, par fanatisme ou par vengeance, contre tout ce qui à ses yeux relevait de l'hérésie.

Jaume fut abasourdi par de tels propos en ces lieux reculés, car dans la plaine et autour du Mas Déu, le calme et l'indulgence étaient de rigueur. Ayant trouvé Arnau affaibli, diminué, handicapé par sa jambe et quelque peu amer, il n'accorda à cette histoire qu'un crédit relatif. Après son séjour consacré aux retrouvailles, aux souvenirs et à la démonstration de chasse, ils se séparèrent après s'être embrassés chaleureusement et s'être promis de se voir régulièrement et de se tenir informés.

Dans le courant de l'été, Jaume devait se rendre à Castelnou où des joutes équestres (quintaines) devaient se produire, comme chaque année, sur un terre-plein proche de l'église du village et rassembler les pages, écuyers et chevaliers des Aspres dans un tournoi que devait présider le vicomte Jaspert. En vue de préparer la manifestation, il se rendit régulièrement au château de Castelnou pour y rencontrer les chefs de la garnison, en faisant à chaque fois un détour par Camélas pour saluer sa famille. Il était d'autant plus intéressé par cette entreprise que les jeunes prétendants seraient invités, cette année, à participer aux épreuves réservées aux aspirants et qu'il pensait déjà à la participation future de son jeune fils.

Ses allées et venues le familiarisaient de nouveau avec le village et les gardes du château.

Et il apprit ainsi qu'en son absence beaucoup de choses avaient changé pour la vicomté.

En 1286 particulièrement, quelques années après son départ en Terre sainte, le château avait été attaqué et démantelé par les troupes du roi de Majorque[99] rangé au côté du roi de France suite aux Vêpres Siciliennes.

Les biens de Jaspert V avaient été saisis et mis sous séquestre. Ils ne lui avaient été restitués qu'après la paix définitivement conclue entre Jacques Ier, roi de Majorque, et Pierre d'Aragon en 1298. À noter que suite à cette défaite, il avait dû s'exiler en Catalogne et qu'il ne put revenir à Castelnou qu'en 1298, bien après la paix d'Anagni[100] (1295). Ainsi, au retour de Sicile, Jaspert s'y était-il fixé quelques années, tentant de réorganiser ses possessions après presque vingt ans d'absence.

Il restaura son château, et en améliora la construction en y intégrant notamment des pierres de taille sur les murs principaux. Il fit édifier des remparts encerclant tout le village, les renforça par des tours emmurées à intervalles réguliers et adjoignit à la citadelle une grande porte d'entrée sur la base de tours jumelles pour en rendre la garde plus conséquente et dissuasive.

Hors de l'enceinte du village, il renforça la tour/corral de Majorque dominant le château, qui avait été malmenée pendant le siège, ainsi que la tour de guet proche de l'église. Tout ceci prit plusieurs années. Parallèlement aux travaux de restauration il avait dû faire face à l'hostilité des lignages nobles de Roussillon, restés fidèles à Jacques de Majorque. Jaspert s'était donc réinstallé à Castelnou avec l'intention d'y demeurer. Malgré cette résolution, dès 1308, il avait repris du service auprès du roi Jacques d'Aragon, qui lui avait confié le commandement de la flotte qui prit Alméria. En cette année 1309 le vicomte Jaspert V, occupé par une opération navale ne put donc être présent aux joutes de Castelnou qui se déroulèrent pour la Sainte Marie, patronne du village, le 15 août.

En son absence, les jeux furent donc présidés par le seigneur Jordi de Prunet, homme de confiance de Jaspert, qui, pendant de nombreuses années, avait commandé la garnison de la vicomté et que Jaume connaissait très bien. Le matin aurait lieu un tournoi de quintaine réservé aux pages et aux écuyers. Il serait suivi en fin de matinée par un tournoi de joute de chevaliers confirmés.

L'après-midi, ouvert à tous, serait consacré à des jeux d'adresse (quilles, tir à l'arc…), d'agilité (mât de cocagne, course de sac), de force par équipes seigneuriales des Aspres (tir à la corde), et à un bal populaire.

Le terre-plein consacré aux épreuves comportait plusieurs installations temporaires en bois déposées à même le sol de terre battue. Une barrière de bois et de corde limitait une grande enceinte rectangulaire dans laquelle les épreuves devaient se dérouler. En son milieu, dans le sens de la longueur, une succession de poteaux alignés était destinée à séparer les jouteurs avec lance qui s'affronteraient lors d'une épreuve à cheval. Une quintaine figurait sur un axe parallèle à une certaine distance. Une tribune d'honneur, formée d'une estrade surmontée de banderoles et portant les armes de la vicomté ainsi que celles des chevaliers inscrits aux joutes était prévue pour les personnalités de haut rang.

À proximité de l'enceinte étaient regroupés les musiciens et les porteurs de trompes chargés de donner le signal des épreuves. Bref tout le monde s'était mis en frais pour que l'évènement et la fête soient un succès.

Les premiers à rentrer en lice furent les pages de moins de dix ans qui, avec un cheval de bois tenu d'une main et une lance tenue de l'autre devaient frapper l'écu mobile en évitant le retour du tourniquet. Ils étaient une douzaine à concourir. Chacun eut droit à deux essais. À chaque engagement, on entendait les cris d'encouragement et les sifflements de parents fiers de leurs progénitures. Au terme de l'épreuve, un classement fut établi par des juges. Des embrassades et des bravos de félicitation aux vainqueurs s'ensuivirent.

Le public étant échauffé par cette mise en train, le rassemblement des jouteurs seniors fut annoncé à grands coups de trompes. Tous les participants inscrits se regroupèrent alors dans un enclos où des commissaires allaient vérifier la conformité des équipements : chevaux, étriers, lances, cimiers, couleurs arborées... Une vingtaine de concurrents fut dénombrée chez les chevaliers et écuyers majeurs. La plupart des seigneuries représentées étant reconnaissables grâce à leurs armoiries très colorées.

La première épreuve de quintaine vit l'échauffement des concurrents à cheval contre un poteau à tourniquet, alors qu'ils testaient les installations. Aucun incident notable ne fut relevé.

Vint ensuite l'épreuve proprement dite. L'allure était singulièrement différente et la violence des chocs produits par les lances sur l'écu mobile était impressionnante.

Plusieurs jouteurs se blessèrent, car le retour du tourniquet n'était pas toujours esquivé correctement. L'épreuve dura une bonne heure malgré le rythme soutenu des passages. Les meilleurs cavaliers se firent donc remarquer et un classement final fut établi et proclamé par un juge.

L'épreuve majeure des joutes en duo devait clore la matinée. Deux cavaliers caparaçonnés, porteurs d'une lance à dextre et d'un écu à senestre, chacun situé de part et d'autre d'une rangée de poteaux plantés à mi-hauteur et rassemblés par des rubans colorés, devaient s'affronter.

Le vainqueur de la joute serait celui qui désarçonnerait le plus grand nombre d'adversaires.

Les enjeux étaient ici beaucoup plus sérieux et les engagements dangereux, même si des précautions étaient prises pour éviter les blessures graves. Les chutes et les mauvais coups étaient toujours possibles, car la fougue des participants et les écarts des chevaux étaient parfois difficiles à contrôler.

Ce jour-là l'engagement fut important et des blessés furent à déplorer. Des chutes de cheval, des mauvais coups reçus à la tête, des entailles à la jambe ou aux genoux furent signalés...mais la compétition souleva un tel enthousiasme qu'on en oublia les désagréments.

Très attendu, le palmarès fut prononcé à la fin de toutes les épreuves. On commença par les plus jeunes dont les noms furent acclamés. On releva le nom de Joffre de Prunet, fils de Jordi de Prunet. On poursuivit par les cavaliers avec le même enthousiasme. Ici on retint les noms de Martin de Montauriol et de Ramon de Caixas. On cita ensuite les écuyers prétendants à l'adoubement, parmi lesquels Galdric de Saint-Michel et Roch de Llupia.

Après un défilé final, les vainqueurs, salués par des applaudissements et des cris, se rassemblèrent autour du représentant du vicomte qui les congratula avec chaleur et remit à chacun un trophée composé de lauriers.

La matinée se termina par un buffet auquel tout le monde fut convié et par l'annonce des festivités populaires de l'après-midi.

Dès la fin du repas, les jeunes se précipitèrent vers

les deux mâts de cocagne dressés sur l'aire en terre battue, chacun porteur à son sommet, d'un jambon, d'une dinde et de saucissons. L'épreuve rencontra un vif succès, car il était difficile de réussir l'escalade sans une grande agilité et de la force dans les bras. Ce fut ensuite le tir à la corde. Des équipes successives composées d'un même nombre de participants regroupés par seigneuries devaient s'affronter. Ce fut l'équipe regroupant Sainte-Colombe et Llupia qui remporta le tournoi. Pour cette épreuve également, la joie populaire fut immense, car garçons et filles y participaient.

Vint enfin l'heure du bal public ouvert par les musiciens jouant de la vielle, de la pipa (cornemuse), du hautbois rustique, de la flûte et du tambourin à corde, qui lancèrent plusieurs rondes auxquelles s'associèrent filles et garçons. Les bals étant peu fréquents et les occasions de rencontres entre les jeunes tout autant, l'attente qui était grande fut récompensée par une participation conséquente. En fait, les musiciens furent sollicités tout le reste de l'après-midi. Certains participants ne ratèrent aucune danse et y allèrent même avec entrain jusqu'au terme. La sonnerie de l'angélus, qui retentit à six heures, donna le signal de la fin que tout le monde respecta. Les organisateurs et tous les bénévoles se mirent alors à démonter les portiques, les estrades et autres tréteaux… afin de ranger le tout sur des chariots et d'amener l'ensemble dans les écuries et les remises. Une heure plus tard, il ne restait plus rien sur l'esplanade et tous les jeunes réunis à l'église se retrouvèrent pour une prière à la patronne « Nostra Senora del Mercadal ».

Après l'office tout le monde se sépara en se promettant de se retrouver à la prochaine occasion…

Jaume, qui avait surtout été présent pendant la matinée, était parti plus tôt à cheval afin de regagner Corbère avant la tombée de la nuit. Il arriva au château pour le souper. Béatrix, toujours inquiète, qui se tenait près de l'entrée fut soulagée quand elle reconnut son cheval au bout de l'allée d'accès. Guilhem, qui commençait à marcher, alla embrasser son père. Peu de temps après ils se retrouvèrent tous les trois à table où un gigot d'agneau accompagné de fèves les attendait. La conversation porta sur la journée à Castelnou que tout le monde avait trouvée réussie. Un peu plus tard, la fatigue se faisant sentir, on monta se coucher, car le lendemain serait une journée active.

Dans les jours qui suivirent, Jaume fut invité par les seigneurs d'Ille et de Millas à une soirée anniversaire réunissant les notables du secteur. La fête fut animée par le seigneur de Millas qui prit la parole à plusieurs reprises pour parler de politique et de religion.

Le sujet porta sur l'hérésie et les nouveaux hérétiques. Le ton, amical et badin du début, avait laissé rapidement place à un discours suspicieux, hostile aux mécréants et aux déviants de tous poils, au point que Jaume s'interrogea sur ce qui justifiait ce type de réunion. Il comprit que les pressions exercées par Philippe Le Bel, par l'entremise de Guillaume de Nogaret, s'étaient introduites en Catalogne et que cette soirée faisait partie des prémisses d'un plan organisé destiné à pourchasser les brebis galeuses du Temple qui s'étaient infiltrées dans la société. Il écouta attentivement tout le reste de la soirée, mais ne dit mot, sachant que ce climat de suspicion ne lui disait rien qui vaille. En l'espace de quinze jours, cela faisait deux fois qu'il était confronté à cette atmosphère, dans des lieux et des milieux très différents. Il décida de se tenir sur ses gardes, sans pour autant savoir que faire.

La situation était d'autant plus ambigüe que les templiers roussillonnais, réfugiés à Miravet (possession templière en Aragon) depuis 1307, sous la protection de Ramon de Guardia commandeur du Mas Déu, et qui furent arrêtés par les troupes du roi d'Aragon, en 1308, après un an de résistance, venaient d'être libérés après avoir été blanchis de tout soupçon. Qui plus est, depuis 1309, le commandeur de Guardia, après un jugement qui eut un écho important en Catalogne, avait été acquitté et s'était retiré au Mas Déu. Pour autant, un ressentiment obscur entretenu par des irréductibles antireligieux persistait à l'endroit de l'ordre.

Les journées suivantes, Jaume reprit ses tournées d'inspection avec son régisseur Jaumet, sans que le moindre bruit ne se manifeste à ce sujet.

Quelques jours plus tard, il fut invité à participer à une chasse au sanglier avec les seigneurs de Prunet, de Caixas et de Llupia… Ils devaient se réunir à la tour/corral située au sommet du rocher de Mallorque qui domine Castelnou, afin de repérer les espaces de chasse. Pour être au rendez-vous, il quitta Corbère à l'aube, assisté par un garde à cheval et deux chevaux bâtés chargés d'armes et d'ustensiles divers. Ils parvinrent à la tour de Mallorque en fin de journée où ils étaient attendus.

Ils pénétrèrent dans l'enceinte carrée de cette grande tour surplombant le château, occupée à l'époque par une partie de la garnison de la vicomté, là où ils retrouvèrent une douzaine de chasseurs venus de toutes les Aspres, depuis Bellpuig, Casefabre, Caixas, La Bastide, Saint Marsal, Montauriol, Oms, Llupia, Terrats, Trouillas et Sainte-Colombe…

Ils se connaissaient tous et partageaient ce goût intense de l'effort physique, de l'amitié entre hommes, de la nature, du gibier, des odeurs sauvages, des couleurs ocres et vives, mais aussi de la terre aride, riche malgré son âpreté. Ils prirent un repas copieux arrosé de vin des Aspres, avant de se reposer pour être fins prêts pour le lendemain.

Jordi de Prunet, habitué aux initiatives, prit les choses en main. Il fit un exposé présentant la zone de chasse, proposa la composition de plusieurs équipes, avec chiens et chevaux, et signala les endroits susceptibles de receler du gibier. Ils convinrent de chasser à l'arc et à l'arbalète et de ne se réserver les lances et couteaux qu'en cas de besoin, s'ils soulevaient par exemple une horde de sangliers et qu'ils soient attaqués.

Il fut convenu que Jaume ferait équipe avec Ramon de Llupia et Jepe de Sainte-Colombe.

Ils se déployèrent en direction du mas Cubris (Quérubi) où les sangliers avaient l'habitude de se rassembler la nuit, ils organisèrent un bivouac avec des tentes sommaires en peau de renard, firent un petit feu pour chauffer de l'eau, cuire la soupe et griller des lapins de garenne, capturés la veille au collet. Enfin, ils convinrent de faire des rondes et des gardes à tour de rôle. En cette saison, la température était bonne mais les nuits un peu fraîches. Sur le coup de trois heures du matin, après s'être assoupis, ils furent réveillés en sursaut par le garde de faction qui avait entendu une horde se déplacer en direction du « Serrat d'en Mille ».

Ce lieu, fréquenté depuis l'antiquité, était connu pour son superbe dolmen de pierres brutes entouré de rochers. Perché sur le sommet de la colline, il permettait, depuis la grande table en pierre le surmontant, d'observer le majestueux Canigou, montagne mythique couverte de neige en période hivernale. Une impression d'infinité et de sacré se dégageant de cet espace, on pouvait comprendre le choix, par les anciens, de cet endroit comme lieu de culte, d'imprécation et de recueillement.

Une famille entière de sangliers se déplaçait à pas lourds dans une coulée longeant l'accès au lieu de culte antique. Les chasseurs décidèrent rapidement de se déployer de part et d'autre de cette voie, pour les atteindre sur le passage qu'ils avaient l'habitude d'emprunter. Chacun, armé d'une arbalète ou d'un arc et d'un carquois bien garni, espérait une bonne prise. Allongés sur le sol en embuscade, prêts à tirer, ils entendirent la horde qui se rapprochait.

La lune éclairant la colline, ils distinguaient assez bien les animaux. En tête de la harde, un gros mâle puissant au pelage noir menait la troupe. Ils étaient une douzaine environ, de différentes tailles, de couleur marron fauve, les plus jeunes étant plus clairs. Comme convenu, les chasseurs devaient concentrer leurs tirs sur les premiers afin de réduire les risques d'attaque. Ils attendirent donc que la tête de la harde soit à proximité pour tirer le ragot (le sanglier mâle).

Trois flèches l'atteignirent et il s'effondra après quelques soubresauts et des cris lugubres. Les deux suivants furent aussi atteints, mais ils parvinrent à s'échapper. Un mouvement de panique s'empara alors des suivants qui se mirent à foncer droit devant eux. L'un des équipiers de Jaume, imprudent, fut surpris et renversé par la course folle d'un d'entre eux qui s'était écarté de la harde. Il fut blessé, mais sans trop de gravité. Et l'embuscade se solda par l'abattage de deux sangliers.

Le jour se levant, ils décidèrent de retourner à la tour/corral de Mallorque en emportant leurs prises de chasse. Pour cela ils chargèrent les sangliers sur le dos de juments et les attachèrent. Sur le chemin du retour, ils croisèrent la seconde équipe qui revenait bredouille, mais qui déplorait un blessé. Un tir de flèche malencontreux, destiné à un renard, avait frappé Arnau de Caixas dans le cou. Le tir provenait d'un assistant du chevalier de Terrats, un chasseur novice, à qui on avait confié un équipement sans vérifier ses aptitudes, et qui s'était mis à tirer à la vue d'un goupil sans que le moindre signal ne fût donné.

La blessure, apparemment sans gravité, était cependant délicate en raison du risque d'infection et des difficultés à pratiquer une saignée purificatrice à cet endroit. De retour au campement à la tour de Mallorque on lui administra donc un pansement désinfectant à base d'herbes sauvages et de vin. La troisième équipe les ayant rejoints en fin de journée, chargée de gibiers (chevreuils, lièvres…), ils décidèrent après réflexion d'arrêter la chasse et de rapatrier Arnau chez lui pour se reposer et se soigner.

Ils se séparèrent ainsi en se promettant de se rejoindre sept jours plus tard pour une chasse vers Font-Couverte et de retrouver Arnau de Caixas sur ses terres.

La semaine suivante ils se retrouvèrent à l'heure au rendez-vous, au lieu convenu, près de la chapelle de Font-Couverte. Attendant que tout le monde soit là, ils furent étonnés du retard d'Arnau de Caixas qui d'habitude était ponctuel. Ils s'en inquiétèrent et envoyèrent un messager à cheval à la seigneurie de Caixas, peu éloignée, pour en savoir plus. Au bout d'une demi-heure, ce dernier, de retour au galop, leur annonça d'un air inquiet que messire Arnau était au plus mal et qu'il ne se joindrait pas à eux. Il ajouta que depuis sa blessure à la chasse, il avait été gagné par la fièvre et que selon son prieur et son médecin il n'en avait guère pour longtemps. On lui avait du reste administré les derniers sacrements (extrême onction).

Un vent de panique souffla sur la bande de chasseurs atterrés. Jamais un tel évènement ne s'était produit. Comme Arnau, tous avaient été blessés à l'occasion de parties de chasse et, après quelques jours de convalescence, tout était rentré dans l'ordre. Cela faisait partie des risques…

C'est alors qu'en devisant entre eux un doute commença à germer chez certains à propos de l'auteur de l'accident. Refaisant le point sur les circonstances on s'aperçut qu'il était absent aujourd'hui. Tout comme le chevalier de Terrats manquait également au rendez-vous.

— Bizarre ? ne purent s'empêcher de déclarer à haute voix les équipiers, d'autant que ce dernier avait été le premier à déplorer l'accident et à vouloir s'enquérir de la santé du blessé.

Les spéculations commencèrent donc à aller bon train.

— Ces gens-là n'avaient pas l'air très franc du collier ! ajouta un dernier.

Jordi de Prunet, d'un geste d'autorité, fit taire les commentateurs et leur demanda de ne pas tenir des propos inconsidérés sans preuve. Il les rappela à leur devoir de chrétiens et à celui de respecter la paix de l'âme d'Arnau de Caixas. Il leur demanda de rester à Font-Couverte afin de rendre hommage à leur ami, de participer le soir à la veillée funèbre au château de Caixas et d'assister si possible aux obsèques du défunt le surlendemain.

Le dimanche matin la chapelle jouxtant le château de Caixas fut donc remplie des proches, des amis et des représentants des diverses seigneuries des Aspres venus rendre un dernier hommage à Arnau. La chapelle romane était décorée de fleurs sauvages et de bouquets de lys apportés par quelques dévotes du village. Le prêtre, en habit sombre de cérémonie, relata, au cours d'un prêche émouvant, la carrière exemplaire d'Arnau, fils des Aspres, fier et courageux combattant, chrétien à la foi inébranlable et chevalier du Temple ayant accompli avec le plus total dévouement sa mission en Terre sainte sans faiblesse ni reniement. Soulignant au passage, à qui voulut l'entendre, qu'en cette période de dénigrement venu de France, les chevaliers du Temple constituaient dans l'Histoire un exemple inégalé de foi, de courage et de générosité au service de Dieu. L'assemblée, recueillie et émue aux larmes, pria et chanta les cantiques grégoriens de requiem qu'initia le chœur de chant. Pendant toute la cérémonie, le glas sonna à la petite cloche d'airain du clocher à claire-voie, et retentit dans la vallée du Boulès, de l'autre côté de laquelle on devinait au milieu d'un océan de verdure le prieuré de Serrabone émouvant dans sa solitude végétale.

La cérémonie religieuse terminée, Arnau fut enseveli dans le carré familial situé à l'intérieur de l'église seigneuriale, selon l'usage médiéval réservé à son rang. Après sa mise en sépulture une plaque tombale portant son nom et le blason familial furent apposés à même le sol et bénis par l'officiant. Chacun regagna ses terres, triste et préoccupé par cette disparition et par les rumeurs qu'elle avait suscitées.

En résumé, la rumeur persistante était qu'Arnau de Caixas, ancien templier, même s'il s'était éloigné tardivement de l'ordre, restait suspect de prosélytisme, et que le seigneur de Terrats, d'un autre côté, était connu pour ses propos et ses sympathies à l'égard d'une cellule d'inquisiteurs, proche de la Canterrane, inspirée par les méthodes de Guillaume de Nogaret, zélateur dévoué du roi Philippe le Bel.

Jaume bien que sensible à la question, n'était pas totalement convaincu par l'idée du complot, même s'il avait été le témoin de situations marquées par des propos convergents. Il regagna donc Corbère sans se soucier plus que nécessaire des rumeurs.

— Après tout, les accidents, ça existe ! se disait-il intérieurement.

Reprenant son rythme de vie, il retourna à Perpignan et fit un aller-retour à Collioure pour surveiller ses affaires. Rien n'était à signaler qui en vaille la peine. De retour vers Corbère il décida de s'arrêter dans un relais à Trouillas pour y prendre un repas. Il en profita pour bavarder avec l'aubergiste et le questionner sur le Mas Déu et sur le seigneur de Terrats, son proche voisin. Méfiant, l'aubergiste fut réservé et ne répondit pas aux questions de Jaume.

Ce silence l'intrigua, mais il ne manifesta aucun signe d'étonnement. Profitant de l'arrivée de nouveaux clients, il s'installa à une table déjà occupée par un habitué, habitant Terrats et bien plus loquace. Ayant constaté son penchant pour la boisson il lui offrit une tournée. Puis une autre. Cette démarche le mit en confiance et il se mit à raconter sa vie, et plus encore… Jaume l'écouta d'abord patiemment, puis le canalisa ensuite progressivement vers ce qu'il recherchait, à savoir sur le seigneur de Terrats et sur le Temple. Il apprit, malgré la confusion des propos, que le seigneur de Terrats s'était entouré de gens d'Église dépêchés par Narbonne dans le but de démasquer les templiers auteurs de forfaits. Il comprit, d'après la description qu'il obtint, que le chasseur novice auteur de l'« accident » était un jeune prélat en charge de débusquer les renégats et les hérétiques infiltrés dans la société catalane à tous les niveaux. Les ordres venus de Guillaume de Nogaret, maître d'œuvre de la politique royale, étaient inflexibles et sans pitié.

Repartant sur Castelnou et Corbère, Jaume comprit que seul le temps permettrait d'apaiser les haines et les rancœurs accumulées par certains à l'encontre des Templiers. Certes la grande majorité des Catalans avaient du respect et de l'admiration pour les chevaliers du Temple et ne feraient rien d'hostile à leur endroit, mais ces gens infiltrés venus de Narbonne, fanatisés par le Pape, le roi Philippe le Bel et Guillaume de Nogaret l'atteindraient tôt ou tard.

— Alors que faire ? Fuir en catalogne du sud ? Attendre la mort par surprise ? Se cacher dans un monastère ?

Telles étaient les questions que se posait Jaume en ce matin de septembre 1312 avant de rejoindre Corbère.

— Non ! je ne vais pas me laisser faire ! se répondit-il à haute voix comme s'il s'adressait à une tierce personne.

— Je n'ai jamais accepté la fatalité ni la résignation et de plus il faut que je venge mon ami Arnau de Caixas qui a toujours été loyal et exemplaire, même si nous avons suivi des cheminements distincts après la chute de Saint-Jean-d'Acre !

Profitant de ses rencontres de chasse avec les seigneurs des Aspres, la plupart amis fidèles, des contacts à Terrats et à la Canterrane, notamment le meunier de la rivière qui devint un allié, et de ses fréquentations religieuses à Perpignan, il mit en place un réseau de renseignements afin de mieux connaître la pénétration inquisitoriale en Roussillon. Au bout de quelques jours il fut à même de connaitre les projets d'infiltration et les noms des personnes visées. Il apprit ainsi qu'un nouvel enquêteur, un templier repenti revenu d'Orient, venait d'être recruté. Il attendit peu de temps pour connaître son identité. Il s'agissait d'un ancien sergent catalan de l'Ampurdan, qui avait connu des déboires à Chypre suite à des accusations de pratiques obscènes. C'était donc autour du chevalier de Terrats que s'organisait la milice secrète, composée de deux hommes de main chargés des basses œuvres. Il fallait donc s'attendre à des embuscades ou à d'autres faux accidents.

— À moins que… pensa Jaume.

Chargé d'organiser une nouvelle chasse sur Castelnou, Jaume, qui voulait venger Arnau de Caixas et qui connaissait bien le territoire, conçut un plan de regroupement des équipes pour la prochaine battue. Il demanda à ses compagnons chevaliers de se retrouver aux mêmes endroits que lors de la dernière sortie près de la tour de Mallorque. Alors que lui, avec l'aide de son assistant, ferait remonter les sangliers par la vallée située derrière le château, depuis la fontaine basse du village (La Font) jusqu'à la croisée des chemins (La Creu) à l'aide de chiens.

Pour ce faire il se tiendrait à l'affût, tôt le matin, au-dessus de la grotte surplombant leur lieu de rassemblement. Il suggéra que pendant cette opération le chevalier de Terrats et ses deux assistants se joignent à lui en prenant le relais au milieu de la vallée afin de canaliser les sangliers en direction du col. Proposition qu'ils acceptèrent volontiers, y voyant probablement une occasion d'embuscade. Vers les cinq heures du matin, la harde, réunie à la fontaine pour se désaltérer fut mise en fuite par l'adjoint de Jaume qui lâcha ses chiens à leur poursuite. Elle s'enfonça alors avec force et violence, tête baissée, dans la gorge étroite en une file énergique et bruyante et remonta la vallée comme prévu. Beaucoup plus loin, arrivés à la fourche formée par les vallées, l'équipe de Terrats les orienta vers la vallée de Mallorque comme prévu afin de les rassembler vers le col (*La Creu*) où les attendaient les autres équipes de chasseurs en charge de les abattre.

Sauf qu'à ce moment, contre toute attente, des cris humains se firent entendre, poussés par les équipiers de Terrats, amplifiés quelques secondes plus tard par l'écho sonore très prononcé produit par la montagne. Des hurlements laissant augurer un grave accident, ou pour le moins un évènement totalement inattendu.

L'adjoint de Jaume, novice en matière de chasse s'en inquiéta vivement alors que celui-ci, gardant son sang-froid, feignait de ne pas bien comprendre. Les cris ayant cessé ils décidèrent d'aller se rendre compte à la hâte de ce qu'il était advenu. Après un-quart d'heure de cheminement à travers les taillis et les ronces, dans un silence inhabituel, ils parvinrent enfin à l'endroit où s'était regroupée la seconde équipe. Son assistant poussa alors un cri de stupeur et se mit à hurler :

— On les a assassinés !

— Ce n'est pas possible ! s'exclama Jaume.

— Ils ont même été pendus à des arbres !

Au-dessus d'eux, sur le haut d'une colline dénudée, on apercevait la silhouette de trois corps suspendus par des cordes à des arbres morts. En s'approchant, ils distinguèrent les gorges tranchées qui continuaient à saigner. Il s'agissait bien du chevalier de Terrats et de ses assistants. Une scène visiblement terrifiante et inattendue pour l'adjoint en cette aube naissante alors que Jaume, de son côté, quoique abasourdi, manifestait son étonnement avec plus de modération. Sachant qu'il était tout de même surpris par la rapidité, la violence et la netteté de l'exécution. Car il s'agissait bien d'une exécution sommaire. Après avoir attaqué par le haut de la vallée, en contournant le château, les auteurs de l'attentat avaient dû, leur forfait accompli, repartir à cheval en direction de Saint Martin de Camélas et disparaître dans la nature.

— Qui a bien pu faire ça ? interrogea l'assistant.

— Je ne vois vraiment pas, lui répondit sobrement Jaume, sans trop d'émotion.

Après avoir constaté le triple meurtre, il s'empara d'un cor de chasse et se mit à émettre un signal de détresse pour rameuter tous les chasseurs dispersés dans la montagne, comme il convient lorsque se produit un accident grave. Au bout d'une heure, après plusieurs rappels, tout le monde se retrouva au pied des arbres morts pour constater le triple assassinat.

L'émotion fut grande car, faisant suite à l'accident qui avait emporté Arnau de Caixas quelques semaines plus tôt et aux rumeurs qui avaient suivi, chacun vit dans ce triple assassinat des représailles organisées.

— C'est la première fois qu'un tel évènement se produit dans les Aspres ! s'exclamèrent, les chevaliers, regroupés autour des trois pendus.

Jaume se mêla au concert de protestations et d'indignations, sans se faire remarquer.

— Un accident mortel par empoisonnement et trois meurtres en quelques semaines ça fait beaucoup ! s'écria le chevalier de Prunet.

— Peut-être est-ce une sanction divine pour venger notre ami Arnau de Caixas ? lança un autre chevalier.

— Pourquoi pas ? acquiescèrent plusieurs autres, croyant les superstitions.

— Qui a bien pu organiser cette opération mystérieuse ? déclara un autre membre, plus rationnel.

Jaume avait son idée sur l'origine du massacre, mais il ne pensait pas que la forme en serait aussi expéditive. Ayant quelques jours auparavant rencontré près de Bouleternère un fugitif Almogavres dénommé Benali qui avait combattu à ses côtés en Sicile et à qui il avait sauvé la vie dans un combat près de Messine, il l'avait entretenu de son projet de bâtir une milice à son service, afin de se défendre contre la répression dont étaient victimes certains de ses amis. Benali, fier et heureux de retrouver l'un de ses anciens chefs et voulant lui témoigner sa reconnaissance, lui avait demandé en quelle occasion il pourrait intervenir. Saisissant l'occasion, sans y avoir vraiment réfléchi, Jaume lui avait alors demandé de punir des malfaiteurs, auteurs d'un crime contre son ami Arnau, ancien compagnon d'armes. C'est là qu'emporté par son élan, il lui avait relaté l'organisation du projet de chasse à Castelnou et indiqué son intention de punir le trio à cette occasion, sans précision sur la nature du châtiment à leur infliger. Puis il se souvint avoir donné un descriptif des trois acolytes, et précisé le lieu, le jour et l'heure du rassemblement. Ce qu'il avait oublié, c'est que chez les Almogavres on ne faisait pas dans la demi-mesure, comme en témoignait la triple exécution.

Il était donc à la fois soulagé et gêné. Soulagé pour Arnau de Caixas et pour lui-même, car l'annonce de la triple pendaison refroidirait les futurs candidats à l'inquisition, et gêné en tant que chrétien par la sévérité de la vengeance et sa disproportion au regard de la faute.

La famille de Terrats, frappée par la vengeance et atterrée, demanda qu'une enquête soit diligentée par la vicomté de Castelnou afin de punir les assassins. Les enquêteurs, après plusieurs jours d'enquête ne trouvèrent que quelques misérables traces de pas sur les lieux du crime. On devina seulement qu'avant d'être pendus en signe d'indignité, ils avaient été égorgés au coutelas catalan, que rien ne leur avait été dérobé, car leurs objets personnels tels que bagues en or et croix scapulaires étaient à leurs places, et que cela ressemblait fort à une expédition punitive, en bref à des exécutions sommaires. Certains firent bien sûr le lien avec la mort d'Arnau de Caixas, survenue quelques semaines plus tôt, mais sans être capables de fournir la moindre piste.

Dans la semaine qui suivit, les obsèques des trois pendus furent organisées à Terrats. Toute la société seigneuriale des Aspres se trouva réunie dans l'église Saint Julien et Sainte Basilisse, l'émotion étant forte parmi l'assemblée. Dans son sermon, le curé dénonça l'intolérance, la barbarie et condamna à l'enfer et aux châtiments suprêmes les auteurs de pareils actes anti-chrétiens. Tout le monde s'indigna, tout du moins en apparence, mais de nombreux assistants pensèrent que le châtiment avait surtout frappé l'inquisition et ses pratiques obscures.

Quelques mois plus tard, l'enquête s'enlisant, on renonça à poursuivre, faute de témoins et de preuves. On soupçonna même un simple d'esprit, habitant de Castelnou, qui errait la nuit hors du village, d'être l'auteur du crime puis, face aux fantaisies de l'accusation, on le relâcha au bout de quelques heures seulement d'incarcération. L'émotion suscitée par ces meurtres, très grande pendant quelques mois, s'estompa progressivement. L'inquisition religieuse et les consignes de Guillaume de Nogaret s'interrompirent.

Le temps passant on n'entendit plus parler de représailles contre les templiers reconvertis et le Mas Déu, qui abritait quelques anciennes personnalités de haut rang, n'était plus mentionné non plus. Il y régnait une atmosphère paisible de religieux retraités détachés des contingences terrestres consacrant leur dernière énergie à la prière et bénéficiant d'une indulgence collective.

De son côté, Benali ne se manifesta plus. Qu'était-il devenu ? Se rendant un jour à Bouleternère pour se renseigner, Jaume apprit qu'il avait quitté le village avec sa femme et ses enfants pour s'installer plus haut dans la vallée du Boulès, non loin de Serrabonne, où on lui aurait confié la garde d'un troupeau. Depuis plus personne ne l'avait revu.

— Serait-il reparti vers Besalù dont il était originaire ?

— Qui avaient été ses acolytes dans l'accomplissement de son forfait ?

Aucune réponse ne parvint à Jaume malgré l'enquête qu'il mena auprès des habitants, cela jusqu'à La Bastide. Il en ressentit une grande frustration et une certaine inquiétude, se demandant si un jour ça ne se retournerait pas contre lui.

Il garda pour lui le secret de l'exécution, y compris à Béatrix et à son confesseur, sachant que le moindre aveu de sa part aurait des conséquences désastreuses.

Le temps s'étant écoulé il se concentra alors sur sa famille qui prospérait dans l'attente d'un troisième enfant.

Tourmenté par ces incidents dramatiques, Jaume, profondément culpabilisé, ressassait sans arrêt le déroulement probable des évènements qu'il n'avait pu visualiser, afin de s'en libérer. Il avait beau faire, se dire que c'était une erreur, se répéter qu'il n'y était pour rien, il n'y parvenait pas. Ceci lui paraissait d'autant plus curieux qu'ancien militaire et marin, ayant eu l'occasion de tuer de nombreux humains à l'occasion de multiples combats, il n'en avait éprouvé jusqu'ici que peu de remords. Ce qui lui donnait mauvaise conscience était probablement le fait d'avoir commandité l'opération de sang-froid et maladroitement, en ayant eu recours à un homme de main qui avait échappé à son contrôle et qui plus est n'avait eu probablement aucun état d'âme dans cette exécution. Peut-être, se dit-il, est-ce parce qu'aujourd'hui j'ai mûri, que je suis père de famille et que Béatrix, très croyante, m'a fait comprendre le vrai sens de la vie.

S'activant au château dans des tâches quotidiennes très diverses, il quittait heureusement par moments ses pensées obscures, reprenait goût à l'aménagement du château et à la joie de faire plaisir à Béatrix et à Guillem par des jeux et des réceptions. Certes il y avait des hauts et des bas, mais cela allait mieux.

En cette fin d'année 1312, apprenant que l'archevêque de Tarragone, Guillem de Rocabertí, venait de prononcer le 4 novembre « l'innocence de tous les Templiers catalans » il se sentit soulagé et libéré. Cela constituait le terme officiel de ses inquiétudes templières…

D'un autre côté, ses affaires maritimes prospéraient. La liaison avec la Sicile se révélait profitable et il fut sollicité à plusieurs reprises pour commercer avec Chypre où un potentiel important d'affaires était apparu. Sa position à ce sujet était d'abord la prudence, car les risques étaient vraiment conséquents. La traversée était périlleuse, la concurrence des flottes pisanes, génoises et vénitiennes considérable. Il aurait fallu qu'une opportunité exceptionnelle se présente pour se lancer dans l'aventure. Pour un petit armateur catalan, le jeu en valait-il la chandelle ? Deux produits phares étaient considérés comme lucratifs en provenance de cette ile : le sucre et le coton. Rappelons qu'à l'époque, le miel était la seule denrée sucrée utilisée en Catalogne et en France, jusqu'à ce que les Croisés découvrent la canne à sucre et sa transformation en pain de sucre roux permettant son transport.

Le sucre, produit abondamment à Chypre, devenait progressivement un ingrédient indispensable dans le domaine de la médecine et de la pharmacopée. Il accompagnait également les fêtes et les banquets princiers, d'où l'augmentation de sa consommation et de sa demande dans les grandes villes maritimes occidentales. Il transitait principalement par le port de Limassol.

Le coton, abondamment cultivé sur les terres chypriotes irriguées et ensoleillées, encore peu cultivé en Europe, connaissait lui aussi un intérêt croissant chez les tailleurs et bonnetiers. Il transitait principalement par le port de Famagouste sur la côte orientale de l'ile de Chypre. Abraham qui avait un cousin à Chypre ne tarissait pas d'éloge sur l'opportunité de commercer avec l'ile. Il s'était même proposé de participer au voyage, s'il avait lieu.

Âgé de 53 ans, en cet an de grâce 1313, entouré de jeunes enfants (une nouvelle grossesse leur avait apporté une fille prénommée Mathilde, aujourd'hui âgée de trois ans) pleins de vigueur qui égayaient de leurs cris et de leurs jeux les salles du château, choyé par son épouse Béatrix qui n'avait de cesse de lui manifester son amour et sa reconnaissance pour sa bonté, son dévouement, son dynamisme et pour la prospérité qu'il donnait à tout ce dont il s'occupait, Jaume avait tout lieu d'être satisfait familialement.

Apprécié des chevaliers des Aspres pour sa loyauté et son courage, respecté par ses fermiers avec lesquels les contacts étaient cordiaux, admiré, écouté et craint par ses collaborateurs en affaires maritimes, admis dans la société perpignanaise qui voyait en lui un homme cultivé et riche au passé oriental aventureux, un commerçant habile, clairvoyant et entreprenant ayant réussi dans des affaires fondées sur une industrie catalane novatrice, celle des draps et tissus, il ne pouvait espérer mieux sur le plan économique et social.

Courtisé par les puissants proches de la cour royale de Majorque, il était envié par beaucoup pour son entregent, son sens du contact et ses relations, pour son esprit brillant, sa culture faite d'expériences, pour son excellente mémoire, son intelligence et son à-propos qui auraient pu déboucher sur un avenir politique.

Concernant son fils Guilhem, âgé de cinq ans, il le trouvait grandi et de plus en plus raisonnable. Dès qu'il voyait son père, il s'empressait de lui montrer ce qu'il avait appris auprès de son précepteur religieux et de son maître d'armes. Il connaissait quelques mots de latin, récitait une prière en catalan et chantait une comptine parlant de magicien.

Guidant son père dans la cour, il avait hâte de lui montrer ce qu'il savait faire de son épée en bois. Bernat, son compagnon de jeu, fils d'une servante, avec qui il s'entrainait, participait à la démonstration.

Jaume fut ébloui par son habileté et par son engagement dans la partie. Il pensa intérieurement qu'il lui ressemblait au même âge. Par ses activités quotidiennes de lecture, de calcul, de chant, de poésie, de prières en latin, Guilhem contribuait en grande partie à l'animation de la grande salle du château. Des jeux étaient pratiqués dans la grande cour intérieure avec ses camarades et les gardes s'amusaient même à combattre contre lui. Ainsi, on entendait des cris de joie alterner avec des jurons de déception selon les phases de la partie. Bref, tout allait pour le mieux aux yeux des parents. Jaume assistait quand il le pouvait aux entrainements de Guilhem. Il n'hésitait pas à jouer avec lui en servant de partenaire. Cet aspect de son éducation revêtait pour lui une grande importance. Pour autant il ne négligeait pas les autres enseignements desquels Jaume tirait toujours des formules utiles, lui qui avait reçu une formation très incomplète dans son enfance. En bref, le tableau, côté face, de Jaume était particulièrement flatteur.

En revanche, du côté pile, certaines zones d'ombre méconnues du public hantaient parfois sa conscience avec les années. Son abandon de l'ordre du Temple après la chute de Saint-Jean-d'Acre le culpabilisait de temps à autre et un remords, passager mais récurrent, l'atteignait. Certes, il avait eu raison de partir, de quitter l'ordre, car ç'en était fini de sa mission, mais vis-à-vis de ses pairs chevaliers et sergents, il avait trahi.

De surcroît, le fait d'avoir suivi Roger de Flor dans ses aventures mercenaires au service des grands de Méditerranée, qu'ils aient été rois, princes ou empereurs, encourageant toutes les pratiques guerrières fondées sur la razzia et le pillage au profit de quelques-uns, était loin de l'esprit chevaleresque.

Certes, il avait contribué à servir les rois d'Aragon, tels que Pierre le Grand et Frédéric son fils dans leur conquête méditerranéenne et dans leur grandeur. Certes, il fut loyal à Roger de Flor jusqu'à sa mort, contrairement à d'autres qui l'avaient trahi par opportunisme. Bien sûr, il fut chanceux, car blessé et meurtri en de multiples circonstances il ne dut sa survie qu'à une énergie et à un sens de l'adaptation hors du commun. Certes, il avait réparé quelques erreurs de jeunesse auprès de ses premières conquêtes féminines, d'abord à Limassol (Sophie), ensuite à Camélas (Rosette), puis à Messine (Carla). Mais tout n'était pas totalement effacé. La dernière affaire de Castelnou, dont il avait été l'initiateur maladroit et inconséquent, tourmentait sa conscience, plus qu'il n'y laissait paraître.

En fait, l'image des pendus revenait sans cesse à son esprit. Cela lui faisait penser au Golgotha et à la passion de Jésus Christ, dont la scène était reprise sur les fresques ou les bas-reliefs ornant les églises et notamment les chemins de croix. Comment Benali avait-il pu faire ça ? Était-il seul ou avait-il des complices. Le retrouverait-il un jour pour le savoir ? Le mystère restait total.

Pour aggraver la chose, il avait appris qu'une assemblée de sabbat s'était tenue à Castelnou, sur les lieux même du triple meurtre, lors d'une nuit de lundi. Les assemblées de sabbat, qui se tenaient la nuit, réunissaient des sorciers sous la présidence du Diable, pour célébrer les rites les plus mystérieux de leur art infernal, rendre hommage à leur maître, et se livrer entre eux à tous les emportements de leurs passions. Même si la pratique en était formellement condamnée, depuis le IXe siècle par le célèbre capitulaire sur les sortilèges et les sorciers : « *de sortilegiis et sortiariis* », des cérémonies bravaient périodiquement l'interdit. À Castelnou, Camélas et dans les Aspres en général, on rencontrait de nombreux sorciers et sorcières « bruixots et bruixes», parmi lesquels on pouvait distinguer entre les gentils (guérisseurs) et les méchants (jeteurs de sorts). Le nombre et les actions des malfaisants étaient mal connus. Pendant leur sabbat, les « bruixes » se frottaient le corps avec de la salsepareille et prononçaient une formule magique afin de conserver leur pouvoir.

La vengeance était allée très au-delà de ce qu'il avait imaginé et revendiqué.

Certes ce n'était pas de son fait, car il n'avait été que le commanditaire, mais le commanditaire imprudent, inconscient de l'interprétation que Benali pouvait faire de la formule « punir les criminels ». Certes, il n'avait pas d'autre choix pour venger son ami Arnau de Caixas et pour lui-même, mais ce qui le gênait le plus dans cette affaire, c'était de ne plus pouvoir se confier à qui que ce soit, même pas à un confesseur, vu la gravité du forfait.

— Il faut que je garde ça pour moi, seul jusqu'à ma mort ! se répéta-t-il à haute voix.

Reprenant ses esprits, Jaume chassa ces pensées négatives pour revenir au quotidien qui constituait toujours pour lui une source d'énergie, de résilience et de rebond. Il rentra au château retrouver Béatrix et l'atmosphère familiale. Une ambiance qui l'éloignait totalement de ses tourments moraux et de ses affaires. Ressourcé par la quiétude domestique il repartait le lendemain, plein de courage et d'énergie affronter les aléas du jour. Après un séjour à Corbère il se rendit à Perpignan pour affaires.

Retrouvant Abraham à son hôtel particulier, ils en vinrent à évoquer pour la énième fois le projet chypriote que Jaume repoussait invariablement. Saisissant une nouvelle fois l'occasion, Abraham lui déclara être prêt à s'embarquer, lui, âgé de 42 ans et célibataire, qui n'avait jamais quitté la terre ferme, pour tenter l'aventure à la fois maritime, commerciale et financière. Connaissant bien tous les rouages comptables, administratifs et commerciaux, il voulait tenter l'aventure maritime une fois dans sa vie.

Il était prêt, grâce à ses relations, à couvrir en totalité le financement et l'assurance de l'opération, en s'associant avec Jaume à parts égales sur les bénéfices futurs. À charge pour celui-ci de trouver un bateau, de dénicher un capitaine expérimenté et de composer un équipage fiable.

— Pensez-vous être capable de tenter l'aventure tout seul ? demanda Jaume, incrédule.

— Oui ! J'en ai la volonté ! Après vingt années de comptabilité et de vie sédentaire à suivre l'aventure des autres, et notamment la vôtre, je m'ennuie, ma vie n'a plus de sens. Certes, j'aurais aimé que nous partions ensemble, mais j'ai compris qu'après l'aventure sicilienne vous ne quitteriez plus le Roussillon et les Aspres.

— Vous avez raison, mon cher Abraham. J'ai vieilli

et mes attaches catalanes sont devenues trop fortes. Une question toutefois : quel sera votre rôle sur un bateau ?

— Monsieur Bonaventure, répondit-il, j'y ai déjà pensé. Sans vous le dire, depuis plusieurs années, je navigue avec des amis pêcheurs, du côté de Sainte-Marie et de Ruscino, que j'accompagne régulièrement en mer. Du coup, sans être devenu un grand marin, je me débrouille pour les différentes manœuvres, tant des voiles que des autres opérations. Je peux donc être utile sur un bateau, sans prétendre au commandement au large, bien entendu.

— Vous avez réponse à tout !

— J'ai été à bonne école avec vous, que j'observe et que j'admire depuis des années.

— Merci du compliment ! Reparlons-en demain et fixons-nous un calendrier.

Il fut convenu entre eux que dans un délai de deux mois les préparatifs seraient terminés. Un bateau vénitien, compatible avec ce type d'expédition était en vente du côté de Marseille.

Jaume avait appris par Miquel Morat qu'un capitaine catalan expérimenté, Bernat Rocafort, qui connaissait bien les pays du Levant et notamment la Terre sainte, et qui était resté à terre suite à un accident, serait prêt à reprendre la mer avec un équipage. Le financement de l'opération était acquis. Abraham, qui prenait son nouveau rôle à cœur, avait proposé un comptable pour le remplacer pendant son absence en la personne d'un cousin, David Attias. Face à de tels arguments et à son insistance, Jaume n'avait pu qu'accepter la proposition.

Il fut convenu que le départ aurait lieu à la mi-avril

1313, avec une cargaison de tissus, de charcuterie, de quincaillerie et de couteaux… Bref, un ensemble d'articles supposés convenir aux Chypriotes.

Le matin du départ, la mer était belle et le vent favorable. Jaume avait fait le déplacement à Collioure afin de juger de l'organisation et de la coopération entre Bernat et Abraham, dont les personnalités étaient peu semblables, mais aussi pour saluer cette nouvelle aventure sur laquelle pesaient de nombreuses incertitudes.

Le bateau, acheté à Marseille et de fabrication récente, semblait satisfaire Bernat Rocafort qui le trouvait manœuvrant, bien aménagé et de grande qualité technique. L'équipage, mêlant jeunes et anciens, paraissait équilibré et compétent. La cargaison bien arrimée dans les cales laissait suffisamment d'espace pour les marins, leurs armes et leurs effets personnels. Certes ils partaient seuls et non en flottille comme cela fut le cas dans les expéditions précédentes, mais Bernat avait assuré que si l'occasion se présentait, il se joindrait à d'autres convois en partance pour le Levant.

Après un salut amical de tout l'équipage, le navire leva l'ancre, quitta l'anse de Collioure, et s'éloigna au large poussé par un vent d'ouest. Le navire était baptisé le « Trinitat ». L'itinéraire prévisionnel était Cagliari en Sardaigne, La Valette à Malte, Héraklion en Crète et Limassol à Chypre.

Jaume le regarda s'éloigner avec un serrement au cœur. Lui qui avait été de tous les voyages se retrouvait maintenant en situation d'observateur. Il comprit à cet instant qu'une page venait de se tourner, que son tour était passé, que d'acteur principal il était devenu administrateur et spectateur.

L'émotion passée, il se ressaisit et se mit à imaginer un retour positif de Chypre, avec de nouveaux contrats et une nouvelle destination pour son entreprise d'armement maritime qui, bien que de taille modeste au regard des armements vénitiens, génois et pisans, prospérait sur quelques destinations bien précises, soutenue par l'expansion catalane en Méditerranée.

De retour à Perpignan où il séjourna quelques jours, il apprit, dans les conversations de marchés, la mort de Guillaume de Nogaret, l'inspirateur des persécutions templières[101], intervenue à Paris le 11 avril 1313. Il perçut cette annonce comme la confirmation du relâchement de la pression royale et papale sur les anciens templiers que lui-même avait constatée depuis le drame de Castelnou. La nouvelle allait bien sûr dans le bon sens.

Revenu à Corbère en cet été de 1313, Jaume s'occupait de Béatrix, de ses enfants et des affaires du château. Il honorait scrupuleusement ses engagements envers ses créanciers et notamment les droits de fiefs de Castelnou sur Corbère. Réciproquement il veillait, avec l'aide de Jaumet son régisseur, au respect des engagements des fermiers en organisant des tournées régulières.

À la mi-août, s'étant rendu à Collioure il reçut des nouvelles de l'expédition d'Abraham, par un navire, revenant du Levant, qui leur signala avoir croisé le « Trinitat » au large de Malte sans que le moindre incident ne soit signalé. Celui-ci sur le chemin du retour vers l'Europe se dirigeait vers la côte carthaginoise pour s'approvisionner en eau…

Côté chasse, à la suite du triple meurtre de Castelnou, Jaume avait décliné toutes les invitations de ses coreligionnaires des Aspres, ne souhaitant plus se replonger dans cette atmosphère qui lui rappellerait de trop mauvais souvenirs.

Les semaines passaient au rythme des saisons et des récoltes. Se rendant à Collioure à l'occasion de sa tournée mensuelle il apprit que le « Trinitat » avait été aperçu au large et qu'il ne devrait pas tarder à rejoindre le port. On lui avait signalé toutefois qu'ayant subi des avaries, il avançait lentement vers sa destination. N'en sachant pas plus, Jaume, avait hâte de connaître le fin mot de l'histoire. En début d'après-midi, le navire pénétra enfin dans l'anse de Collioure avec une seule voile bordée accrochée à un mât de fortune réparé tant bien que mal. Cela n'était pas de bon augure. Sur le pont se trouvaient quelques matelots, en petit nombre, prêts à la manœuvre.

Jaume observait la progression lente et hésitante du navire qui vint accoster après un long moment au quai en bois sur pilotis s'avançant dans la mer.

Ayant reconnu un matelot il l'interpella pour en savoir plus, car ni Abraham ni Bernat n'était visibles.

— Que s'est-il passé, où est le capitaine Bernat ?

— Il est blessé et se trouve dans la cale. Il va falloir le transporter pour le soigner.

— Et Abraham ?

— Il est mort depuis quinze jours des suites d'une infection. On a dû jeter son corps à la mer.

— Combien êtes-vous de survivants ?

— Nous sommes huit sur une vingtaine au départ.

Les laissant terminer la manœuvre d'accostage, Jaume qui avait bondi sur le pont pour se rendre compte de visu poursuivi l'interrogatoire :

— Que s'est-il passé ? s'enquit-il auprès du marin lui semblant le plus valide.

— Sur le retour en faisant escale à Carthage, où Abraham avait des amis, nous avons vendu une partie de la cargaison et sommes restés trois jours pour nous reposer. Peu après notre départ, nous avons été assaillis par une flottille de pêcheurs maures qui nous ont encerclés à la tombée de la nuit alors que nous longions la côte, armés de haches, de sabres et de coutelas. Ils ont sauté tous à la fois sur le navire par surprise et ont massacré plusieurs d'entre nous. Nous nous sommes bien sûr défendus et en avons tué un grand nombre, mais Abraham a été grièvement blessé à la tête et au ventre et a perdu beaucoup de sang. Nous l'avons soigné avec les moyens du bord, mais sa blessure au ventre s'est infectée au point qu'au bout de trois jours une odeur de putréfaction s'est répandue, laissant craindre le pire. Deux jours plus tard, malgré tous nos efforts, il a rendu l'âme. Se sentant perdu, il a récité plusieurs prières en Hébreux et nous a demandé de remettre ses objets personnels à sa famille si nous parvenions à rentrer à Perpignan. Bernat Rocafort, de son côté, qui s'est battu comme un diable a eu une jambe entaillée par un coup de hache à la hauteur du genou. Pour éviter la gangrène nous lui avons brulé la cuisse au fer rouge afin d'arrêter l'hémorragie et deux jours plus tard nous avons quand même dû lui amputer le bas de la jambe à la scie. Il semble maintenant sauvé, car la cicatrisation a commencé, mais il restera estropié à vie. Il est dans la cale allongé sur une paillasse. Nous pensons qu'il devrait s'en sortir.

— Les autres membres de l'équipage ?

— La plupart sont morts sur le coup. Seul un blessé au bras se rétablit petit à petit.

— Et la cargaison ?

— Elle est à peu près intacte. Le programme conçu par Abraham a été accompli dans ses grandes lignes. Il faudra que Bernat vous raconte les détails des transactions qu'il a suivies de près avec Abraham.

— Et les avaries au bateau, de quand datent-elles ?

— D'une dizaine de jours. Après l'attaque des maures, nous avons fait escale en Sardaigne pour soigner nos blessés. Un médecin de Cagliari a tenté de guérir Abraham… sans succès. Voyant que peu de choses étaient possibles, nous avons repris la mer le lendemain espérant pouvoir arriver à temps à Collioure. Malheureusement une tempête épouvantable s'est levée et nous a frappés pendant trois jours au large des Baléares. Le mât arrière s'est cassé et nous avons perdu une antenne. De plus, une voile est tombée à la mer et a disparu. Dès que la tempête s'est calmée, nous avons pu nous occuper d'Abraham qui malheureusement avait rendu l'âme. Nous avons alors organisé une cérémonie d'adieu et avons jeté son corps à la mer. Après cela nous avons réparé au mieux ce qui restait de la mâture afin de pouvoir avancer. Aujourd'hui nous sommes exténués. Nous avons besoin de manger et de nous reposer quelques jours. Après cela nous ferons le point.

Après cet entretien improvisé où l'essentiel semblait avoir été dit, Jaume pénétra dans la cale du bateau retrouver son ami Bernat Rocafort. Ce dernier, la mine défaite, était couché à même le sol, sur une paillasse déposée au milieu d'un fatras de tissus et de couvertures diverses. Une odeur nauséabonde se dégageait de la cale, ce qui donnait une idée de la réclusion et des souffrances épouvantables endurées par les blessés pendant ce calvaire de plusieurs semaines.

Bravant son sentiment de répulsion Jaume se saisit de Bernat avec l'aide d'un matelot et le remonta sur le pont pour respirer le bon air marin.

— Mon pauvre Bernat, tu reviens de loin. Je suis désolé pour toi ! lui dit-il en l'embrassant chaleureusement.

— Oh, tu sais mon cher Jaume, c'est bien la première fois que je rencontre de pareils sauvages. Ma seule consolation c'est d'en avoir exterminé quelques-uns avant qu'un salopard ne me casse la jambe en me frappant par-derrière.

— Maintenant, poursuivit-il, ce qui me manque le plus c'est un peu d'*aguardiente* (d'eau de vie) pour me remonter le moral. Nous avons tout épuisé sur le bateau pour les soins après l'attaque. Du coup, depuis plusieurs jours nous buvons de l'eau fadasse et sans goût.

— Je vois que le moral est là, constata Jaume, qui retrouvait, malgré tout, son ami dans sa rudesse et sa bonhomie.

— J'ai eu le temps de réfléchir dans cette cale ces derniers jours. Certes, j'ai perdu ma jambe, mais je pense que je pourrai encore naviguer si tout le reste fonctionne.

— Repose-toi pendant quelques jours, en famille chez ta sœur, mon cher Bernat. Je reviendrai te voir régulièrement et tu me raconteras le détail de votre aventure.

Ayant fait transporter Bernat chez ses parents sur une civière de fortune, là où des soins et des attentions allaient lui être prodigués, il revint au bateau faire le point avec l'équipage. Il s'adressa en particulier à celui qui en était devenu le second, un dénommé Angel, à qui il confia la garde du bateau. Il en profita aussi pour en apprendre plus sur l'expédition et pour récupérer les effets personnels d'Abraham ainsi que les documents administratifs et comptables (livre de bord).

Angel lui relata l'aller avec ses escales et les aléas du voyage, il insista sur la bonne entente qui régnait et sur les efforts d'Abraham pour que la mission réussisse. Il évoqua les ventes réalisées sur le parcours, en Sardaigne, à Malte, en Crète et bien sûr à Limassol où les tissus catalans connurent un grand engouement en raison de leur nouveauté et de leur qualité. Il expliqua aussi les nombreux contacts pris avec les producteurs de sucre et de coton afin d'obtenir des conditions avantageuses. Il conviendrait maintenant d'écouler ces nouveaux produits, pains de sucre et balles de coton, auprès d'une clientèle qu'il faudrait initier progressivement et convaincre.

Jaume avait une petite idée à ce sujet. Concernant le sucre, plusieurs petits commerçants du marché des halles de Perpignan organiseraient des dégustations. Concernant le coton, il prendrait contact avec les tisserands de sa connaissance à qui il avait déjà confié le traitement de la soie grège venue de Sicile et qui étaient toujours en quête d'innovations et de nouveautés. Bref, il fallait tenter l'expérience, même si cela prendrait du temps.

Ayant récupéré les papiers personnels d'Abraham il prit congé d'Angel qui, avec le reste de l'équipage, se chargerait des réparations et de la garde du bateau jusqu'à nouvel ordre.

Accompagné d'un assistant, Jaume reprit le chemin de Perpignan à cheval. Ils y parvinrent dans la soirée. De retour à l'hôtel il éplucha les documents du navire, le rôle d'équipage, les connaissements, les livres comptables… distinguant les ventes et les achats datés, etc.

Il trouva également un livre de prières en hébreu (le Siddour) et des notes personnelles comportant des dates, des noms et des lieux.

Après avoir récupéré ce qui relevait de l'expédition commerciale, il fit un paquet de ce qui appartenait en propre à Abraham afin de le restituer à sa famille habitant « *Le Call* », quartier juif de Perpignan. L'annonce de sa disparition fut accueillie avec beaucoup de tristesse et de résignation par sa famille, et notamment par sa sœur Hannah qui au courant de son départ en bateau pour

Chypre, lui avait prédit une fin tragique. Elle recueillit ses effets personnels et se mit à pleurer en promettant de prier pour son âme et de réciter le kaddisch.

Quelques jours plus tard, Jaume reçut la visite du banquier Salmon Bedressi, qui avait financé l'expédition d'Abraham.

Admettant que, par la mort, la dette d'Abraham s'était éteinte, il espérait toutefois obtenir des gages sur les marchandises en retour.

Jaume coupa net à sa demande, en déclarant que suite à l'abordage barbaresque subi au large de Carthage, qui avait entrainé la mort d'Abraham, et à la tempête essuyée au large des Baléares, le bateau devait être réparé de fond en comble et que la maigre cargaison en retour ne suffirait pas à couvrir les frais. La discussion en resta là.

Fidèle en amitié et conservant une grande affection pour le défunt, Jaume assista quelques jours plus tard à une cérémonie religieuse très émouvante à la mémoire d'Abraham organisée à la synagogue à la demande de ses parents. Profondément affectée, la communauté hébraïque de Perpignan lui réserva un hommage solennel. Ayant coiffé une kippa selon l'usage, Jaume se mêla aux prières initiées par le rabbin bien qu'il n'en comprenne pas le sens exact. Ainsi une nouvelle page venait-elle de se tourner.

Saint Michel de Cuixa

« Vous qui entrez, abandonnez toute espérance… »

Dante (L'Enfer)

Sur la route du retour à Corbère, en cet an de grâce de 1314, Jaume se repassait le film des évènements tels qu'il les avait mémorisés. Une nouvelle fois, il prit ainsi conscience de la cruauté de la vie, de sa vanité et de sa rapidité, cela malgré son âge, jugé avancé à l'époque.

Les nombreuses aventures qu'il avait affrontées depuis son service d'ost, 36 ans plus tôt à Castelnou, son entrée au Temple, ses abordages barbaresques en Méditerranée, ses missions en Terre Sainte, parfois assorties de massacres, les guerres accomplies sous la bannière de Roger de Flor, les pillages multiples auxquels il avait été associé, et enfin ce dernier épisode macabre ajouté à ceux de Castelnou quelques semaines plus tôt, commençaient à l'affecter.

Il se demanda si, malgré ses succès commerciaux en Méditerranée et son mariage réussi avec Béatrix, il ne subissait pas une malédiction. En effet, depuis quelque temps les gens qu'il fréquentait mourraient autour de lui. Allant plus loin dans ses méditations, il commença à se persuader qu'il payait avec retard le renoncement à sa parole et à sa trahison à l'égard du Temple. Roger de Flor avait payé son écot dix ans plus tôt, son tour ne tarderait pas à venir. Le moral en berne, il rejoignit le château et Béatrix qui resplendissait de fraicheur au milieu des enfants, gais et turbulents.

De ce jour, Jaume, d'habitude d'un naturel optimiste, jovial et enjoué, se mit à passer de longues heures à méditer et à ressasser ses mauvais souvenirs. Se sentant vieillir il avait moins d'ardeur à se lancer dans de nouvelles opérations. Il devint taciturne et se surprit même à se remettre à prier, lui qui y avait renoncé des années plus tôt en quittant le Temple. Étonnée de le trouver fréquemment en génuflexion à la chapelle du château, Béatrix finit par lui demander :

— Pourquoi ce besoin de prière ?

Il lui répondit que cela contribuait à apaiser les angoisses qu'il ressentait de plus en plus avec le temps.

N'y prêtant pas trop d'attention au début, elle commença à s'en inquiéter lorsqu'elle constata qu'il délaissait de plus en plus ses affaires, pour rester de longues heures, prostré dans la chapelle du château.

Au bout de quelques semaines, elle eut avec lui une explication.

— Que se passe-t-il, mon cher Jaume, je ne te reconnais plus ! Toi l'homme plein d'entrain et d'initiative, tu es là à te trainer du matin au soir et à prier plus que de raison dans la chapelle ?

— Ma chère Béatrix, je crois être frappé de malédiction.

J'ai des angoisses de plus en plus fréquentes, je ne dors plus, j'ai des cauchemars. Mon renoncement aux vœux prononcés à mon entrée au Temple me tourmente. Même si on connaît mes qualités d'homme d'affaires et de travailleur, on ne connaît pas les fautes énormes, les péchés mortels que j'ai pu commettre en trahissant le Temple, en tuant plus que nécessaire à l'occasion des abordages marins par les Barbaresques, en massacrant et en pillant au-delà du raisonnable avec les Almogavres. Il s'agissait de véritables bêtes sauvages, dont j'étais un des capitaines, et que j'ai commandées sans états d'âme lors de plusieurs guerres en Orient et en Sicile. Plus encore, lui avoua-t-il, les accidents de chasse récents qui se sont produits à Castelnou ne sont pas le fruit du hasard. Pour venger la mort d'Arnau de Caixas, j'ai sollicité un ancien mercenaire Almogavres, rencontré à Bouleternère, à qui j'avais sauvé la vie autrefois. Habitué à agir sans se poser de question il est allé au-delà de ce que je souhaitais. D'une simple punition souhaitée, il a fait une triple exécution.

— Et alors ? répondit Béatrix. Tu ne pouvais pas le savoir ! Tu as fait ton devoir !

— J'aurais dû réfléchir davantage à ma directive et à ses conséquences ! je suis fautif !

— Repose-toi et ne te tourmente plus ! Ça passera dans quelques jours, à l'occasion de l'anniversaire des six ans de Guilhem.

— Merci ma Béatrix ! lui dit-il, en l'embrassant, les larmes aux yeux.

Après cet intermède, loin de reprendre espoir, Jaume reprit ses pensées funestes[102].

Dans son cheminement mental, une idée creusait progressivement son sillon : celle de se retirer de ce monde temporel marqué par le péché, pour aller vers plus de spiritualité, en un mot vers Dieu et le pardon de ses fautes.

La crainte de l'enfer, qui suivrait la mort, partagée par la plupart de ses contemporains, ne l'avait jusqu'ici que partiellement atteint, car Jaume possédait un esprit logique, éloigné du mode de pensée dominant, marqué par la superstition, la crainte du jugement de Dieu et la peur du Diable. Ne voyait-on pas sur la plupart des fresques d'églises et chapiteaux des cloitres, des évocations du malin et des menaces qui pesaient sur les pécheurs comme un rappel permanent. Ange déchu, pour s'être révolté contre Dieu, il représente le mal ; dénommé également Satan ou démon il hante l'esprit de nombreux croyants. Il prend souvent les traits d'un petit personnage laid, bestial, grimaçant, ce qui permet de le reconnaître. Sa mauvaise âme est visible physiquement. Parfois il prend la forme d'un animal monstrueux, comme le dragon. Le combat de l'archange Michel contre le dragon représentant Satan est fréquemment reproduit. Le diable cherche à faire chuter l'homme. Le combat des vertus et des vices, très fréquent dans les églises illustre la lutte que doit mener l'homme pour ne pas pécher. Il est à associer à la pesée des âmes. En effet, après la mort, les bonnes et mauvaises actions des hommes sont pesées afin de savoir s'ils doivent aller au Paradis ou en Enfer, une pesée présidée par l'archange

Michel. Dans les images romanes, le diable, souvent difforme, tente vainement de faire pencher vers lui la balance que tient l'archange.

Vieillissant, diminué physiquement par d'anciennes blessures, fatigué moralement, Jaume se réfugiait de plus en plus vers une démarche spirituelle de contrition et de recherche de pardon, pour trouver la paix de son âme et, qui sait, la voie du Paradis.

S'étant « confessé » à Béatrix de ses méfaits et forfaits anciens, il décida de se rendre chez son notaire à Perpignan pour préparer son retrait. Il demanda à ce dernier de s'occuper de la cession de ses activités commerciales maritimes à son fils Guilhem qui, à sa majorité, en ferait bon usage.

Parallèlement, dans les jours qui suivirent, il fit organiser une vente aux enchères des trésors encore dissimulés dans les caves de son hôtel particulier. Le succès en fut considérable. Les pierres précieuses et les bijoux se vendirent dans les meilleures conditions aux bourgeois et notables de Perpignan. Une partie importante des fonds recueillis fut offerte au prieuré de Serrabone et à l'abbaye de Saint Michel de Cuixa. L'hôtel particulier en tant que tel, resterait à Béatrix.

Ainsi Jaume décida-t-il d'attribuer ses biens avant de se retirer en rédigeant un testament. Rappelons que mourir « intestat » (sans avoir fait son testament) est condamné par l'église et ferme la porte du Paradis.

Cette étape franchie, il s'interrogea sur la suite auprès de Béatrix :

— Que vais-je faire ? Rester au château ? Créer un ermitage ? Rejoindre un prieuré ou une abbaye ?

— Rester au château ! répondit-elle sans hésitation.

Dans le contexte de l'époque, rester au château était peu compatible avec le retrait du monde. Il demanda donc à Béatrix de le laisser réfléchir avant de faire un choix définitif. Prenant son cheval un matin, sans l'en avertir, il se rendit à Saint-Michel de Cuixa en direction de Prades.

Accueilli par le père abbé, à qui il fit part de sa volonté de se retirer pour devenir moine, Jaume se vit rappeler la règle de Saint Benoit à laquelle il conviendrait qu'il se soumette s'il décidait de s'intégrer.

— La vie des moines bénédictins comporte trois activités principales : la prière commune, qui s'exprime surtout dans l'Eucharistie et l'office divin « *Opus Dei* », encore appelée Liturgie des Heures, la lecture priante de l'Écriture Sainte ou d'auteurs spirituels « *Lectio divina* », et le travail manuel.

La prière commune, c'est *la liturgie des heures* qui, huit fois par jour, rassemble la communauté pour prier en commun, à partir des Psaumes et de la Bible. La journée commence à « la huitième heure de la nuit », avec les Vigiles nocturnes. Puis, au lever du jour, viennent les Laudes. Les offices de Prime, Tierce, Sexte, None. Les Vêpres (*vespera*) sont l'office du soir. Après le repas et une lecture en commun, c'est le dernier office de la journée, les Complies qui précèdent le grand silence de la nuit.

Du temps est aussi réservé à la lecture priante, c'est-à-dire à l'étude de l'Écriture et des Pères de l'Église, considérée comme une nourriture spirituelle : c'est la « *lectio divina* ».

En dehors des offices, les moines s'adonnent au *travail manuel.* Le travail doit être organisé de telle sorte qu'il n'oblige pas les frères à sortir de la clôture du monastère. On trouve de tout à Saint-Michel : de l'eau, un moulin, un jardin et des ateliers pour pratiquer les divers métiers à l'intérieur de la clôture.

La règle décrit les divers offices et le travail, mais aussi les modalités des repas, de l'habillement, de l'accueil, du choix des responsables, des voyages à l'extérieur, etc. Sachant qu'il appartient à l'abbé de régler les détails.

En entendant l'énoncé de la règle, et notamment la liturgie des heures, Jaume repensa à son entrée au Mas Déu et eut une impression de déjà-vu. Pour le reste, en revanche, et notamment la lecture et le travail manuel, la règle différait sensiblement. De surcroît, l'absence de toute pratique militaire le rassura, lui qui aspirait désormais à la paix sous toutes ses formes.

Au cours de son entretien avec le père abbé, après avoir entendu l'exposé de la règle bénédictine, Jaume relata les grandes lignes de son parcours de vie, avec ses bonheurs et ses malheurs et exposa les raisons de son choix de se retirer du monde. Il l'informa également de la donation à l'abbaye qui était en cours de règlement. La conversation porta ensuite sur la famille qu'il envisageait de quitter avec des enfants en bas âge. À ce sujet, Jaume demanda une dérogation annuelle d'une semaine afin de leur rendre visite jusqu'à leur majorité. Elle lui fut accordée du bout des lèvres, car cela était en contradiction avec les principes d'admission associés au renoncement. La conversation se poursuivit sur des sujets divers. Le père abbé précisa les conditions de vie et évoqua quelques célébrités qui furent les hôtes de cette illustre abbaye, citant notamment Pierre Orseolo[103] ancien doge de Venise.

De retour à Corbère, Jaume s'entretint avec Béatrix du contact pris avec le père abbé de Saint-Michel de Cuixa et lui fit part de sa décision qu'il considérait maintenant comme irrévocable. Il lui précisa toutefois la dérogation annuelle obtenue sur le principe tant que les enfants seraient mineurs.

Béatrix en fut affectée profondément et se mit à pleurer de longues heures. Toujours amoureuse de Jaume, et en charge de famille, il lui était difficile de renoncer à sa présence qu'elle considérait essentielle. Toutefois, la foi et la pression religieuse de l'époque se situant au-dessus de tout, elle finit par se résigner et donna son acquiescement.

Pourquoi le choix de Saint-Michel de Cuixa, et pas d'un autre monastère ou prieuré tel que Serrabone ? La réponse réside peut-être dans son appellation, quand on connaît le rôle de l'archange Michel. Alors, pourquoi ne pas avoir déjà un pied dans la maison du jugement. Ce fut peut-être, inconsciemment, le raisonnement de Jaume…

Quelques jours plus tard, début septembre 1314, Jaume, qui avait préparé ses effets, partit à cheval vers Saint-Michel, accompagné par le régisseur Jaumet.

Parvenus à l'abbaye après un long parcours, ils se congratulèrent et se séparèrent. Apparemment satisfait et soulagé, Jaume le salua une dernière fois de loin avec la main alors qu'il repartait avec les deux chevaux. Persuadé que cette démarche allait avoir de fâcheuses conséquences sur le château, Jaumet fut pris de tristesse et d'inquiétude. Il voyait dans ce départ un mauvais présage pour la survie de la seigneurie.

Six mois plus tard, la machine monastique avait produit ses effets. Méconnaissable, vêtu de noir, Jaume portait un scapulaire à capuchon et une ceinture autour de la taille. Il revêtait la coule, habit monastique par excellence, à l'occasion des offices et des principaux actes de la vie communautaire. Il s'était fait raser la tête et arborait une « couronne monastique », en d'autres termes une belle tonsure qui le rendait méconnaissable.

Respectueux de la règle, il s'adonnait à la prière collective et individuelle, en suivant le rituel à la lettre. Aux heures du jour, il participait activement aux travaux des champs, qu'il avait connus étant jeune, et dans lesquels il trouvait un apaisement moral et physique oublié depuis longtemps. Autour de l'abbaye se trouvaient quelques plantations fruitières et maraichères. De même, à proximité des bâtiments se tenaient un clapier et un poulailler, l'ensemble regorgeant de lapins, de poules et de canards. Enfin, dans un autre enclos peu éloigné, étaient regroupés des chèvres et moutons qui paissaient tranquillement.

Exploité et entretenu par les moines avec beaucoup

de soin, tout ceci permettait à la communauté religieuse de vivre en quasi autarcie.

Jaume ayant adopté les pratiques de ses congénères, accomplissait régulièrement ses rondes dans le cloître composé de pilastres et de chapiteaux romans sculptés dans du marbre rouge de Villefranche de Conflent, l'ensemble adorné de personnages grotesques, d'anges et de démons, d'animaux symbolisant le ciel, l'enfer, les sept péchés capitaux, les attributs des quatre évangélistes[104]... En marchant, il récitait les prières appropriées à l'heure du jour.

Ce lieu, qu'il connaissait maintenant par cœur, avec ses repères physiques et temporels, lui procurait une sérénité dont il avait été privé pendant une longue partie de sa vie antérieure. Le temps, qui lui paraissait long, au cours des premières semaines monastiques, en raison de la vie trépidante qu'il avait toujours menée dans les Aspres et en Orient, lui était devenu familier. Son rythme ralenti était celui de l'abbaye. Ses ambitions, autrefois insatiables, étaient rejetées, ses aspirations étaient désormais de se rapprocher de Dieu, d'expier les fautes anciennes, de se repentir et d'atteindre, par la contrition, le don de soi, le dévouement et la prière, le pardon divin. Ainsi une métamorphose complète s'était-elle produite dans l'esprit de Jaume. Au point que, rappelé par le père abbé à son rendez-vous annuel de visite à sa famille de Corbère, il s'en montra surpris.

Privé de cheval depuis plusieurs mois, il loua une monture à Codalet, hameau proche de Prades, pour se rendre à Corbère qu'il atteignit en fin de journée. Son arrivée au château passa inaperçue car, personne ne l'attendait. Après s'être présenté, un garde le reconnut et s'empressa de lui ouvrir la porte d'accès. Se trouvant au milieu de la cour intérieure il fut alors surpris de l'animation qui y régnait. Plusieurs enfants, qu'il reconnut comme les siens, jouaient à se poursuivre en courant et semblaient heureux d'être ensemble. Des enfants qui, à l'exception de Guilhem, mirent un certain temps à le reconnaître. Celui-ci se précipita donc vers son père pour l'embrasser, même si sa tenue monacale, qui constituait une sorte d'obstacle, le fit hésiter un instant. Il fondit en larmes heureux et surpris de le revoir dans cette tenue noire et austère. Les autres enfants vinrent à leur tour l'embrasser au cri de :

— Papa est là ! destinés à Béatrix leur mère.

Quelques instants plus tard, prévenue par les domestiques, Béatrix fit son apparition. Les larmes aux yeux elle s'approcha de Jaume et l'embrassa sur la joue.

— Je suis heureuse de te revoir mon cher Jaume ! Comment vas-tu ?

— Très bien ma chère Béatrix ! Je vois que les choses ont l'air de bien aller au château !

— En apparence, lui dit-elle, mais tu manques à tout le monde. Notamment aux enfants et surtout à Guilhem !

Elle le fit rentrer à l'intérieur, dans la salle de réception, avec tous les enfants pour s'asseoir près de la cheminée afin de bavarder et d'échanger des nouvelles. Il leur raconta l'ordinaire de sa vie actuelle, qui leur parut triste et répétitif pour quelqu'un qui les avait habitués à de l'imprévu permanent. Elle lui relata sa nouvelle vie au château et lui fit part des résultats de l'exploitation qui étaient bons en raison du sérieux de Jaumet qui gérait les choses de main de maître... Préoccupée par Guilhem et son éducation, elle lui demanda son avis.

Jaume l'encouragea à poursuivre son apprentissage, avec son précepteur religieux qui le formait au latin, au catalan et aux mathématiques, ainsi qu'avec un autre précepteur, maître d'armes, qui l'initiait au métier d'écuyer avant celui de chevalier qui viendrait plus tard. Après de longues conversations, où Jaume découvrit son autre fille, Marie, qu'il connaissait moins bien, l'heure du repas arriva. À cette occasion, Jaume qui présida le repas, récita un bénédicité comme il était d'usage. Exceptionnellement, ils se mirent tous à la même table pour profiter de la présence du père, sachant qu'à cette époque les enfants mangeaient en général à une table séparée. Ce fut donc une fête pour tous d'être ainsi réunis. L'animation qui s'ensuivit fut grande, car tout le monde fut autorisé à parler, même si au bout d'un moment, il en résulta une vraie cacophonie. Trop heureux de retrouver ses petits, Jaume n'intervint à aucun moment.

Ce fut Béatrix qui, pour se faire entendre, demanda plusieurs fois le silence et l'obtint avec difficulté. Tard dans la soirée tout le monde alla se coucher. Jaume demanda à dormir dans la grande salle, près de la cheminée, sur une banquette en bois.

Le lendemain matin, quand ils se retrouvèrent en cet endroit, il était réveillé depuis longtemps. Il avait bavardé avec tout le personnel de service et avait appris la plupart des informations pratiques relatives au château, ainsi que les ragots portant sur le voisinage, dont Béatrix avait omis de parler en présence des enfants.

Se retrouvant de nouveau à table, ils continuèrent à échanger joyeusement. Habitués à une discipline stricte, les enfants se sentaient en fête. Le repas terminé ils décidèrent de faire une promenade en famille à cheval pour se rendre à la chapelle voisine et visiter une ferme attenante où se trouvait du bétail dont les enfants raffolaient. Béatrix, Jaume et Guilhem montèrent chacun un cheval, chaque parent prenant avec lui en selle une petite fille (Marie et Mathilde). La promenade fut une belle réussite, les trois enfants étant heureux de retrouver leur père et des jeux de plein air pour quelques heures.

Au bout d'une semaine, après s'être replongé dans l'atmosphère familiale et avoir réglé, avec Béatrix, quelques problèmes familiaux, il fut temps pour Jaume de repartir. La veille il avait embrassé les enfants avant leur coucher, sachant que le lendemain matin ils dormiraient tous. Par ailleurs, il ne voulait pas les traumatiser après cette semaine de bonheur.

À l'aube du lendemain, il repartit à cheval, discrètement, comme il était venu, satisfait du moment passé en présence des enfants qui se développaient au mieux de ce qu'il pouvait espérer. Il fut soulagé de voir que Béatrix s'accommodait malgré tout de cette vie.

Cela ne l'empêcha pas de ressentir une pointe de tristesse d'avoir interrompu cette parenthèse pour respecter l'engagement pris auprès du père abbé de Saint-Michel de Cuixa.

Sa détermination religieuse étant néanmoins la plus forte, il reprit rapidement ses esprits et accéléra le pas du cheval pour arriver à l'heure à l'abbaye de Saint Michel.

Toujours actif malgré son âge, il participait assidument et sans faillir aux travaux agricoles et aux différentes cérémonies de prêche. Toutefois de temps à autre il sentait ses vieilles blessures, souvenirs de ses combats meurtriers auprès des Almogavres, se rappeler à lui.

Heureusement que la prière et quelques médications à base de plantes médicinales l'apaisaient, tant sur le plan de l'âme que du corps. Ainsi se déroulèrent pour l'essentiel les années qui suivirent.

Quelques années plus tard, en 1325, Guilhem âgé de 18 ans était devenu un beau garçon plein de vigueur, formé aux principaux devoirs d'un enfant de son rang social. Interpelé par un messager provenant de Saint-Michel de Cuixa, il apprit, que son père Jaume, alité depuis plusieurs semaines, souffrait de douleurs intestinales. Se rendant à l'abbaye pour lui rendre visite il comprit que son état empirait de jour en jour et que sa fin, au dire du père prieur, était proche.

Le voyant sur sa couche, allongé dans sa cellule avec pour seul décor un crucifix, le visage émacié et respirant avec difficultés il comprit qu'il resterait à son chevet pour être présent jusqu'à son dernier souffle. Il fit donc installer à côté de son lit une couchette pour s'y reposer et partager avec son père ses derniers instants.

Jaume, heureux de la présence de son fils, et, malgré sa fatigue, lui relata sa vie, ses aventures, ses succès militaires et commerciaux, mais aussi ses faiblesses sentimentales sans lui dissimuler ses fautes. Il lui dit combien il était fier de lui, fier qu'il puisse prendre la succession de ses affaires avec autant d'opiniâtreté que lui-même en avait eue. Il écouta aussi Guilhem, un long moment, lui dire combien il était fier d'avoir eu un père aussi entreprenant aussi courageux, aussi aimant, aussi vaillant et audacieux… un homme qui représentait pour lui un exemple incomparable.

Jaume, qui venait de recevoir l'extrême onction, exprima alors ses dernières volontés auprès de Béatrix, de ses parents de Camélas et du père prieur de l'abbaye. Il demanda que son corps soit enseveli dans le cimetière de l'abbaye et que l'on note sur sa pierre tombale :

« Merci à tous ceux qui m'ont aimé et que j'ai aimés[105] ».

La cérémonie des obsèques malgré sa sobriété fut forte en émotion. Béatrix et son fils Guilhem, les frères et sœurs de Jaume, Rosette, Jaumet et son épouse ainsi qu'un très grand nombre d'amis, seigneurs des Aspres ou marins de Collioure, qui avaient fait le déplacement étaient tous effondrés. Un pilier de leur vie venait de s'écrouler…

La nouvelle de son départ se répandit dans toutes les paroisses et les seigneuries des Aspres où des messes furent célébrées en son hommage. Dans la chapelle castrale de Castelnou, le plus ancien chanoine de Saint Ruff, qui avait accompagné dans son trépas le dernier vicomte Jaspert V en 1321, célébra une messe en mémoire de celui qui, quelques années plus tôt, lui avait fait don de reliques saintes de Jésus et d'une chasse en pierre ramenées d'Orient. Considérant le roi Sanche de Majorque[106], le nouveau maître des lieux, comme un usurpateur indigne de conserver ces objets sacrés, il les avait dissimulés dans une cache secrète du cimetière du château, situé dans les lices, réservé aux dépouilles canoniales, avec l'espoir qu'un jour, les descendants d'Aragon, les héritiers légitimes, seuls qualifiés à ses yeux, prennent leur revanche et les récupèrent.

Notes

1. Dans le droit féodal, le seigneur publiait son ban de guerre et convoquait ses vassaux sous sa bannière et à son « host » ou « ost » (armée), pour les guerres privées. Les hommes d'armes servaient pour un temps déterminé, de quarante à soixante jours. Le seigneur pourvoyait sa troupe en armes, en munitions et en vivres. Quiconque désobéissait devenait félon.

2. Une lieue équivaut à 4 km environ.

3. Une escouade est une fraction d'une compagnie ou d'un escadron sous les ordres d'un caporal ou d'un brigadier.

4. En 1027, en Catalogne, Oliva de Besalù, l'évêque de Vic, très lié à Cluny lance la trêve de Dieu avec le Synode d'Elne (dit concile de Toulouges). Il introduit une notion temporelle importante de conséquences : les exactions et combats sont interdits le dimanche.

5. L'ordre de Saint-Ruff, fondé en 1039 en Avignon, restaura la règle primitive de Saint-Augustin. Soutenu par la papauté grégorienne et les comtes de Barcelone, il devint au XIIe siècle un des principaux foyers de la réforme canoniale, dont les coutumes connaissent une diffusion dans une grande partie de l'Europe avec plus de 800 chapitres.

6. L'office de prime est celui de la première heure du jour après le levant, c'est-à-dire vers 6 h du matin.

7. On trouve une trace de la possession de Corbère par Pons de Vernet en 1261, soit près d'un siècle après la construction du château. Pons de Vernet était un puissant seigneur du Roussillon, possesseur de nombreuses paroisses, qui lui assuraient son influence, auprès des comtes de Barcelone, tout juste devenus rois d'Aragon.

8. À la fois outil logistique, de transport et d'habitat, le chariot se révèle en outre une arme de guerre efficace par sa fonction défensive.

9. Il s'agit de cages de forme ronde, cerclées de fer forgé, de la taille d'un boulet de pierre et contenant du naphte ou un combustible enflammé.

10. Agent de l'autorité seigneuriale chargé des affaires administratives et judiciaires

11. Les impôts prenaient diverses formes :

La taille a pour objet de se faire protéger par le seigneur (il faut le rétribuer).
Le cens est une taxe fixe que le paysan doit payer tous les mois.
Les corvées dues par les paysans sont des services manuels rendus au seigneur (nettoyer les fosses…).
Le service d'ost (service militaire) peut varier de 40 à 60 jours par an… etc.

12. Le « batlle » était en pays catalan le représentant légal du seigneur dans le village, tandis que les consuls étaient élus chaque année par la population.

13. Lorsqu'un condamné était puni de mort, il portait aussi la corde au cou.

14. Guilhem VI de Castelnou.

15. Où les seigneurs venaient prêter serment de fidélité

16. Arnau de Castelnou (frère de Guillaume VI, vicomte de Castelnou) était en Orient en 1277. Il occupa les fonctions de visiteur du Temple pour la Péninsule ibérique de 1267 à 1278..

17. Saladin était sultan d'Égypte (de 1169 à 1193), de Syrie (Damas de 1174 à 1193 et d'Alep de 1183 à 1193).

18. Terre acquise sous forme de tenure emphytéotique (99 ans) : tous les accords fonciers se trouvent recueillis

en Roussillon dans des capbreus seigneuriaux. Un « capbreu » (caput breve) est un livre terrier où sont consignés les biens fonciers sur lequel un seigneur perçoit des droits.

19. Stratégie maritale

20. Arnau de Castellnou : Maître de la province d'Aragon et de Catalogne (1267-1278) s'est rendu en Orient en 1277. Il s'agit d'une homonymie sans parenté directe avec les vicomtes de Castelnou.

21. Une commanderie était un monastère dans lequel vivaient les frères de l'ordre en Occident.
Synonyme = préceptorie.

22.

Chapelle Sainte-Marie Mas Deu

Tour du pigeonnier Mas Deu

23. Fadristern est un terme juridique catalan (utilisé au cours du XIV° siècle) faisant référence à des enfants qui ne sont pas héritiers (cadets) mais qui ont reçu une compensation en argent de leurs parents.

24. Le manteau des Templiers faisait référence à celui des moines cisterciens. Seuls les chevaliers, les frères issus de la noblesse, avaient le droit de porter le manteau blanc, symbole de pureté de corps et de chasteté. Les frères sergents, issus de la paysannerie, portaient quant à eux un manteau de bure. C'était l'ordre qui remettait l'habit et c'est lui aussi qui avait le pouvoir de le reprendre.

25. Les sergents, au Moyen Âge, étaient des hommes d'armes, nobles ou non, qui secondaient les chevaliers et encadraient les troupes à pied, combattant eux-mêmes soit à cheval, soit à pied. Ils constituaient le gros des garnisons de Terre sainte.

26. Gonfanon Baucent : Le drapeau de l'ordre du Temple était appelé le baucent, qui signifie bicolore, avait plusieurs graphies : *baussant*, *baucent* ou *balcent*. C'était un rectangle vertical composé de deux bandes, l'une blanche et l'autre noire, coupées au tiers supérieur.

Croix pattée

Gonfanon Beaucent. Bannière de l'Ordre du Temple

27. (1259-1280)

28. (1277- 1280)

29. Chrysostomi Henriquez : *Privilegia ordinis Cistercensis.*

30.

Port de Collioure (XVIIème)

Château royal de Collioure (guide)

31. Pour naviguer, les marins italiens, français ou catalans utilisaient la galéasse. La longueur du navire faisait trois fois sa largeur, et celle-ci deux fois sa hauteur, il s'agit de la règle catalane « tres dos y as » trois, deux, un.

Galéasse

32. Les navires-huissier, larges nefs dotées de portes arrières ou latérales (huis), permettaient d'embarquer jusqu'à une centaine de chevaux, suspendus par des san-

gles afin d'assurer la stabilité de l'ensemble pendant le voyage.

33.

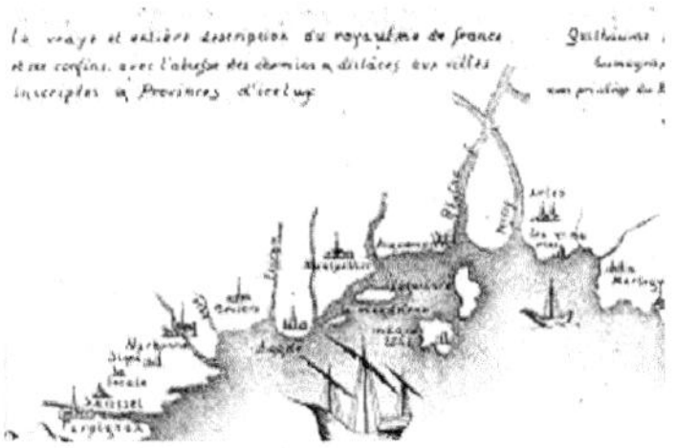

de Collioure à Aigues-Mortes (carte établie en 1570)

34. Vers la fin du XIIIe siècle, les Perpignanais vont commencer à fabriquer eux-mêmes le tissu brut. Les tissus étaient directement vendus par les marchands catalans dans les comptoirs qu'ils avaient établis autour de la Méditerranée. Les tissus fabriqués à partir de lin, de laine ou de velours se reconnaissaient facilement, à leurs couleurs vives à tendance chaude (jaune, rouge)..

35. Étoffe croisée et pelucheuse, de fil et de coton qui servait à faire des jupons, des doublures, des camisoles des brassières.

36. Le safran cultivé près de Valence, de Barcelone et en Aragon au Moyen-âge était qualifié d'épice occidentale.

37. L'ensemble de ces produits donne un aperçu des exportations occidentales du moment vers l'Orient…

38. Espèce d'étoffe qui était faite ordinairement de poil de chèvre ou de laine mêlée quelquefois de soie en chaîne.

39. Brocard : Étoffe très riche, décorée par le tissage de fils d'or ou d'argent, et dans laquelle la soie sert essentiellement de support et de lien au métal qui joue avec tout son éclat, tant dans le fond du tissu que dans les différentes parties du dessin.

40. La production de la teinture pourpre et l'industrie du verre firent de Tyr une ville riche et prospère.

41. Le bitume servait de combustible pour les lampes à huile, pour le calfatage des bateaux, et pour l'embaumement des momies.

42. Arbre à baume (baumier) ainsi que mélange de mire et d'aloès et autres liqueurs odoriférantes.

43. La myrrhe est une gomme-résine aromatique produite par l'arbre à myrrhe, appelé aussi « myrrhe ». Une gomme à peu près similaire, le baume de La Mecque, est produite par le « *Commiphora opobalsamum* ».

44. L'encens est produit à partir de résine d'un groupe d'arbres appartenant au genre « *Boswellia sacra* ». L'arbre serait originaire du Dhofar (actuel Sultanat d'Oman). Il y est encore cultivé aujourd'hui, et exporté par le port de Salalah. Seul l'arbre mâle, haut de trois mètres à maturité, produit la précieuse résine.

45. « Ce sel a en effet, des propriétés utiles, tant pour la médecine que pour les arts et surtout pour la teinture et la peinture. La plupart des pastels ne sont que des terres d'alun, teintes de différentes couleurs. Il sert à la teinture, à la préparation des cuirs, et à lisser le papier… On frotte d'alun calciné les formes qui servent à imprimer les toiles et papiers pour y faire adhérer les couleurs… ». Selon Buffon.

46. Extrait du « roseau à miel » selon les Arabes.

47. Venues à dos de chameau.

48. *Caucoliberi*, *Cotlliure*, Collioure = port d'Elne.;
Kauk = anse de bord de mer ; *Illiberis* = Elne.

49. La nef de commerce : très utilisée au bas Moyen Âge était très influencée par les navires de charge Byzantins auxquels ils reprenaient nombre de caractéristiques, notamment l'arrière de type « galère », les mâts avant penchés et les voiles latines.

Nef de commerce

50. Aujourd'hui Sète avec le mont Saint-Clair (*Setus Mons*).

51. Les cartes. Les Arabes avaient su en tirer parti et les utilisaient couramment. Les Portugais utilisaient des plans enluminés, appelés *portulans.*

52. L'astrolabe, inventé par le grec Hipparque, permet un calcul approximatif de la latitude par l'observation de la hauteur de l'étoile Polaire ou du soleil sur l'horizon. Cet instrument très simple, avait le bord d'une de ses faces divisée en 360 degrés pour indiquer la hauteur du soleil ou des étoiles par rapport à l'horizon. Il permettait de calculer l'heure.

53. *L'aiguille aimantée* fut utilisée en Méditerranée à la fin du XIII° siècle seulement. C'était à l'origine une simple aiguille flottante, aimant naturel ou aiguille de fer touchée par une pierre d'aimant.

54. Chypre fut vendue aux templiers en 1192, dans le but de protéger le Saint-Sépulcre à Jérusalem. L'Ordre du Temple qui fit lever des impôts élevés, afin de récupérer l'achat de l'Ile, provoqua la révolte des Chypriotes.

55. La domination franque de Chypre, connue sous le nom de période des Lusignan, durera trois siècles (1192-1489). En 1291, après la chute de Saint-Jean d'Acre et du royaume de Jérusalem devant les Mamelouks d'Égypte, Chypre restera le seul bastion de la Chrétienté en Méditerranée orientale, en même temps que son plus grand comptoir commercial dans la région.

56. En 1293, les templiers firent l'acquisition de six galères auprès de Venise, venues compléter les deux vaisseaux dont ils disposaient déjà à Chypre, pour assurer la protection de l'ile

57. Le château médiéval de Kolossi, est l'un des neuf châteaux de Chypre. Il a été construit par les Byzantins autour de l'an 1000.

58. Le trait le plus fort de leur identité est leur langue. A Chypre, le byzantin se fit dialecte, en s'enrichissant au contact des parler français médiévaux.

59. La culture du « roseau sucré » débuta à Chypre vers 1150; les Lusignan, habitants de l'ile, trouvèrent dans l'exploitation de la fabrication du sucre un moyen efficace de remplir leurs coffres d'or.

60. Saint-Jean-d'Acre (Akko en hébreu; Akkā en arabe).

61. Rappelons que ce pèlerinage comptait parmi les trois plus importants de la chrétienté du Moyen Âge : Jérusalem et la Terre sainte (Israël et Cisjordanie) ; Rome (Italie et Vatican) ; Saint-Jacques-de-Compostelle (Espagne).

62. Le sépulcre, où le corps de Jésus de Nazareth a été déposé au soir de sa mort sur la Croix avant sa résurrection aurait été offert par Joseph d'Arimathie.

63. Roger de Flor fut très populaire chez ses contemporains grâce à la Chronique de Ramon Muntaner, dans laquelle il rapporte l'extraordinaire expédition à laquelle il participa. Il deviendra une figure mythique pour les Catalans et servira de modèle essentiel au héros de Joanot Martorell dans son ouvrage « Tirant le Blanc ».

64. Un reliquaire est généralement un coffret, destiné à contenir une ou plusieurs reliques. La forme la plus ancienne du reliquaire chrétien est la *châsse* (du latin *capsa*, « boîte », « coffre »), qui rappelle le cercueil primitif contenant le corps entier du saint. On a parfois usé du terme grec de *lipsanothèque* les meubles destinés à recevoir plusieurs reliques. On appelle *staurothèque*, un reliquaire contenant un fragment de la Vraie Croix.

Chasse médiévale (XII°-XIV°)
(Bas-relief sur chasse en pierre représentant le jugement de Salomon)

65. Les pays scandinaves, ne restèrent pas à l'écart du grand mouvement de pèlerinage des Xe et XIe siècles. Les sagas islandaises, ainsi que les écrits latins en témoignent. Certaines pierres runiques en gardent la mémoire. Le nom viking de la Palestine était Jorsalaland, littéralement « la terre de Jérusalem » ; la Ville sainte elle-même se nommait Jorsalir ou Jorsalaborg.

66. La Crète relève à cette époque directement de Venise. Elle constitue une région administrative spécifique appelée Royaume de Candie (*Regno di Candia*)..

Bijoux Byzantin Viking avec Runes (XII°)

Bijoux byzantin (argent) en forme de bouclier, gravé de runes viking

67. Ramon Muntaner (1265-1336) était un capitaine et un chroniqueur catalan, auteur de l'une des quatre grandes chroniques catalanes. Sa « Crònica » décrit avec verve, humour et passion, les conquêtes catalanes en Méditerranée : et notamment celles de Sicile, de Grèce et de Turquie par les Almogarves.

68. Ramon Llull, célèbre philosophe mystique, après un séjour à Montpellier, se rendit à Gênes d'où il embarqua pour Tunis en 1291. Isolé au milieu de la ville arabe, il réussit tout de même à prêcher le christianisme avant d'être arrêté et expulsé vers Naples où il débarqua en 1293. Les principes de sa philosophie sont inséparables de son projet de conversion utopique des musulmans. Il fut connu en son temps sous le nom d'« *Arabicus Christianus* » (Arabe chrétien).

69. Les « Vêpres siciliennes » désignent un soulèvement et une révolte populaire de l'ile de Sicile contre la domi-

nation féodale du roi français Charles d'Anjou, survenu à Palerme et Corleone, le 31 mars 1282, mardi de Pâques. À la suite de ce soulèvement et du massacre des Français, les Siciliens se libèrent du joug angevin avant de se livrer au roi d'Aragon Pierre III massivement soutenu par l'aristocratie et la bourgeoisie catalane. La flotte aragono-catalane conduite par le vicomte Jaspert de Castelnou débarqua à Palerme pour en prendre le contrôle.

70. La production agricole sicilienne était composée de vin, d'huile d'olive, de légumes, de blé, d'amandes, de grenades et d'agrumes (citrons, mandarines), mais aussi de bergamote et de papyrus.

71. 1282-1328 : Andronic II Paléologue l'Ancien (1258 † 1332).
1295-1320 : Michel IX Paléologue, coempereur (1277 † 1320), fils du précédent.

72.

Labarum.

Bannière de l'Empire romain d'Orient, avec chrisme (chi rho)
[Symbole chrétien formé des deux lettres grecques X (chi) et P (rhô)]

73. Chronique De Ramon Muntaner (1265-1336), Traduite en 1827. https://books.google.fr/books.

74. Avec les principales iles comme Naxos, Paros, Antiparos, Milos, Siphnos, Kythnos et Syros.

75. En 1204, les Français avaient mis en place un duché d'Athènes.

76. L'industrie de la soie en Sicile à partir des XIe et XIIe siècles fut assurée par des tisserands et des teinturiers juifs et grecs qui maitrisaient le savoir-faire.

77. Sur le site duquel on construisit quelques années plus tard la cathédrale Saint Jean.

78. En 1308 Jaspert V de Castenou se verra confier par Jacques d'Aragon le commandement de la flotte attaquant la Sardaigne et l'année suivante le commandement de la flotte qui prendra Alméria.

79. Ce reliquaire se trouverait aujourd'hui encore enterré dans les lices du château près de l'ancien petit cimetière destiné aux chanoines de Saint Ruff afin d'échapper au pillage.

80. Rattaché à l'évêché d'Elne et non à celui de Thuir qui était ville royale.

81. Celui qui aplanit la surface d'un drap, en dirigeant les brins de la laine d'un même côté.

82. Le diner avait lieu à midi. Le repas du soir était le souper.

83. Dès le XIIIe siècle, Collioure possédait des ateliers de construction navale et exportait du thon, des sardines salées, des vins, des draps, des huiles, du miel, de la cire et du savon… C'est durant tout le Royaume de Majorque (1275-1344), que le port de pêche et de commerce connaîtra sa période la plus florissante, devenant aussi progressivement port de guerre.

84. Au XIIIe siècle, la foire de Beaucaire, placée à l'embouchure du Rhône, attirait les marchands orientaux de Tunis, d'Alexandrie, de Syrie et de Constantinople, les Grecs, les Italiens de Venise et de Gênes, mais aussi les Aragonais et les Catalans de Barcelone… » Le Rhône, ce « chemin qui marche », était utilisé, à la montée ou à la descente, par de nombreux négociants.

85. Le renvoi de l'ordre du Temple, suite à son abandon, ne valait pas excommunication ce que croyait à tort Jaume. De plus l'excommunication dite mineure, si elle avait été prononcée, n'aurait privé, que de façon temporaire, Jaume des sacrements, et surtout de l'Eucharistie. Dans tous les cas Jaume était hors de cause. Toutefois des raccourcis malveillants étaient toujours possibles.

86. Je vous fais don de mes biens.

87. La quintaine, appelée aussi joute du sarrasin, désigne

au Moyen Âge un jeu d'adresse consistant pour un chevalier à percuter avec sa lance tendue, un trophée de cinq armes, ou le bouclier d'un mannequin surmontant un mât fixe ou rotatif.

88. À partir du Xe siècle, l'invention du collier d'attelage, qui, faisant porter le point d'effort sur les épaules du cheval, permit un bien meilleur rendement pour le labour et le trait. Le chariot médiéval est une voiture à quatre roues tirée par un attelage de 4 chevaux, avec une couverture sur arceau pour protéger de la pluie ou du soleil.

89. Aujourd'hui, « espace Meiri », ancien couvent des minimes.

90. Opinion de l'époque bien sûr.

91. Nom des habitants de Camélas.

92. Parfois, il arrive malheur à l'enfant avant son baptême, le prêtre guette le moindre signe de vie, s'il n'y en a pas, l'enfant ne peut pas être baptisé. Il ne deviendra jamais un ange et ne pourra aller au paradis. L'enfant est perdu à tout jamais. Le phénomène est tel que l'église va imaginer le principe des Limbes, sorte de lieu merveilleux où les âmes des mort-nés peuvent s'installer, qui n'est ni en Enfer ni en Paradis, mais où ces jeunes âmes se retrouvent entre elles.

93. Où les Catalans régnaient à travers le roi Frédéric depuis la paix de Caltabellota signée en 1302.

94. Pierre III, dit le Grand, conquérant de la Sicile (1276-1285) //Alphonse III, dit le Libéral, fils du précédent, conquérant de Minorque (1285-1291) // Jacques II, dit le Juste, frère du précédent, conquérant de la Sardaigne (1291-1327).

95. Rappelons que du XIe au XIIIe siècle, les Juifs connaissent la prospérité dans toute l'Italie du Sud, particulièrement pendant le règne de Frédéric II de Hohenstaufen (1220-1250), qui règne sur la Sicile et leur confie le monopole de l'industrie de la soie.

96. Pour mémoire, rappelons qu'il faut 4 500 cocons de bombyx pour produire un kilo de soie grège.

97. La suite montra que les tisserands de Perpignan surent traiter la soie grège et démarrer dès cette époque un artisanat de la soie qui ne fit que prospérer avec le temps aussi bien en quantité qu'en qualité.

98. Sous Charles VI toute personne autre qu'un noble, qui était surprise à chasser avec un faucon était passible de se faire couper la main, voire de la peine de mort. On parle aussi d'un supplice qui consistait à entailler le prisonnier sur le thorax et à laisser un rapace picorer la chair !

99. Les rapports entre Pierre III d'Aragon, l'aîné, et Jacques II de Majorque, le cadet, tous deux fils de Jacques Ier le Conquérant, furent toujours tendus..

100. Anagni est une ville italienne de la province de Frosinone, dans le Latium.

101. Guillaume de Nogaret encouragé par Philippe le Bel et le Pape Clément V lança une campagne de diffamation le **vendredi 13 octobre 1307** contre les templiers pour préparer l'opinion. A l'aube, à l'office des Laudes, il fit arrêter, emprisonner, torturer les Templiers. Puis il orchestra leurs procès en joignant les dépositions faites sous d'épouvantables tortures et faux témoignages. (**Ainsi l'opinion gardera en suspicion le vendredi 13**).

102. Qui apporte le malheur avec soi, qui entraîne des conséquences néfastes, parfois mortelles.

103. En 976, Pierre Orseolo suscita un coup d'État pour supplanter le doge Pierre IV, qu'il fit assassiner pour devenir, à son tour, doge de Venise. Le palais ducal fut incendié et le feu détruisit une grande partie de la ville. À la suite de ça, il déploya les plus grands talents dans l'administration de la République. En deux ans, il restaura la paix civique, reconstruisit les quartiers incendiés et l'église Saint-Marc dans laquelle il fit mettre en un lieu secret les os de l'évangéliste. Sous un faux nom, en 978 il gagna l'abbaye Saint-Michel de Cuxa, dans le Roussillon,

et y passa le reste de sa vie dans l'expiation, la pénitence et la prière. Sa femme l'avait laissé partir, sachant et comprenant la volonté de son époux. Sa mort, survint pense-t-on en 997. Il sera enterré dans le cloître de l'église.

104. Les quatre évangélistes sont représentés sous formes allégoriques du tétramorphe : l'homme ailé ou l'ange pour saint Matthieu, l'aigle pour saint Jean, le taureau pour saint Luc, et le lion (souvent ailé) pour saint Marc.

105. « Gràcies a tots els que m'han estimat i em va encantar »

106. Sanche de Majorque : Roi de Majorque (1311-1324), comte de Roussillon et de Cerdagne, seigneur de Montpellier.

Bibliographie sommaire

Barbera Jean-Marie (Traducteur) et Charles-Henri Lavielle (Postfacier) (2010) : « *Les Almogavres : L'expédition des Catalans en Orient* » aux Editions Anacharsis.
[L'ouvrage reprend *la chronique de Ramon Muntaner* (1265-1336) capitaine et chroniqueur catalan du Moyen-âge. Sa « Crònica », d'un intérêt capital décrit avec verve, humour et passion, les conquêtes catalanes en Méditerranée : Sicile, Grèce et Turquie].

Corral Jose luis (2015) : « *L'héritier du Temple* » et Anne-carole Grillot (Traduction)
Roman/Pocket.

Didier Hugues (2001) : « *Raymond Lulle* » Ed, Desclée de Brouwer.
[Ramon llull connu en son temps sous le nom d'« *Arabicus Christianus* » (Arabe chrétien) est un philosophe, poète, théologien, missionnaire, apologiste chrétien et romancier majorquin. Né vers 1232 à Majorque il mourut en 1315. Les principes de sa philosophie sont inséparables de son projet de conversion des musulmans].

Mahé de Boislandelle Henri (2014) : *« Castelnou et les Aspres »*. Editeur : Trabucaire.
Collection : Mémoire de pierres, souvenirs d'hommes.

Vinas Robert: (2001) : « *L'ordre du temple en Roussillon* ». Editeur : Ed. Trabucaire.

Vinas Robert et Agnès (2012) : « *La compagnie catalane en orient - histoire des almogavares* ». Illustrations d'Agnès Vinas. TDO Editions.

AUTRES OUVRAGES DE L'AUTEUR

Mahé de Boislandelle Henri

(2014) : *« Castelnou et les Aspres »*.
Editeur : Trabucaire. Collection : Mémoire de pierres, souvenirs d'hommes. Broché (200p)

(2011) : « *Le Patrimoine dans tous ses états* ». Collectif (direction de HMdB).
Editeur : Presses Universitaires de Perpignan. Broché (183p).

(2005) : « *Marché de l'art et Gestion de Patrimoine* » Préface de François Tajan.
Editeur : Economica. Broché (431p).

Remerciements

J'adresse mes remerciements les plus chaleureux à Chantal Domenech et à Catherine Estève pour la relecture exigeante du manuscrit